DIE SCHÖPFUNG DES MENSCHEN
DIE ABSTAMMUNG DES MENSCHEN

W0322430

Karl Snell

DIE SCHÖPFUNG DES MENSCHEN

VORLESUNGEN ÜBER DIE ABSTAMMUNG DES MENSCHEN

Herausgegeben von Friedrich A. Kipp

SCHRIFTEN
DES FRÜHEN GOETHEANISMUS

SCHRIFTEN DES FRÜHEN GOETHEANISMUS

Eine Edition der Verlage
Freies Geistesleben · Die Pforte · Urachhaus

CIP-Kurztitelaufnahme der Deutschen Bibliothek

Snell, Karl:
Die Schöpfung des Menschen. Vorlesungen über d. Abstammung d. Menschen / Karl Snell. Hrsg. von Friedrich A. Kipp. – Stuttgart: Verlag Freies Geistesleben, 1981.
(Schriften des frühen Goetheanismus; 4)
ISBN 3-7725-0186-9
NE: Kipp, Friedrich A. [Hrsg.]; GT

©1981 Verlag Freies Geistesleben GmbH, Stuttgart
Einband Walter Krafft
Satz und Druck der Offizin Chr. Scheufele, Stuttgart

Inhalt

Vorwort (*F. A. Kipp*) 7

Die Schöpfung des Menschen

Einleitung 17
Verschiedenheit der Standpunkte in den Ansichten von der Schöpfung der Organismen 23
Die Schöpfung als eine kontinuierliche und gegenwärtige 46
Analogien in der Entwicklung der Natur und der Menschheit 53
Die Entwicklung der Familien des Tierreiches 69
Von der Entstehung des Menschengeschlechts 83

Vorlesung über die Abstammung des Menschen

I. Allgemeine Aufgabenstellung der Anthropologie . . . 101
II. Die Grundwahrheiten der Deszendenzlehre. Fortschritte und Rückschritte in der Entwicklung der Organismen. Polyphyletische und monophyletische Ansicht. Der Grundstamm der Entwicklungsreihe ist der Stammbaum des Menschen, seine degenerierten Abzweigungen sind die Stammbäume der Tiere 102
III. Tatsächliche Belege. Die Einheit des Typus im Bau der tierischen Organismen unter den Gesichtspunkten der Abstammung und Vererbung. Zusammenfassung der Hauptgedanken, insbesondere der Lehre vom Grundstamm 161
IV. Kritik des Darwinismus 181

Anhang

Karl Snell. Eine Lebensskizze 211
Verzeichnis der Schriften von Karl Snell 216
Anmerkungen 218

Vorwort

Karl Snell gehört mit zu den frühen Begründern der Evolutionslehre, und er ist der erste unter ihnen, der auch den Menschen in das Evolutionsbild konsequent einbezogen hat. Dies geschah in seiner 1863 erschienenen Schrift »Die Schöpfung des Menschen«, die im folgenden wieder zum Abdruck gelangt. Von Darwin war 1859 das berühmte Werk über »Die Entstehung der Arten durch natürliche Zuchtwahl« erschienen, das die Abänderung und Entwicklung der Tiere behandelte, aber noch nicht auf den Menschen einging. Erst in der 1871 veröffentlichten »Abstammung der Menschen« hat Darwin die Deszendenzlehre auch auf den Menschen ausgedehnt. In Deutschland war dies bereits einige Jahre früher (1866) geschehen durch Ernst Haekkels »Generelle Morphologie der Organismen«, die aber außerhalb der Fachwelt wenig Beachtung gefunden hatte. Die Diskussion um den Menschen ist erst durch Haeckels an weitere Leserkreise sich richtende »Natürliche Schöpfungsgeschichte« im Jahre 1868 in Gang gekommen. – Vor den Ausführungen von Haeckel und Darwin lag also schon die Darstellung von Snell vor, in welcher allerdings, wie wir sehen werden, das Verhältnis von Mensch und Tier anders gefaßt war als bei jenen.

Snell hat in den folgenden Jahren seine Gedanken in Vorträgen und Vorlesungen weiter ausgebaut und sich dabei auch mit der Darwinschen Lehre auseinandergesetzt. In den späteren Jahren hinderte ihn eine langjährige Krankheit an der Weiterführung und Veröffentlichung seiner «Vorlesungen über die Abstammung des Menschen« (1877). Diese sind erst nach Snells Tod, im

Jahre 1887, von R. Seydel aus dem handschriftlichen Nachlaß zusammengestellt, im Druck erschienen. Auch sie gelangen mit geringfügiger Kürzung in unserer Ausgabe wiederum zum Abdruck.

Während Darwin und Haeckel überall als die Pioniere der Abstammungslehre gefeiert werden, hat Karl Snell schon bei seinen Zeitgenossen nur wenig Beachtung gefunden, und in der Folgezeit fiel sein Werk der völligen Vergessenheit anheim. In Nachschlagewerken und im Schrifttum über die Geschichte der Abstammungslehre wird man meist vergeblich nach seinem Namen suchen.

Für die geringe Beachtung, die Snells Arbeiten gefunden haben, lassen sich mehrere Gründe anführen. So mag es eine Rolle spielen, daß Karl Snell seinem eigentlichen Fachgebiet nach Mathematiker war. Nach vorausgehenden Tätigkeiten in Dresden ist er im Jahre 1844 – er war damals 38 Jahre alt – als Professor für Mathematik und Physik an die Universität Jena berufen worden. Auf seinem Fachgebiet verfaßte er einige Lehrbücher, die mehrere Auflagen erlebten (s. die Bibliographie), doch erstreckte sich sein Interesse auch auf allgemeine Fragen der Naturwissenschaft (»Philosophische Betrachtungen der Natur«, 1839; »Zur Streitfrage des Materialismus«, 1858) und dann eben besonders auf die Fragen der aufkommenden Deszendenztheorie.

Eine merkwürdige Konstellation ergab sich dadurch, daß 1861 Ernst Haeckel als Zoologe sich in Jena habilitierte und dort seinen Wirkungskreis aufzubauen begann. Jena wurde in der Folgezeit zum Zentrum der Deszendenzlehre Haeckelscher Prägung. Die Begeisterung, mit der Haeckel seine Auffassungen vertreten hat, verbunden mit einer nicht geringen Kampfbereitschaft, ist genugsam bekannt. Daß unter diesen Umständen die Darlegungen des »fachfremden« Kollegen Snell in den Hintergrund traten und übersehen wurden, ist nicht verwunderlich.

Maßgeblicher für die Nichtbeachtung aber ist, daß die von K. Snell dargestellte Evolutionsidee in wesentlichen Punkten von Abstammungsvorstellungen der zeitgenössischen Zoologen abweicht; denn Snell weist dem Menschen eine zentrale Stellung zu. Die Evolutionsforschung muß, wie Snell betont, zwei Grundtatsachen gerecht werden: die eine ist die stammesgeschichtliche Verwandtschaft von Mensch und Tier, die Snell rückhaltlos bejaht und verteidigt, die andere aber besteht in den unübersehbaren, wesentlichen Unterschieden zwischen Mensch und Tier. Snells Anliegen war es, nach einer Lösung zu suchen, die sowohl der Verwandtschaft des Menschen mit den Wirbeltieren als auch der unleugbaren Andersartigkeit gerecht wird, die den Menschen auch von den höchststehenden Tieren trennt.

Der Mensch ist das einzige Wesen, das der Welt denkend und schöpferisch gegenübertritt. Er hat ein Bewußtsein von dem, was er tut, und verfügt über die Möglichkeit, sein Tun aus der eigenen Einsicht zu gestalten. Snell spricht von der dem Menschen eingeborenen Vernunftanlage, die im Laufe der menschlichen Werdegeschichte mehr und mehr realisiert worden ist. Dagegen leben die Tiere in beschränkten Zuständen. Sie haben sich in ihren Lebensansprüchen jeweils auf bestimmte Umweltgegebenheiten eingestellt und sich in Körperbau und Verhalten den äußeren Anforderungen entsprechend spezialisiert. Der Prozeß der Spezialisierung führt aber notwendigerweise zur Verengung und Festlegung der Lebensweise und wirkt sich dahin aus, daß die Möglichkeiten zu einer aufsteigenden Entwicklung schwinden. – Dem Menschen ist ein vielseitiges, bewegliches und in hohem Maße universelles Weltverhältnis eigen. Er bleibt entwicklungsfähig und kann seine Daseinsform erweitern. Es ist etwas außerordentlich Bezeichnendes: Die Tiere sind in ihrer Umwelt, sofern diese ihre Lebensansprüche erfüllt, völlig befriedigt; der Mensch dagegen strebt stets über das Gegebene hinaus; er erhebt sich über die Welt der äußeren Umstände und sucht Impulse zu entfalten, die er aus seinem Inneren schöpft.

Snell suchte also nach einem Evolutionsbild, das der einzigartigen Daseinsform des Menschen gerecht werden kann und doch zugleich den Zusammenhang mit den dem Menschen verwandten Wirbeltieren zur Darstellung bringt. Er führt aus, daß die Vorfahren des Menschen im Verlaufe der Evolution vielerlei Stufen durchlaufen haben, daß aber auf allen diesen Stufen die Möglichkeit, sich zum Menschen zu entwickeln, in ungebrochener Weise bestanden haben muß. Man darf sich die Vorfahrenstufen also nicht nach dem Modell der heutigen Tiere vorstellen, da diese ja durch ihre Spezialisierung die Fähigkeit, sich über den Bann der äußeren Verhältnisse zu erheben, eingebüßt haben.

Snell folgert aus diesen Tatsachen, daß es in der Werdegeschichte der Wirbeltiere eine zentrale Stammeslinie gegeben haben muß, bei welcher die *Fähigkeit, sich zum Menschen zu entwickeln,* voll und uneingeschränkt vorhanden war. Snell bezeichnet diese Stammeslinie in seinen »Vorlesungen« (S. 139) als den *Urstamm* oder *Grundstamm* der Wirbeltiere. Dieser Grundstamm, der natürlich nur theoretisch zu erschließen ist, bildet nach Snell die eigentliche und unmittelbare Vorfahrenreihe des Menschen. Der jetzige Mensch ist sozusagen in geradliniger Weiterentwicklung aus ihm hervorgegangen. – Zum Grundstamm gehören auch die Ahnenformen der Tiere. Die einzelnen Tiergruppen haben jedoch den auf der Steigerung der inneren Fähigkeiten beruhenden Werdeweg des Menschen nicht beibehalten; sie sind auf den verschiedensten Stufen des vom Menschen durchschrittenen Evolutionsweges stehengeblieben und haben sich in Körperbau und Lebensweise an ökologische Gegebenheiten angepaßt. In diesem Sinne kann man sie als Seitenzweige des Grundstammes bezeichnen. Nach Snell sind also die Evolution der Menschen und die Evolution der Tiere wie *Grundstamm* und *Abzweigungen* miteinander verbunden.

Es ist wissenschaftsgeschichtlich von hohem Interesse, daß die Deszendenzlehre schon in der ersten Anfangszeit in zwei so verschiedenen Konzeptionen, der Snellschen und der Darwin-Haeckelschen, aufgetreten ist. Wie kommt es zu so unterschiedlichen Auffassungen? Wir müssen hier die Verschiedenheit der Persönlichkeiten berücksichtigen, welche hinter der einen und der anderen Auffassung stehen, und es ist nicht unwichtig, die Ausgangspunkte, die hier und dort leitend waren, ins Auge zu fassen.

Haeckel und *Darwin* waren in erster Linie Zoologen und auf diesem Felde ausgezeichnete Kenner und Forscher, deren Blick und Interesse vorwiegend auf die Welt der physischen Dinge und Objekte gerichtet war, während geistige Fragen ihnen von nachgeordneter Bedeutung erschienen. Sie gründeten ihre stammesgeschichtlichen Überlegungen auf die Tatsachen der vergleichenden Anatomie. Entsprechend den vorhandenen anatomischen Ähnlichkeiten verbanden sie die einzelnen Tiergruppen miteinander. Die Ähnlichkeiten im Bauplan wurden in das Bild eines Stammbaumes umgesetzt. An diesen mußte auch der Mensch angegliedert werden. Aus der Sicht der vergleichenden Anatomie besteht keine Notwendigkeit, dem Menschen eine besondere Stellung zuzuweisen; vielmehr erscheint es ganz selbstverständlich, daß der Mensch an die ihm nächststehende Tiergruppe, das sind die Menschenaffen, angeschlossen werden muß.

Eine ganz andere Erkenntnisbasis bestand bei *Snell*, dessen Stärke in einem an Mathematik und Philosophie geschulten Denken lag. Die Inhalte der Mathematik entstammen der produktiven Geisteskraft, dem schöpferischen Ideenvermögen des Menschen. Der Mathematiker, der sich selbst versteht, kann an vielem zweifeln, nicht aber am Primat des menschlichen Geistes. Auf kaum einem anderen Wissenschaftsgebiet ist die geistige Potenz des Menschen so deutlich erfahrbar wie auf dem mathematischen Felde. In Snell lebte die Erfahrung vom Menschen als einem Geist-Träger. Für ihn wurde deshalb zur Gewißheit, daß zu den außergewöhnlichen Eigenschaften des Menschen auch ein ebenso außergewöhnlicher Werdegang gehören muß. So suchte er nach einem Evolutionsbild, das dem Werden des Menschen als Geist-Träger Rechnung trägt. Seine Lehre vom Grundstamm, auf dem die Evolution des Menschen aus inneren, typisch menschlichen Impulsen fortschreitet, entspricht dieser

Forderung, ohne in irgendeiner Weise gegen die Tatsachen der anatomischen Ähnlichkeit zu verstoßen. Snell hat bei seinen Darlegungen vorwiegend in gedanklich-ideeller Weise argumentiert, während er die zur Verfügung stehenden Fakten meist nur hindeutend erwähnt, ohne sie ausführlich zu behandeln.*

Der Widerhall, den Snells Arbeiten bei seinen Zeitgenossen gefunden hat, war wohl äußerst gering. Auch er hatte – ebenso wie die Darwinisten – unter dem Widerstand der kirchlichen Kreise zu leiden, die, sich auf die biblische Schöpfungsgeschichte berufend, die Evolutionslehre ablehnten. Soweit die Naturwissenschafter der damaligen Zeit den Evolutionsgedanken akzeptierten, schlossen sie sich meist der Haeckelschen Lehre an. Beachtenswert ist jedoch ein Brief von Anton Dohrn, dem berühmten Begründer der Zoologischen Station in Neapel, der als Naturforscher eine idealistische Richtung vertrat. Er kritisiert in einem vom Juni 1867 datierten Brief den ihm befreundeten Ernst Haeckel wegen seiner einseitig materialistischen Einstellung in den Fragen der Deszendenztheorie, betont aber, daß er nicht verlange, daß Haeckel den Monismus verlasse und zu einem Dualismus zurückkehre. »Aber Monismus kann zweierlei Art sein: konsequenter Materialismus und konsequenter Idealismus... Jedenfalls benutze ich die erste Muße, die meine nächsten Jahre gewähren, um auch meinen Gedanken über Darwin die Tür zu öffnen; ich möchte nur Snells nächste Schrift abwarten, die er herausgeben will.« – Im übrigen sind mir keine Zeugnisse für eine Beachtung Snells von seiten der zeitgenössischen Naturwissenschafter bekannt geworden. Eine wissenschaftliche Diskussion, welche die verschiedenen Gesichtspunkte gewürdigt hätte, hat nicht stattgefunden.

* Ein dem heutigen Kenntnisstand entsprechendes Evolutionsbild, welches im Sinne von K. Snell der besonderen Eigenart des Menschen gerecht wird, findet sich in der Schrift des Herausgebers: »Die Evolution des Menschen im Hinblick auf seine lange Jugendzeit«, Stuttgart 1980.

Wenn nun im folgenden einiges von Snells Arbeiten wieder zum Abdruck gebracht wird, so geschieht es auch aus dem Anliegen, Snells Ideen zu einer Evolutionstheorie, die den Menschen voll einschließt, aber zugleich seiner besonderen Stellung gerecht wird, der Vergessenheit zu entreißen. Dabei darf es unser besonderes Interesse beanspruchen, daß Snell mit der von ihm geübten ideellen Erkenntnis hinsichtlich der Stellung und der Evolutionsgeschichte des Menschen zu ähnlichen Ergebnissen gelangt ist, wie sie dann in den ersten Jahrzehnten unseres Jahrhunderts Rudolf Steiner auf Grund seiner anthroposophischen Geistesforschung entwickelt hat. Der Kenner des Werkes von R. Steiner wird diese Übereinstimmungen an vielen Stellen bemerken (siehe hierzu auch die zusammenfassende Darstellung von H. Poppelbaum: Mensch und Tier; Dornach [7]1975). Bei Snell sind Ideen über das Wesen und Werden des Menschen in keimhafter Form angesprochen, die dann in dem von Rudolf Steiner begründeten anthroposophischen Weltbild in einen umfassenden kosmologischen Zusammenhang gestellt sind.

Friedrich A. Kipp

Nur so viel kann man sagen, daß dies Wesen (der Urmensch) sich niemals mit seinem ganzen Sinnen und Trachten in eine beschränkte Sphäre der Außenwelt hat hinreißen lassen und sich behaglich in derselben eingerichtet hat, daß es allen Reizungen und Verlockungen zum Genuß der nächsten Gegenwart einen universellen Trieb entgegengesetzt hat, dem zuletzt keine Außenwelt genügt als die unendliche in Gott und Natur, daß es unter aller dringenden Not der Gegenwart das ferne große Ziel unverrückt im Auge behalten hat.

Karl Snell (Die Schöpfung des Menschen, S. 86)

DIE SCHÖPFUNG DES MENSCHEN

Einleitung

Die Frage nach der ersten Entstehung oder Schöpfung des Menschen pflegt gewöhnlich, wenn sie einmal so im Vorbeigehen aufgeworfen wird, sich in ein solches Gewirre von dunklen Mutmaßungen und unbestimmt gedachten Möglichkeiten zu verlaufen, daß die meisten diese Frage für einen völlig unauflösbaren Knoten halten und kaum glauben können, daß es mit der Lösung derselben oder auch nur mit der Anbahnung einer Lösung ernstlich gemeint sei. Wer sein Vorhaben, diese Frage ernstlich in Erwägung zu ziehen, zu erkennen gibt, muß gewärtig sein, darauf angesehen zu werden, ob er auch wohl die Grenze zwischen wissenschaftlicher Erkenntnis und phantastischer Träumerei sich jemals deutlich zum Bewußtsein gebracht habe; und der Leser oder Hörer macht sich aller Wahrscheinlichkeit nach im voraus darauf gefaßt, den angekündigten gewagten Gang betrachten zu müssen mit demselben peinlichen Bangen, mit dem wir bei der steten Gefahr eines jähen Sturzes das Gehen eines Nachtwandlers auf einer hohen Dachfirste ansehen. Wir mißtrauen unserer Sache nicht so sehr, daß das ungünstige Vorurteil, mit dem man unserem Vorhaben entgegenkommt, etwas Niederschlagendes oder Drückendes für uns haben sollte. Im Gegenteil, wir lassen es uns gern gefallen. Denn wir hoffen nicht bloß, daß der Leser im Fortgang der Untersuchung, wenn auch nicht eine reife Ernte des Gedankens, doch ein fruchtbares die Arbeit lohnendes Feld des Denkens da vor sich ausgebreitet sehen wird, wo er bisher nur eine unabsehbare Wüste mit allerlei täuschenden Luftspiegelungen erblickt hat, sondern wir erwarten auch mit einiger Zuversicht, daß mancher am Resultat der Untersuchung sich sagt: Vernünftigerweise kann ja die Sache gar nicht anders gedacht werden, es versteht sich eigentlich von selbst, und im Grunde genommen habe ich es mir auch immer ungefähr so vorgestellt. Was könnte in solchem Falle, wenn er eintreten sollte, uns besser zustatten kommen als das vorausgegangene Mißtrauen und üble Vorurteil?

Man würde im Irrtum sein, wenn man die in bezug auf jede mögliche Ansicht von der Menschenschöpfung herrschende Zweifelsucht als die Folge und den Ausfluß einer bescheidenen und gänzlichen Zurückhaltung des Urteils über dieselbe betrachten wollte. Im Gegenteil geht diese Zweifelsucht gerade daraus hervor, daß man über den wichtigsten und entscheidendsten Fragepunkt jeder Schöpfung ein Voraus dreist aburteilt, und zwar in solcher Weise und einem solchen Sinne, daß jede weitere Einsicht notwendig eine bare Unmöglichkeit wird. Denn man spricht allerwärts von dem ersten Menschen oder von ersten Menschen als von einer ganz unverfänglichen und selbstverständlichen Sache. Stünde diese Annahme nicht unerschütterlich fest in den Köpfen, so würde man sich ja in den einzelnen Wissenschaften nicht plagen mit der Lösung von Schwierigkeiten, die nur aus dieser Annahme fließen, wie unter andern noch neuerlich Jacob Grimm getan hat in seiner Abhandlung über die Entstehung der Sprache. Es wird auf diesem Standpunkt ohne weiteres als ausgemacht vorausgesetzt, daß irgend einmal fertige und vollständig ausgebildete Menschen entstanden seien, ohne daß vorher irgend etwas mit menschlicher Natur und Anlage Begabtes, sondern nur eitel Bestien vorhanden gewesen. Damit hat man über die wichtigste Vorfrage der Menschenschöpfung, nämlich darüber, ob dieselbe als eine einzelne zu bestimmter Zeit und an bestimmtem Ort sich vollziehende Begebenheit oder als eine kontinuierliche alle Schöpfungsepochen gleichmäßig durchziehende Aktion der Natur zu betrachten sei, eine völlige Entscheidung getroffen, und die Bescheidenheit des Urteils ist nicht eben eine große, wenn jemand sagt, von dem ersten Menschen bescheide ich mich durchaus nichts zu wissen. Und da man von einzelnen der Zeit nach abgeschlossenen Begebenheiten, wenn sie sonst nicht dauernde sichtbare Spuren hinterlassen haben, durchaus nichts wissen kann als durch Überlieferung, welche in diesem Fall selbstverständlich ausgeschlossen ist, so muß freilich, wenn die Menschenschöpfung eine solche Begebenheit ist, unsere Unwissenheit in betreff derselben eine totale und zugleich eine immerwährende sein. Sie wird es aber, wie man sieht, nur durch eine ganz unbefugte und durch nichts gerechtfertigte Annahme. Man kann hier wie in vielen andern Fällen nur den Rat erteilen, zunächst zu der unter den Philosophen vielgerühmten Erkenntnis des Nichtwissens vorzudringen. Mache wirklich Ernst mit deiner Unwissenheit, sei radikaler in deiner Zweifelsucht, und du wirst vielleicht eher Aussicht haben, vom Flecke zu kommen, als mit deiner in dem Gewand der Bescheidenheit so schlecht verhüllten Anmaßung.

Vielleicht besteht das Unüberwindliche der Schwierigkeiten, mit denen die Vorstellung der Schöpfung der Organismen behaftet erscheint, nur allein in einem willkürlich gemachten und auf nichts fußenden Begriff von Schöpfung überhaupt. Und wenn wir diese Schwierigkeiten zu lösen suchen durch den Nachweis, daß dasjenige, was man gewöhnlich Schöpfung nennt, gar nicht existiert, so finden wir uns gegenüber der Schöpfungsfrage gewissermaßen in demselben Fall wie J. J. Rousseau gegenüber der Preisaufgabe der Akademie von Dijon, welcher die Schwierigkeiten einer geforderten Erklärung ebenfalls dadurch zu beseitigen unternahm, daß er die zu erklärende Sache selbst leugnete.

Man wird aus dem wenigen bis jetzt Gesagten schon entnehmen, daß es nicht unsere Absicht ist, die Frage nach der Schöpfung des Menschen zu behandeln in dem Sinne, in welchem dieselbe vor mehreren Jahren vielfach zur Sprache gebracht worden ist und gewissermaßen zu den naturwissenschaftlichen Tagesfragen gehörte. Es ist nämlich diese Tagesfrage zugleich mit der materialistischen aufgetaucht; nicht weil man den Zusammenhang, der bei genauerer Betrachtung in der Tat für beide Fragen besteht, eingesehen und besonders hervorgehoben hätte, sondern weil diejenige Schrift, welche die nächste Veranlassung zur lebhafteren Erörterung der materialistischen Streitfrage gegeben hat, – ich meine die bei der Göttinger Naturforscherversammlung zum Vortrag gebrachte Schrift von Rudolph Wagner über Seelensubstanz und Menschenschöpfung – beide Probleme behandelte; wobei dieselben jedoch nur nebeneinander und mehr durch einen der Naturwissenschaft fremden äußeren Zweck als durch ihre innere Natur verbunden erschienen. Rudolph Wagner nämlich und seine Gesinnungsgenossen behaupten die Abstammung des ganzen Menschengeschlechts von *einem* Menschenpaar, weil sie der Meinung sind, daß wichtige kirchlich dogmatische Lehren mit dieser Annahme stehen und fallen, und ihre Gegner suchen die Unmöglichkeit einer solchen Abstammung darzutun, indem sie die Rassenverschiedenheiten des Menschengeschlechts nur aus der Annahme von mehreren an verschiedenen Punkten der Erde unabhängig voneinander entstandenen Stammeltern erklärlich finden wollen. Beide Parteien gehen von der als unzweifelhaft betrachteten Annahme aus, daß die Menschen irgend einmal und irgendwie ohne lebendige Zeugung originär entstanden seien; mag es nun sein, daß sie aus einem fruchtbaren lebensschwangeren Boden durch bloße Naturkräfte hervorgetrieben worden oder daß sie von einer außerhalb der Natur stehenden schaffenden Macht aus beliebigem Stoffe geformt und mit einem Geist angeweht worden sind. Der ganze Streit verliert sogleich alle und jede Bedeutung, wenn man die den beiden Parteien gemeinschaftliche Annahme einer originären Entstehung von Organismen ohne alle Anknüpfung an schon bestehendes Lebendiges verwirft, wie sich schon so mancher gelehrte Streit durch Wegfall der ihm zur Unterlage dienenden Voraussetzung in ein lächerliches Nichts aufgelöst hat. So bestand z. B. zu den Zeiten des großen Hexenrichters Remigius ein Streit darüber, ob die Hexen, wenn sie auf dem Besen oder der Ofengabel zum Blocksberg reiten, bloß zum

Schornstein hinausfahren oder auch zur Haustüre hinausreiten könnten. Der Streit über die Abstammung der Menschen von einem oder mehreren Menschenpaaren steht in bezug auf die Triftigkeit der ihm zur Unterlage dienenden Voraussetzung so ziemlich auf einer Linie mit jenem Streit der Hexenrichter, und hoffentlich ist die Zeit nicht mehr fern, in welcher das Interesse an diesem Streit der Naturforscher über Menschenschöpfung gerade so groß sein wird, als das an jenem Streit der Hexenrichter gegenwärtig ist.

Wenn wir nun die Schwierigkeiten, welche sich einer Ansicht von der Entstehung der lebendigen Geschöpfe entgegenstellen und welche bei den meisten eine niederdrückende und lähmende Zweifelsucht, bei vielen eine völlige Verzweiflung an dem Problem herbeigeführt haben, näher ins Auge zu fassen unternehmen, so können wir zunächst von dem Menschen speziell und seiner Entstehung ganz absehen, da ein großer Teil der an dem Problem der Schöpfung haftenden Schwierigkeiten allgemeiner Natur ist und sich auf alle Organismen, Pflanzen, Tiere und Menschen, gleichmäßig erstreckt. Gewöhnlich beschränkt man sich in der Schöpfungstheorie, wenigstens seitens der Naturforscher, auf die allgemeine Untersuchung über die Möglichkeit der Entstehung eines Organismus überhaupt und läßt die Entstehung des Menschen, trotz der so sehr abgehobenen Stellung desselben unter den Geschöpfen und trotz der ihm allein eignenden moralischen Natur, ohne weiteres darin mitbegriffen sein. Wenn dieser Standpunkt der unsrige wäre, so müßte die Hervorhebung des Menschen auf dem Titel unserer Schrift als eine ungerechtfertigte und sogar als eine durch Erregung von unerfüllt bleibenden Erwartungen absichtlich täuschende erscheinen. Wir dürfen hoffen, diesem Vorwurf nicht zu verfallen. Denn wir gedenken in unserer Auffassung und Darstellung des Schöpfungsprozesses eine Seite der Betrachtung hervorzuziehen und zu einer wesentlichen zu erheben, welche auf den Menschen und dessen moralische Natur direkt abzielt. Bekanntlich ist es die sittlich-geistige Natur des Menschen, an welche man mit den gewöhnlichen naturwissenschaftlichen Theorien des Schöpfungsprozesses nicht heranzutreten wagt, weil sie durch jede Berührung mit denselben empfindlich verletzt zu werden scheint. Wir sehen deswegen diejenigen, welche überhaupt auf Erkenntnis und Einsicht in den naturgesetzlichen Hergang der Schöpfung dringen, über den Menschen ein tiefes Stillschweigen beobachten. Sie führen uns bereitwillig durch alle die weitläufigen Räumlichkeiten der Schöpfung und eröffnen uns gern einen Einblick in dieselben; wenn sie aber an die hohen Pforten kommen, über denen geschrieben steht: *Der Mensch*, so schleichen sie scheu und stumm vorüber. Ihre Gegner kennen diese Schwäche auch recht gut und unterlassen deswegen nicht, ihnen triumphierend entgegenzuwerfen: Die Bestie möchte ich sehen, aus welcher der Mensch hervorgegangen wäre. Das Schicksal jeder Schöpfungstheorie, welche auf dem Grunde erfahrungsmäßiger Naturgesetze sich aufbauen will, wird, wie man sieht, wesentlich davon abhängen, ob sie geeignet ist, sich ebenso ungezwungen und natürlich auf den Menschen zu erstrecken als auf die übrigen Geschöpfe. Und da es unsere Absicht ist, diesen bisher immer scheu umgangenen Punkt rückhaltlos zur Sprache zu bringen, so mag dadurch der Titel unserer Schrift gerechtfertigt erscheinen, wenngleich die allgemeineren Betrachtungen über die Schöpfung der Organismen überhaupt und über das ganze Reich der Lebendigen, welche selbstverständlich nicht umgangen werden können, den größeren Teil unserer Schrift umfassen.

Verschiedenheit der Standpunkte in den Ansichten von der Schöpfung der Organismen

Da eine Verschiedenheit der Ansichten in wissenschaftlichen Problemen in der Regel herbeigeführt wird durch eine verschieden starke Berücksichtigung oder Akzentuierung der an der Sache haftenden Schwierigkeiten, so fragen wir zuerst, worin denn eigentlich die Schwierigkeiten in dem Problem von der Schöpfung der Organismen bestehen. Wir können dieselben kurz folgendermaßen zusammenfassen: Die gesamte organische Natur zeigt, soweit unsere unmittelbare Erfahrung reicht, zwei unverbrüchliche Gesetze. Das eine besteht darin, daß ein lebendiges Wesen nur aus einem Lebendigen entsteht und niemals durch ein bloßes Zusammentreten von toten, im Sinne der Chemie einfachen Stoffen unter Hinzunahme der diesen Stoffen inwohnenden allgemeinen physikalischen Kräfte; und das andere besteht darin, daß die Art oder Gattung des erzeugten Individuums mit der Art oder Gattung des erzeugenden identisch ist. Diese beiden durch die Erfahrung wie es scheint gleich unumstößlich festgestellten Gesetze widersprechen sich direkt, insofern sie zusammengehalten werden mit der durch die Erfahrung ebenfalls festgestellten Tatsache, daß die heutigen Organismen nicht immer auf der Erde gewesen sind, sondern daß durch verschiedene Schöpfungsperioden hindurch immer andere und andere Organismen aufgetreten sind. Denn hält man streng fest an der Unmöglichkeit einer in der Abfolge der Generationen eintretenden Veränderung der Gattung, so müssen die zu irgendeiner Zeit neu auftretenden von allen vorhergehenden verschiedenen Geschöpfe durch eine originäre, nicht auf dem Weg der lebendigen Fortpflanzung vermittelte Schöpfung entstanden sein, und damit ist das erste Gesetz, daß ein Lebendiges nur aus einem Lebendigen stammen könnte, über den Haufen geworfen. Sind aber die heutigen Organismen und überhaupt alle späteren aus den früheren durch allmähliche Umbildung auf dem Wege der Fortpflanzung entstanden, so ist das zweite Gesetz, daß bei aller Fortpflanzung die Gattung sich erhält, umgestoßen. Die Schwierigkeit besteht also in einem Widerstreit der Erfahrungstatsachen selbst oder darin, daß das Wirkliche, wenn wir das Erfahrungsmäßige so nennen wollen, sich allerwärts als ein Unmögliches herausstellt.

Welche Vorstellung man sich auch machen möge von der Entstehung der lebendigen Geschöpfe, dies ist sogleich einleuchtend, daß man dabei genötigt ist, Wirkungsweisen und Tätigkeiten der Natur zu statuieren, welche von den jetzt geltenden und erfahrungsmäßig bekannten sehr auffallend abweichen. Es ist bemerkenswert, daß unsere Zeit, welche mehr fast wie jede frühere bestrebt war, in der Naturwissenschaft die gemeinsinnliche Erfahrung auf den Thron der Wissenschaft zu erheben und zur Alleinherrscherin in derselben zu machen, zugleich mehr als jede frühere Zeit mit Eifer und Erfolg sich betätigt hat in der Schöpfungsgeschichte und dadurch in der Herbeischaffung von Tatsachen und Erfahrungen, welche, wenn sie nur irgendwie wissenschaftlich verarbeitet werden sollen, notwendig hindrängen zu Ansichten, die über die gemeinsinnliche Erfahrung so unermeßlich weit hinausliegen.

Wie man sieht, kann es nur zwei wesentlich verschiedene Ansichten von der Schöpfung der Organismen geben, je nachdem man von den beiden obgenannten Erfahrungsgesetzen dem einen oder dem anderen den Charakter der Allgemeingültigkeit abspricht. Die eine Ansicht ist ganz einfach und bei allen ihren Bekennern gleichlautend. Sie hält den Erfahrungssatz, daß ein lebendiges Wesen nur aus einem Lebendigen hervorgehen könne, nicht für den Ausdruck eines unverbrüchlichen Naturgesetzes, sondern gibt zu, daß oftmals zu sehr verschiedenen Zeiten und an sehr verschiedenen Orten lebendige Wesen aller Art entstanden sind, ohne daß diese Entstehung irgendwie physisch angeknüpft erscheine an andere schon bestehende lebendige Geschöpfe. Sie läßt also die Entstehung eines lebendigen Geschöpfes aus einem absolut anderen sich gefallen, um die Entstehung eines Geschöpfes aus einem wenig Verschiedenen, d. h. die Abstammung eines Geschöpfes von einem wenig verschiedenen Elternpaar, und die allmähliche Veränderung der Gattung auf dem Wege der Fortpflanzung nicht zugeben zu müssen. Die zweite Ansicht ist weniger einfach, läßt mehrfache Modifikationen zu, und ist auch von ihren Bekennern nicht durchaus übereinstimmend aufgefaßt. Sie hält den Erfahrungssatz, daß überall das erzeugte Geschöpf mit dem erzeugenden der Art nach identisch ist, nicht für den Ausdruck eines unverbrüchlichen Naturgesetzes, sondern legt demselben teils nur eine temporäre, teils überhaupt eine untergeordnete Geltung bei; ja sie geht auch wohl dazu fort, die Veränderung der Gattungen und Arten für das eigentlich herrschende allgemeinere Naturgesetz zu halten, welches zeitweilig unter besonderen äußeren Umständen oder inneren Bedingungen der Stabilität weichen kann, in vielen Fällen auch wohl nur den Schein der Stabilität annimmt. Diese Ansicht muß das Prinzip der Stabilität der Gattungen so vollkommen preisgeben, daß sie die heutigen Geschöpfe betrachtet als in langer Abfolge der Generationen entstanden aus anderen Geschöpfen als ihren Voreltern, welche von ihnen nach Gestalt und Bildung himmelweit verschieden waren; sie muß aber ferner auch, wenn sie mit dem Satz, daß Lebendiges nur aus Lebendigem, Beseeltes nur aus Beseeltem hervorgehen könne, Ernst machen will, zu der Annahme fortgehen, daß Leben in der Natur von Ewigkeit her dagewesen ist, und muß, da abgesonderte individuelle Organismen in den ersten Bildungsepochen eines Weltkörpers nicht vorhanden gewesen sein können, ein makrokosmisches Leben mit einer allgemeinen Beseelung der Natur annehmen, aus welchem als ihrer ersten Quelle die individuellen Organismen geflossen sind und als dessen losgerissene und verselbständigte Glieder alle lebendigen Geschöpfe in ihrer Gesamtheit zu betrachten sind. Die erste Ansicht kann man die der originären Schöpfung und die zweite die Entwicklungstheorie nennen.

Man wird vielleicht kaum erwarten, daß es auch Ansichten von der Schöpfung gibt, denen zufolge beide obengenannte Erfahrungssätze zugleich verworfen werden und sowohl eine Entwicklung der Geschöpfe aus anders gearteten statuiert wird als auch, für den Anfang wenigstens, eine originäre Schöpfung und das Hervorgehen des Lebendigen aus Naturzuständen, in welchen keine Spur von Leben anzutreffen ist, angenommen wird. Dennoch sind diese Ansichten nicht selten, und die meisten Anhänger der Entwicklungstheorie bekennen sich zu denselben. Es ist ihnen nämlich nur um den wissenschaftlichen Gewinn zu tun, welchen die Entwicklungstheorie verspricht für die Einsicht in den Zusammenhang der Gestalten und Formen der Organismen; sie bekümmern sich aber wenig oder gar nicht um die philosophischen Schwierigkeiten, welche aller und jeder originären Schöpfung entgegenstehen, und die Inkonsequenz, das einmalige Hervorgehen des Lebendigen aus toten Stoffen zuzugeben und das vielmalige zu verwerfen, macht ihnen auch keine Sorge. Indessen ist es klar, daß bei zugestandener Möglichkeit einer originären Schöpfung alle auf allmähliche Entwicklung deutenden Zusammenhänge niemand zur Anerkennung eines physisch vermittelten Übergangs würden zwingen können, da dieselben immerhin auch wohl als ideale Zusammenhänge im Geiste des Schöpfers und als Gesetze einer stetig fortschreitenden Ideenentwicklung gefaßt werden könnten. Wir werden also, wenn wir die Widersprüche gegen das Erfahrungsmäßige nicht unnötig häufen und uns keiner willkürlichen Inkonsequenz schuldig machen wollen, wesentlich nur zwei verschiedene Ansichten von der Schöpfung der Organismen annehmen können.

Wenden wir uns hiernach zur Prüfung und Beurteilung dieser Ansichten. Die eine, die der originären Schöpfung, ist die allgemein angenommene und verbreitete, wie man daraus sieht, daß jedermann, ohne durch seine Äußerung irgendwie Anstoß zu erregen, von einem ersten Menschen, von einer Zeit des Anfangs des Menschengeschlechts auf Erden und dergleichen mehr sprechen kann. Die Vertreter dieser Ansicht geben unbedenklich zu, daß eine solche originäre Schöpfung nicht bloß aller Erfahrung, sondern auch allen Analogien der Erfahrung direkt widerspricht. Sie geben zu, daß man dabei auf alle innere Einheit und Kontinuität der Naturgesetze verzichten müsse, daß die Natur zuweilen und nicht selten in ganz unerhörten und mit nichts zu vergleichenden Ausnahmezuständen sich befunden oder im besten Fall unter solchen Ausnahmegesetzen gestanden habe, und dann wieder plötzlich auf längere oder kürzere Zeit in ihre normalen Zustände und unter die Herrschaft ihrer bekannten Gesetze zurückgekehrt sei. Sie geben ferner zu, daß die gesamte organische Welt einer jeden Periode notwendig immer als ein schlechthin ein für allemal Gegebenes betrachtet werden müsse, weil dieselbe an keine gegebene und historisch gewordene Organisation anknüpft, sondern nur äußeren Existenzbedingungen sich zu akkomodieren hat, was natürlich in tausendfältig anders gestalteten Formen der Organisation ebensogut geschehen konnte. Sie werden demnach auch nichts Ernstliches einzuwenden haben gegen den Vorwurf, den Darwin ihnen macht, daß sie den Gestaltenreichtum der organischen Natur immer nur ansehen können, wie nach dem Sprichwort die Kühe ein neues Tor.

Obgleich die Vertreter der originären Schöpfung in allen diesen wichtigen Punkten einig sind, so stehen sie doch noch untereinander im Gegensatz, und nach ihrer Meinung in einem sehr entschiedenen und prinzipiellen. Die einen nämlich halten sich berechtigt, darin, daß zu Zeiten das nach allen bekannten Naturgesetzen Unmögliche geschieht, den erfahrungsmäßigen Beweis zu finden, daß eine außer und über allem Naturverlauf stehende geistige Macht als etwas ganz Fremdes zuweilen bildend in die Natur eingreife; und die andern, die es den Forderungen der Wissenschaftlichkeit schuldig zu sein glauben, überall nur von Natur zu sprechen, erweitern willkürlich den Begriff der Natur weit über den erfahrungsmäßigen Kreis der Naturgesetze hinaus und rechnen ohne weiteres die Schöpfung und Bildung neuer Organismen zu den der Natur als solcher ursprünglich inwohnenden Aktionen. Die zweiten setzen sich als Naturalisten den ersteren als Supernaturalisten entgegen, und beide Teile lieben es, einen gewissen Nachdruck auf diese Kennzeichnung ihres Standpunkts zu legen. Wenn aber die Naturalisten bedenken wollten, daß die von ihnen der Natur beigelegte Kraft vor Hervorbringung oder vielmehr zur Hervorzauberung eines beseelten Wesens aus äußerlich zusammentretenden toten Stoffen notwendig eine außerhalb und über dem sich bildenden Organismus stehende Zwecktätigkeit voraussetzt und daß eine solche Zwecktätigkeit nur ein anderes Wort ist für den übernatürlichen Eingriff in die Natur; und wenn sie ferner bedenken, daß man durch den bloßen Gebrauch des Wortes Natur sich doch wahrlich nicht aus dem Gebiet der Wundererscheinungen in das der Naturerscheinungen hinüberschwingen kann, so werden sie auch zugeben müssen, daß ihr Streit gegen die Supranaturalisten auf einen leeren Wortstreit hinausläuft. Was der eine Gott nennt, das nennt der andere Natur. Beide könnten sich vertragen, da dieser Gott und diese Natur in bezug auf rohe Willkür und Nichtachtung aller Gesetze und Schranken sich nichts vorzuwerfen haben und da dasjenige, was man dabei der Natur oder der Gottheit andichtet, doch nur derselbe plumpe, alles historisch Gegebene beiseite setzende Radikalismus ist. Für beide ist die Schöpfung kein Gegenstand der Naturwissenschaft und eigentlich keiner Wissenschaft überhaupt. Die Naturalisten werden also, wenn sie sich recht verstehen, sich gleicherweise als Supranaturalisten betrachten müssen.

Dieser bescheidene, auf jede Einsicht in den naturgesetzlichen Hergang der Schöpfung verzichtende Supranaturalismus ist aber nicht unser erbittertster Gegner, sondern derjenige, welcher in die Wissenschaft sich eindrängend die Schöpfungslehre mit einem positiven Inhalt ausstatten will, und zwar mit einem Inhalt, der andern Quellen entnommen ist, als den uns hierbei allein offenstehenden, nämlich denen der Vernunft und der Erfahrung. Dieser Supranaturalismus, welcher seit langem in sehr zurücktretender Stellung sich gehalten hat, welcher aber in dem verflossenen Dezennium, dem an widerlichen und extremen Ausgeburten so reichen, mit dem ganzen Übermut eines nach leichtem Kampf plötzlich emporgehobenen Siegers sich geltend gemacht hat, würde zu jeder andern Zeit, wenigstens in unserm Vaterland, unbeachtet bleiben dürfen in einer wissenschaftlichen Untersuchung; aber in der inneren Haltungslosigkeit dieser, wie es schien, an sich irre gewordenen Zeit ist er wieder zu vielfältig unter uns zu Ansehen und Geltung gelangt, als daß wir nicht ein paar Worte der Auseinandersetzung mit ihm wechseln sollten. Die Vertreter dieses Supranaturalismus lieben es, soweit sie überhaupt auf Naturwissenschaft Rücksicht nehmen, die Resultate der auf das Einzelnste gestellten Empirie für etwas Vollendetes und für das Höchste, was überhaupt menschenmöglich ist, auszugeben. Je äußerlicher und roher diese Resultate sind, desto besser für sie, desto mehr bedarf es für alles die Natur im Ganzen und Großen Betreffende anderer Erkenntnisquellen. Sie gefallen sich darin, die Schwierigkeiten der wissenschaftlichen Erkenntnis geflissentlich zu übertreiben, und nachdem sie es an Spott nicht haben fehlen lassen über die Ohnmacht alles menschlichen Wissens, nachdem sie alles, was den Geist in seinem Drange nach Wahrheit hält und hebt, was ihm Glauben, Hoffnung und Geduld verleihen kann, der Mißachtung preisgegeben, bieten sie den Heil suchenden empfänglichen Gemütern hilfreich ihre rettende Hand, um sie aus allem menschlichen Wissensqualm zu dem Sonnenberge göttlicher Wahrheit emporzuheben; was sich dann, wie bekannt, sehr leicht macht, indem derjenige, welcher dieser Herrlichkeit teilhaftig werden will, nur nötig hat, den Faden des Denkens kurzweg abzuschneiden und Sätze nachzusprechen, deren Inhalt sich von vornherein als ein solcher kennzeichnet, daß alle denkende Vermittlung dabei notwendig für immer ausgeschlossen ist. Eine solche Hilfe für den an Irrtum kranken Geist ist eine Kur in der Weise des Doktor Eisenbart;

wir müssen den Gebrauch derselben denen überlassen, welche Geschmack daran finden oder an ihre Heilkraft glauben.

Noch haben wir einer Klasse von Gegnern zu gedenken, welche von einer andern fast entgegengesetzten Seite herkommen und deren Opposition gegen jede Schöpfungstheorie nicht minder radikal ist. Manche der tonangebenden Naturforscher erklären alle und jede Theorie der Entstehungsweise der Organismen für ein ganz außerhalb aller Wissenschaft liegendes Beginnen und möchten jedes Nachdenken darüber verpönen. Sie haben in der Tat dazu ihre guten Gründe. Denn abgesehen davon, daß die Autorität der von ihnen auf den Thron erhobenen gemeinsinnlichen Erfahrung aufs stärkste erschüttert wird durch eine Untersuchung, welche einen so argen Widerstreit der Erfahrung mit sich selbst zutage bringt, so wird doch auch jeder Naturforscher, der das Hervorgehen von Organismen aus einem Konflux von toten Stoffen für unmöglich hält, sich sagen müssen, daß die Beantwortung der Schöpfungsfrage, wie sie auch gegeben werden möge, notwendig zuletzt hinführt entweder auf eine allgemeine Beseelung der Natur oder auf ein äußeres Eingreifen einer fremden geistigen Macht in die Natur, kurz auf ein Prinzip psychischer Immanenz oder Transzendenz. Es ist klar, daß durch ein solches Prinzip, wenn ihm ein Platz eingeräumt wird in der Wissenschaft, sich tödlich getroffen fühlen müßte eine Wissenschaft der organischen Natur, welche die Untersuchung der äußeren Mittel und Bedingungen der materiellen Existenz, anstatt derselben den ihr gebührenden Rang anzuweisen, zur letzten und höchsten Instanz macht, durch welche alle das Leben betreffende Fragen, auch die innersten und tiefsten, endgültig entschieden werden sollen. Wie unangenehm und lästig muß es dieser Wissenschaft sein, in dem triumphierenden Gang ihrer Entdeckungen sich angehalten zu sehen durch eine Frage, welcher gegenüber ihr ganzes sogenanntes exaktes Wissen ist wie Staub und Spreu. Wann wird doch die Wissenschaft der organischen Natur und insbesondere die sogenannte Physiologie zu der Einsicht kommen, daß man auf dem von ihr jetzt eingeschlagenen Weg von dem Leben der Natur und ihrem Gestaltenreichtum höchstens so viel erfahren kann, als man von einer Bildergalerie erfährt, wenn man die Farbstoffe der Bilder chemisch analysiert, die Leinwand mikroskopisch untersucht, den Firniß nach seiner Lichtwirkung optisch bestimmt und dergleichen mehr. Mag dies für den Konservator oder Restaurator der Bilder alles von Wichtigkeit und Nutzen sein; aber mit Geist und Leben der Bilder hat es durchaus nichts zu schaffen.

Wir haben in dem vorhergehenden gegen die Vorstellung einer originären Schöpfung nur Bedenken erhoben, welche mehr formaler Natur und den Forderungen entnommen waren, die unerläßlich scheinen, sobald von Wissenschaft überhaupt die Rede sein soll. Obgleich nun Bedenken dieser Art gewiß für jeden tiefer Denkenden von dem bedeutendsten Gewicht sind, indem derselbe sich immer überzeugt halten wird, daß in Dingen von allgemeiner Natur jede Ansicht falsch ist, welche die Möglichkeit eines weiter eindringenden Begreifens und einer Entwicklung der Wissenschaft von vornherein ausschließt, so wird es doch nicht undienlich sein, auch Bedenken mehr sachlicher Natur vorzuführen. Wenn ein beseelter Organismus aus der Hand des Schöpfers oder aus dem Schoße der Natur fertig gebildet hervorgehen soll, so werden nicht bloß seine physischen Organe und Fähigkeiten, sondern auch seine Seelenvermögen und ersten Seelenzustände als von außen ihm mitgeteilte und an ihn herangekommene angenommen werden müssen. Und da wir die psychologischen Bildungsprozesse in manchem Betracht besser beobachten können als die physiologischen, so wollen wir, von der physischen Organisation absehend, einmal die Schwierigkeiten betrachten, welche mit der Vorstellung einer fertig mitgeteilten Seele verbunden sind. Wenn wir jeden beseelten Organismus aus einem Keime sich entwickeln sehen, so bedenken wir gewöhnlich nicht ausdrücklich genug, daß diese Entwicklung etwas mit dem Wesen der Seele notwendig Verbundenes ist und daß, genauer betrachtet, Seele gar nicht anders denkbar ist als ein aus dem Unbestimmten und Einfachen zu inhaltvoller konkreter

Bestimmtheit sich Entwickelndes. Was sollte, um uns gleich an höhere Formen des Seelenlebens zu halten, das Wort Freiheit, auch in seiner beschränktesten Bedeutung genommen, wohl für einen Sinn haben, wenn das Wesen, dem sie beigelegt wird, alle seine Bestimmungen und Eigenschaften als fertig gegebene und von außen mitgeteilte in sich vorfände und wenn es nicht vielmehr von Anfang an sich selbst bildete, indem sein in einen einfachen Keim verschlossenes potentiales Selbst der wirkende Grund aller seiner sukzessiven aktuellen Zustände ist, wenn es nicht so, wie es ist, ein Produkt fortwährender innerer Arbeit, wenn seine Tätigkeit nicht eine stetige Selbstverwirklichung wäre. Doch lassen wir dies dunkelste aller Probleme beiseite und fragen wir, was man wohl unter einem Geist oder einer Seele denken wolle, welche ohne allen und jeden Erinnerungsinhalt wäre, wie die fertig geschaffene Seele doch sein müßte, da sie gar keine vorausgegangenen durchlebten Zustände hinter sich hat. Oder wie soll wohl irgendeine Erkenntnis, ja auch nur der verständige Gebrauch irgendeines Wortes, welches nicht Eigenname ist, möglich sein, wenn der Sinn des Wortes nicht Resultat und Produkt einer vorausgegangenen Arbeit der Abstraktion ist? Und wenn die psychologischen Hergänge der ersten Entstehung und Bildung von sinnbegabten Worten und Begriffen nicht so anschaulich vorliegen sollten, daß das Widersprechende einer fertig mitgeteilten Sprache und äußerlich gegebener Begriffe in die Augen fiele, so betrachte man Erkenntnisse, deren Entstehung wir mit mehr Bewußtsein zu begleiten pflegen. Am besten wählen wir Erkenntnisse aus Gebieten, wo wir es mit so einfachen Begriffen zu tun haben, daß wir das Denkgewebe bis auf seine letzten Fäden auseinanderlegen können. Spricht man einen nicht gerade am Anfang, sondern einigermaßen im Innern der Wissenschaft liegenden mathematischen Satz aus, so glaubt man gewöhnlich, man brauche nur die unbekannten Worte sich definieren zu lassen, um den Satz, wenn auch nicht nach seinen Gründen, so doch seinem Inhalte nach vollkommen zu verstehen. Aber der mit einem Worte zu verbindende Begriff zeigt sich selbst schon als eine Zusammenfassung von Begriffen, und der Versuch, die Worte zu definieren, führt auf Erörterungen, welche sich teils auf die Möglichkeit, teils auf die Notwendigkeit der Verknüpfung von Vorstellungen und Begriffen beziehen, und der mit dem Wort zu verbindende Begriff kann ohne eine ganze Reihe von vorausgehenden Denkakten gar nicht gegeben werden. Und nun vollends der Beweis. Ein Satz ist für mich nur ein bewiesener, wenn ich eine ganze Reihe von Denkakten selbst durchgemacht habe, und ohne diese vorausgegangene Arbeit ist der Satz als bewiesener sicherlich nicht vorhanden. Eine von außen mitgeteilte bewiesene Wahrheit ist ein Widerspruch in sich; denn das hieße nichts anderes, als die nicht vollzogenen Denkakte zu vollzogenen zu machen. Dazu reicht die Allmacht Gottes selbst nicht hin, wenn dies Wort nicht das reine Gegenteil aller Vernunft und alles Denkbaren bedeuten soll. Was nun hier bei dem Beweis ganz handgreiflich ist, nämlich daß er, außer durch Selbsttätigkeit erzeugt, gar nicht vorhanden sein kann, das ist, wenn auch weniger in die Augen fallend, doch ebenso unzweifelhaft in bezug auf jeden geistigen Inhalt. Der Geist ist nicht, außer insofern er ein selbsterworbener und erarbeiteter und in diesem Sinne ein freies Eigentum ist. Von allem diesem würde das Gegenteil stattfinden bei einem originär und fertig geschaffenen Geist. – Genug: eine originäre Schöpfung beseelter Organismen, mag man sich dieselbe nun durch eine Naturkraft oder durch einen Eingriff Gottes vermittelt denken, erscheint allerwärts in formeller und materieller Hinsicht von den größten Schwierigkeiten gedrückt, welche, genauer betrachtet, Unmöglichkeiten gleichzusetzen sind.

Wir haben nun die zweite der im obigen aufgestellten Ansichten von der Entstehung der lebendigen Geschöpfe zu betrachten. Der Unterschied beider Ansichten und das Eigentümliche einer jeden wird uns vielleicht am deutlichsten entgegentreten, wenn wir statt der Naturprodukte einmal einen von Menschenhänden gemachten Gegenstand betrachten, welcher sich in bezug auf die an der Entstehung der Organismen haftende

Hauptschwierigkeit den Organismen analog verhält, indem er nämlich, um hervorgebracht zu werden, schon als daseiend vorausgesetzt werden muß. –Treten wir in eine Schmiede, so finden wir mancherlei Werkzeuge, Hämmer, Zangen, Meißel, Feilen, Schrauben und dergleichen mehr. Fragen wir, wo sind die Zangen, Schrauben, Feilen usw. hergekommen, so ist die Antwort, sie sind in einer Schmiede gemacht, und ohne eine vorher dagewesene Schmiede hätte diese nicht entstehen können. Die Schmiede setzt also wie jeder Organismus sich selbst voraus. Wenn man nun die bei den Organismen beliebte Schlußweise in Anwendung bringen wollte, so müßte man sagen: Weil gegenwärtig und so weit unsere unmittelbare Erfahrung reicht, eine Schmiede nur durch eine Schmiede entsteht, so ist es überhaupt nicht anders denkbar; und da doch die Schmieden nicht von Ewigkeit her und absolut sind, so muß es eine erste oder mehrere erste gegeben haben, welche auf andere Weise entstanden sind. Da indessen eine zur Hervorbringung der andern hinreicht, so gebietet das in der ganzen Natur herrschende Gesetz der Sparsamkeit, es bei einer bewenden zu lassen. Es entsteht also die Frage: Wo ist die erste Schmiede hergekommen? Die einen, die Supranaturalisten, sagen: Gott selbst hat die erste Schmiede vollständig hergerichtet, und dann die Entstehung der anderen dem gewöhnlichen natürlichen Verlauf überlassen. Die zweiten, die Naturalisten, sagen: Nein, das ist unwissenschaftlich, auf die Gottheit zu rekurrieren; vielmehr ist da, wo sich gerade Eisen, Holz und Steine als nötiges Material zufällig zusammenfanden, die erste Schmiede aus der Erde hervorgewachsen durch Hilfe einer der Natur früher inwohnenden, jetzt aber erloschenen schmiede-bildenden Kraft. So ungefähr spricht man von den bis jetzt betrachteten Standpunkten aus. Gibt es nun weiter keine Ansicht über die Entstehung der Schmiede? Jeder wird antworten, o ja, und zwar eine sehr einfache und natürliche und zugleich unzweifelhaft richtige. Erst hat man mit Steinen gehämmert, und Steine an Steinen durch Reibung geschärft und einigermaßen geformt. Dann hat man vermittelst der so zubereiteten

Steine die am leichtesten zu erhaltenden Metalle ein wenig bearbeitet und eine Art Werkzeug daraus gemacht, mit welchem man dann die Metalle wieder weiter behandeln konnte, und so fort. Von einer ersten Schmiede kann hierbei nimmermehr die Rede sein. Denn wo sollte man den Anfang setzen. Die frühere Entstehung ist dabei nicht weniger einfach und natürlich als die jetzige, nur mit dem Unterschied, daß die sich entwickelnde Schmiede bis zu ihrer jetzigen Vollendung Jahrtausende gebraucht hat, während heutzutage unter Voraussetzung einer anderen eine neue ebenso vollkommene Schmiede in kürzester Zeit entsteht.

Kehren wir zum Organismus und seiner Entstehung zurück. Sollte sich nicht auch bei demselben eine Ansicht durchführen lassen, welche trotz des unermeßlichen Unterschiedes zwischen einem lebendigen Naturprodukt und einem toten menschlichen Machwerk doch im ganzen der letzten Ansicht von der Entstehung der Schmiede analog ist? Ist es nicht vielleicht ebenso töricht, von einem ersten Krokodil oder Pferd oder Menschen zu reden als von einer ersten Schmiede? Haben nicht vielleicht die so vollkommen zweckmäßigen Organe und Instinkte der lebendigen Geschöpfe eine ebenso lange Geschichte allmählicher Verbesserungen und, wenn man will, Erfindungen hinter sich, wie jede Maschine und jedes mechanische Kunstwerk eine Geschichte seiner allmählichen Vervollkommnungen hat? Sollte es ferner nicht denkbar sein, daß, so wie jetzt ein beseeltes Wesen nicht anders sich bilden kann als aus einem Keim, der zwar nicht aktuell, aber potentiell das ganze zukünftige Wesen in sich schließt, so auch im großen Ganzen der Weltentwicklung die Gattungen der beseelten Wesen hervorgegangen sind aus Daseinsformen, welche der späteren Gestaltung der organischen Wesen und Reiche gegenüber sich verhalten wie embryonale Zustände, in denen die zukünftigen Welten der Organisation noch verhüllt und eingeschlossen ruhten; wobei nur der Unterschied zu beachten ist, daß die gewaltigen Metamorphosen des embryonalen Lebens, welche gegenwärtig im raschen Verlauf vor sich gehen und die Entwicklung der Individuen zum Zweck haben, in früheren Zeiten auf eine zahllose Reihe von Generationen sich ausgedehnt haben und die Entwicklung der Gattungen zum Zweck hatten. Ja, ist überhaupt nur irgend etwas anderes denkbar, wenn eine Seele, sei es nun eine nur in Sinneseindrükken, Erinnerungen, Trieben und Begierden lebende oder eine denkende, wollende und empfindende Seele, nicht anders als durch einen Selbstbildungsprozeß möglich ist?

Wir können sicher sein, daß sich dieser, wenn auch nur ganz unbestimmt und allgemein hingeworfenen Idee in dem Geist der Leser sogleich einige wichtige Bedenken entgegenstellen werden. Auf diese müssen wir zuerst antworten, weil sie sonst auf der ganzen folgenden Darstellung als ungelöste Widersprüche lasten, und jede unbefangene Hingabe zu stören imstande sein möchten.

Das erste Bedenken ist den früher herrschenden geologischen Vorstellungen entnommen. Es werden gewiß viele aus früheren Darstellungen der Geologie den Eindruck erhalten haben, als seien die einzelnen aufeinander folgenden Erdrevolutionen von solcher Macht und Ausdehnung gewesen, daß durch dieselben alles Lebendige von der ganzen Erde auf einmal weggefegt worden sei. Wenn dies der Fall wäre, so müßten nach jeder solchen Universalsintflut die Erdgeschöpfe jeder Periode ganz von neuem und nun natürlich schon als hochentwickelte Organismen geschaffen sein, und an eine fortlaufende Entwicklung aus ursprünglich einfachen Zuständen wäre nicht zu denken. Mit solchen Erdrevolutionen hat es nun keine Not. Sämtliche neueren Forschungen haben sich zu dem Resultat geeinigt, daß Erhebungen und Senkungen, das Versinken von Landstrecken ins Meer und das Auftauchen von andern aus demselben, das Durchbrechen bestehender Landmassen durch aufsteigende Gebirge und Überstürzungen von Gebirgen, kurz, daß alle solche Erdrevolutionen lokaler Natur gewesen und meist auf einen kleineren Raum beschränkt gewesen sind als gegenwärtig die größeren Erderschütterungen. Genauer betrachtet ist dies auch sehr natürlich. Denn wenn, wie man allgemein und wohl mit Recht annimmt, die feste Erdrinde früher dünner war als jetzt, so folgt schon aus einfachen mechanischen Gründen, daß die von innen wirkenden expansiven Kräfte, welche die Ursache der Erdrevolutionen sind, leichter einen Ausgang gefunden haben und daß sie zwar an der Stelle, wo sie wirkten, gewaltsamere Zerstörungen hervorgebracht, aber dafür auch in ihren Wirkungen weniger weit sich verbreitet haben. Wegen dieser lokalen Beschränktheit der früheren Erdrevolutionen sind die lebendigen Geschöpfe immer nur stellenweis vernichtet worden, und eine von der Revolution getroffene und dann wieder beruhigte Landstrecke oder auch eine neu aus dem Meer hervorgetretene konnte sich durch Einwanderung aus den angrenzenden Ländern bevölkern, ohne dazu der originären Schöpfungen zu bedürfen.

Auf der Vorstellung einer zuzeiten eingetretenen gänzlichen Vernichtung und nachfolgenden Neuschöpfung aller Erdenbewohner fußend, hat man öfters die Frage aufgeworfen, ob nicht auch die jetzige Welt der Organisation einmal gänzlich vernichtet werden könne und über diesem allgemeinen Grabe eine neue höhere Menschheit samt einer neuen vollkommeneren Tier- und Pflanzenwelt erstehen und über die Erde sich verbreiten könne. Die Frage wäre offenbar vollkommen berechtigt, wenn wirklich in früheren Zeiten oftmals Tod und Verderben das ganze Erdenleben ergriffen und dann eine allgemeine Auferweckung zu neuem höheren Leben stattgefunden hätte. Aber nichts in der Natur weist hin auf so radikale Revolutionen eines gänzlichen Umsturzes und eines Neubaues von Grund aus; vielmehr erscheint alle Naturentwicklung als eine stetige, auf der Basis eines bereits historisch Gewordenen fortbauende, wenngleich von gewaltigen inneren Kämpfen begleitet. Eine neue Menschheit, physisch und geistig unabhängig von der jetzigen, wird nie die Erde bewohnen; und wie groß auch die Veränderungen sein mögen, welche dem Menschen noch bevorstehen in der Entwicklung und dem Gebrauch seiner physischen und geistigen

Anlagen und Kräfte, so wird doch derjenige Mensch, dessen Augen den Tag der Erfüllung alles Irdischen sehen, der leibliche Sohn des jetzigen Menschen sein.

Ein zweiter sich leicht darbietender und schon oft gegen die Entwicklungstheorie vorgebrachter Einwurf ist folgender: Wenn, sagt man, die Geschöpfe aus einfacheren Formen zu zusammengesetzteren, aus niederen Zuständen zu vollkommeneren sich entwickelt haben sollen, so ist wohl nichts anderes denkbar, als daß die Menschen aus Affen oder Meerkatzen[1] hervorgegangen seien, diese wieder aus niederen Geschöpfen und so fort rückwärts bis zu den Schnecken, Polypen und Strahltieren[2].*

In der Tat, es wäre dem Menschen nicht zu verdenken, daß er sich in seinem Ahnen- und Adelsstolz sehr gekränkt fühlte, wenn er sich für den Sohn des Affen und für den Enkel der Eidechse halten sollte. Viele haben sich durch diese unglückliche Schlußfolgerung verleiten lassen, sich mit Abscheu von der Entwicklungstheorie abzuwenden und dieselbe mit Heftigkeit und Bitterkeit anzufeinden. Dieser hitzige Eifer war sehr überflüssig. Denn der gestellte Einwurf trifft den Sinn und die Meinung der richtig verstandenen Theorie gar nicht. Es mag zunächst auffallend erscheinen, daß man bei dem in Rede stehenden Einwurf die Beispiele des Höheren und Niederen nur aus der jetzt vor uns liegenden Welt der Organisation entnimmt, als wenn für die vorweltlichen Geschöpfe auch nichts anderes denkbar und sogar wahrscheinlich wäre. Aber abgesehen davon, so verlangt ja die Theorie auch gar nicht, daß ein Höheres sich entwickeln soll aus einem solchen Niederen, welches in seinem niederen Zustand schon sich als ein in seiner Art Abgeschlossenes und Vollendetes und an seinem Ziel Angelangtes darstellt und welches folglich schon seiner ersten Anlage nach ein Niederes sein mußte. Eine solche Entwicklung gibt es nirgends, weder auf natürlichen noch

* Die Hochziffern beziehen sich auf die Anmerkungen des Herausgebers auf S. 218 ff. (F. K.)

auf geistigen Gebieten. Denn sie hieße nichts anderes, als daß Wesen, deren Ziele selbst niedere sind, zu einem höheren Ziel der Entwicklung gelangten. Die Theorie verlangt nur, daß die Geschöpfe aus unentwickelten und embryonisch verhüllten Daseinsformen allmählich durch fortschreitende Teilung der Arbeit in den Organen zu gegliederten und entwickelten sich auswirken, wobei aber das zu höheren Zielen der Entwicklung Gelangende auch in seinen noch verschlossenen und scheinbar niederen Daseinsformen doch immer schon ein Höheres ist seiner Anlage nach. Und sowenig der jetzige Mensch sich desjenigen Zustandes seines embryonalen Lebens schämt, in welchem er noch nicht durch Lungen, sondern durch eine Art Kieme atmete, sowenig wird er sich des Zustandes seiner Voreltern zu schämen haben, in welchem dieselben nicht durch Lungen, sondern durch Kiemen atmeten; welcher Zustand notwendig dagewesen sein muß zu der Zeit, als es noch kein Land, wenigstens kein bewohntes gab und die Wasser, die auf der Tiefe lagen, noch alles Leben in ihrem fruchtbaren Mutterschoß bargen.

Allerdings hat man, wir wollen es nicht leugnen, hier und da die Meinung gehabt, daß die Menschen aus sich vervollkommnenden und veredelnden Bestien hervorgegangen seien. Während der Herrschaft der naturalistischen und sensualistischen Philosophie des vorigen Jahrhunderts waren solche Ansichten gar nicht selten, und ich weiß nicht, ob auch alle neueren Anhänger der Entwicklungstheorie gänzlich davon freizusprechen sind; oder vielmehr, man weiß bestimmt aus einigen in jüngster Zeit erschienenen Schriften, daß nicht alle sich von diesen Roheiten loszumachen gewußt haben. Hat man doch eine Entwicklung der höheren Geschöpfe aus niederen nicht bloß für die geologisch aufeinander folgenden Organisationen statuiert, sondern auch in bezug auf die gegenwärtig nebeneinander lebenden höheren und niederen Geschöpfe; wie denn Goethe sagt, daß es in seiner Jugend gar manche gegeben hätte, die es nicht für unmöglich gehalten, daß ein Bär, wenn er nur konsequent aufrecht ginge, nach einigen Generationen sich in einen leidlichen

Menschen verwandelte. Wer kann jedoch vernünftigerweise daran denken, daß die jetzt lebenden Geschöpfe, deren Organisation einerseits vollkommen zweckmäßig ist für ihre kleine Außenwelt und andererseits mit dem Umfang ihrer Triebe und Instinkte völlig sich deckt, jemals zu etwas anderem sich entwikkeln werden oder früher unter ähnlichen Umständen sich entwickelt haben, da eine Entwicklung doch überall nur möglich ist, wo ein Inneres die gegebenen äußeren Zustände überragt; wie ja auch in der Menschheitentwicklung eine Neuschöpfung nie anders hervortritt als durch ein im Innern geborenes Ideal, welches die faktischen Zustände überragt und über dieselben hinaustreibt. Die jetzt lebenden Geschöpfe sind so gut als der Mensch letzte feste Zielpunkte der organisierenden Natur, als solche im Wesentlichen abgeschlossen und unveränderlich und sämtlich hervorgegangen aus anderen Wesen, deren innere instinktive Natur mit ihrer Außenwelt noch nicht abgeschlossen hatte.

Die letzte Bemerkung führt uns auf einen dritten Einwurf, welchen man der Entwicklungstheorie macht und welcher den meisten als der gewichtigste erscheinen wird, da die ihn stützenden Gründe naheliegend und auf den ersten Anblick sehr triftig sind. Wenn, sagt man, so große Veränderungen der Organismen durch Fortpflanzung, wie die Entwicklungstheorie sie fordert, annehmbar erscheinen sollen, so müssen entweder ähnliche Veränderungen in dem Kreis unserer naturhistorischen Erfahrung nachgewiesen werden können, oder es müssen wenigstens analoge Erscheinungen aus anderen Gebieten zur Stützung einer solchen Annahme beigebracht werden können. Wollte man den Versuch machen, die erste Forderung zu befriedigen, so bliebe wohl nichts anderes übrig, als die Veränderungen der Organismen zu betrachten, welche unter unsern Augen vorgehen oder seit Menschengedenken vorgegangen sind durch Veränderung der äußeren Umstände und Lebensbedingungen der Organismen. Es lohnt sich wohl nicht der Mühe, von dem Unzähligen, was man in dieser Hinsicht beizubringen pflegt, einzelnes beispielsweise aufzuführen. Es mag genügen an der allgemeinen Bemerkung, daß die Veränderungen, welche an den höheren Tieren durch Veränderung der äußeren Umgebung, des Klimas, der Nahrung und dergleichen mehr hervorgebracht werden, sich darauf beschränken, daß die Größenverhältnisse einzelner Organe oder die Größe des Ganzen und insbesondere die äußeren Bedeckungen gewisse Modifikationen erleiden. Da jedoch in den meisten Fällen durch Rückversetzung in die früheren Umstände auch die früheren Formen und Beschaffenheiten wieder erzeugt werden können, so beweisen diese Veränderungen fast ebenso viel für die Beständigkeit der Arten der jetzt lebenden Geschöpfe als für die Veränderlichkeit derselben. Bei niedrigeren Organismen werden die möglichen Veränderungen bedeutender und oft sehr auffallend, und im allgemeinen setzt sich jeder Organismus der Macht äußerer Einflüsse um so energischer entgegen, je höher er in der Stufenfolge der Organisation steht. Steigen wir zu den niedrigsten Geschöpfen herunter, bei welchen der Organismus fast nur wie eine Zusammenfügung aus Zellen erscheint, so werden allerdings oft alle unterscheidenden Charaktere der Gattungen und Arten fließend und veränderlich mit den veränderten Einflüssen. Aus den Sporidien derselben Schimmelpflanze hat Professor Spring je nach dem Stoff, in welchem, und je nach dem Grad der Wärme, des Lichtes und anderer Agentien, unter welchem die Entwicklung geschah, nicht weniger als zehn verschiedene Formen erhalten, die nach der gebräuchlichen Anordnung nicht nur zu verschiedenen Arten, sondern auch zu verschiedenen Gattungen und selbst Ordnungen gebracht werden müßten. Aber bei allen höheren Organismen oder bei allen Geschöpfen mit bestimmt geschiedenen und besonderen Verrichtungen dienenden Organen bleiben die auf solche Weise hervorzubringenden Veränderungen sehr weit entfernt von einem Übergang der Gattungen und Arten ineinander und können kaum als ein Analogon dessen gelten, was man in der Entwicklungstheorie supponiert.

Manche Naturforscher, welche der Entwicklungstheorie huldigen, pflegen als erfahrungsmäßige Stütze ihrer Ansicht, soviel wir haben sehen können, nur die hierher gehörigen Tatsachen anzuführen und sind der Meinung, daß die ohne Vergleich viel größeren Veränderungen von Luft, Wasser, Wärme, Boden und Klima, welche in der Urzeit allmählich eingetreten sind, auch viel größere Veränderungen der Organismen nach sich gezogen haben könnten, und machen dabei zugleich geltend, daß unsere Beobachtungen sich nur auf sehr kurze Zeiträume erstrecken, während den früheren Veränderungen ein Zeitraum von Hunderttausenden von Jahren gegönnt war. Hierin liegt gewiß viel Wahres und wohl zu Beachtendes, und eine große Menge von Verschiedenheiten zwischen früheren und jetzigen gattungsverwandten Organismen, so wie zwischen den in verschiedenen Ländern und Klimaten einheimischen Geschöpfen desselben Typus, können wohl aus diesen Annahmen ohne Hinzunahme eines Weiteren genügend erklärt werden, wenngleich diese Verschiedenheiten viel bedeutender sind als die unter unsern Augen sich bildenden. Aber wie durch veränderte äußere Umstände allein ganz neue Typen und neue Klassen von Geschöpfen sich bilden können, möchte doch schwer zu denken sein. Die bloße Beachtung des Einflusses äußeren Lebensbedingungen begreift für sich allein so wenig etwas von der Entwicklung der Natur im Großen und Ganzen, als der bloße Pragmatismus in der Geschichte etwas von der Entwicklung der Völker und der Menschheit begreift, wenn er sich nicht mit einem *innern* Gesetz der Metamorphose des geschichtlichen Geistes verbindet.

Wenn nun auch die in unsere Beobachtung fallenden Veränderungen nicht imstande sind, das zu beweisen, was man mit ihnen beweisen will, so kommt doch bei denselben ein Umstand vor, der für die Entwicklungstheorie lehrreich ist, und den hervorzuheben wir um so weniger unterlassen wollen, als er mit dem von uns in den Vordergrund zu stellenden Gesichtspunkt in nächster Beziehung steht. Wir wollen denselben durch einige Beispiele erläutern. Betrachten wir, um etwas Einfaches und Bekanntes zu nehmen, die Saumrosse, so finden wir bei ihnen, entsprechend ihrer Arbeit des Tragens von Lasten über hohe Berge, einen veränderten Knochenbau und insbesondere stärkere Knochen der Extremitäten. Nimmt man gewöhnliche Pferde zu dieser Arbeit, so verändern sie ihre Knochen nicht, obgleich sie stärkere brauchen könnten. Aber die nächsten Abkömmlinge dieser Pferde zeigen im erwachsenen Zustand schon eine geringe Veränderung des Knochenbaues in der Art, wie sie ihren Eltern hätte nützlich sein können, und diese Veränderung nimmt in den folgenden Generationen bei gleicher Arbeitsgewöhnung noch mehr zu. – Versetzen wir kurzhaarige Tiere, die in warmen Gegenden einheimisch sind, in kalte Gegenden, so zeigen sich nach mehreren Generationen ihre Nachkommen mit einer warmen Behaarung bedeckt.[3] Jedoch die ersten dahin versetzten Individuen bekommen keinen wärmeren Pelz, sondern sie frieren bloß. Aber ihre Leiden sind nicht vergeblich; sie kommen ihren Nachkommen zugute, die dadurch mit einem dichten Pelz ausgestattet werden. – Wir brauchen Beispiele dieser Art nicht zu häufen, um sogleich dies als wesentlich zu erkennen bei der Veränderung der Organismen durch Fortpflanzung, daß ein bloß Inneres, ein gefühltes, aber unbefriedigt gebliebenes Bedürfnis sich in entsprechende körperliche Bestimmungen umsetzt bei den Nachkommen. Eine körperliche Bestimmung ist neu an einem Wesen, wenn sie als solche in den Erzeugern nicht vorhanden war; aber wenn sie in ihnen überhaupt auf keine Weise vorhanden gewesen wäre, so wäre sie in den Jungen ohne allen zureichenden Grund, gewissermaßen aus nichts oder, wie man sagt, durch ein bloßes Naturspiel, welches wohl auch nicht viel mehr als nichts ist, entstanden. Diese neue körperliche Bestimmung ist schon vorhanden gewesen, aber in anderer Form, als ein Inneres in den Trieben, Begierden und Bedürfnissen, und bei höheren geistbegabten Geschöpfen vielleicht auch in der Phantasie, in Ahnungen und in der Willensrichtung. Wenn wir einen Zustand der Geschöpfe statuieren, in welchem auf eine hier noch nicht näher zu bezeichnende Weise immer neue Triebe und Bedürfnisse in ihnen innerlich erwachen, so haben wir eine immer fließende

Quelle von langsam stetigen Veränderungen, welche im Lauf der Jahrtausende sehr mächtig anwachsen können, besonders wenn diese Triebe immer gleich gerichtet sind nach *einem* vorgesteckten Ziele. Wenn aber diese innere Quelle versiegt ist, so werden sich die Veränderungen in engen Grenzen halten, wie wir jetzt allerwärts sehen.

Es kann an dieser Stelle nahegelegt und geboten scheinen, das Prinzip der natürlichen Züchtung, welches Darwin zur Erklärung der Veränderungen der Organismen in einem mit Recht berühmten Werke aufgestellt hat, zur Sprache zu bringen. Gemäß diesem Prinzip sollen die Ursachen der Veränderungen der Organismen allerdings noch in etwas anderem zu suchen sein als in den äußeren Lebensbedingungen, selbst wenn man das Dasein und die Beschaffenheiten der mitlebenden Organismen zu den äußeren Lebensbedingungen der Organismen rechnet. Daß wir diesem Prinzip als Erklärungsgrund der Metamorphosen der Organismen nicht beistimmen, werden diejenigen, denen dasselbe bekannt ist, indirekt aus manchem bisher Gesagten schon entnehmen können und in dem Folgenden noch genauer sehen. Ja, der Gegensatz, in welchem wir uns zu dieser Ansicht finden, insofern man auf die ihr zugrunde liegenden allgemeinen Prinzipien des Lebens zurückgeht, ist so groß, daß er auf dem gemeinschaftlichen Standpunkt der Entwicklungstheorie nicht wohl größer gedacht werden kann. Nichtsdestoweniger werden wir hier kein Wort der Polemik gegen diese Ansicht vorbringen; denn es hieße den schuldigen Respekt aus den Augen setzen, wenn man einer mit großer Gründlichkeit und Gelehrsamkeit sowie mit seltener Aufrichtigkeit und Strenge gegen sich selbst durchgeführten Ansicht entgegentreten wollte mit kurzen Bemerkungen, wie sie uns allein gestattet sein könnten in einer Schrift, die nach Zweck und Anlage alles gelehrte Detail nicht weniger als jede tiefergehende philosophische Diskussion ausschließt. Ich gebe meine Ansicht deswegen unverändert so, wie ich sie auch vor dem Erscheinen des Darwinschen Buches (1859) mehrfach in öffentlichen Vorträgen gegeben habe. Wie verschieden man aber auch denken möge über dasjenige, wodurch überhaupt eine Entwicklung der Organismen vermittelt und ermöglicht ist, so bleibt doch Darwins Verdienst um die Entwicklungstheorie ein sehr großes, weil er nicht bloß eine Menge von Einwürfen, welche dieser Theorie gemacht zu werden pflegen, genügend widerlegt hat, sondern auch, was für die öffentliche Beachtung das Wichtigste ist, viele bezügliche Fragen, welche die Naturforscher lebhaft beschäftigen und in ihr spezielles Fachinteresse fallen, gründlich diskutiert hat. Dadurch ist die Entwicklungstheorie erst in eine Stellung gekommen, daß sie als ein jedenfalls einer ernsten Erwägung würdiger Gegenstand angesehen wird, während früher der große Haufen der Naturforscher um so eher glaubte, mit Achselzucken und spöttischer Miene an derselben vorübergehen zu können, als die Männer, denen die Schöpfungsgeschichte die größte Bereicherung an Tatsachen verdankt, wie Cuvier, Lyell, Agassiz, Buckland, Forbes, Murchison, Barrande, Burmeister und viele andere, sich mit Bestimmtheit und häufig nicht ohne Heftigkeit und Bitterkeit gegen die Entwicklungstheorie ausgesprochen haben.

Wir haben in dem obigen, wo wir den dritten Einwurf gegen die Entwicklungstheorie vorführten, bemerklich gemacht, daß die Gegner, um die in der Entwicklungstheorie supponierten Veränderungen annehmbar finden zu können, entweder ähnliche Veränderungen in unserer naturhistorischen Erfahrung nachgewiesen haben wollen oder diese Annahme durch analoge Erscheinungen auf andern Gebieten gestützt sehen wollen. Was die erste Forderung betrifft, so kann dieselbe, wie wir zugestehen müssen und in dem Vorhergehenden ausdrücklich hervorgehoben haben, nicht befriedigt werden. Der zweiten hoffen wir in dem Folgenden hinreichend Genüge zu tun.

Die Schöpfung als eine kontinuierliche und gegenwärtige

Wenn wir für die Schöpfung der natürlichen Organismen, bei welchen direkte Erfahrung uns abgeht, wenigstens Analogien der Erfahrung suchen müssen, so können wir dieselben wohl finden; nur müssen wir sie da suchen, wo sie allein zu finden sind, d. h. wo wir noch Schöpfung, wenn auch keine Schöpfung natürlicher Organismen, vor uns haben. Und es fragt sich, ob Schöpfung nicht noch täglich und unter unsern Augen stattfindet. Man denkt sich gewöhnlich die Schöpfungstätigkeit Gottes als einen einzelnen in der Urzeit vorgegangenen Akt oder auch als mehrere in Urzeiten wiederholte Akte. In denselben soll Gott seine Schöpfungstätigkeit konzentriert und dann sein Werk mehr oder weniger, darüber ist man natürlich sehr im Streit und im Unklaren, sich selbst überlassen haben. Aber woher weiß man denn, daß die Schöpfung nicht ein ewiger und als solcher der Idee Gottes allein würdiger Akt ist, daß sie heute und in jedem Augenblick weniger stattfindet als vor Äonen, daß sie nicht immer gleich stark aus unsichtbaren Quellen fließt und daß sie nicht ebenso wesentlich zum Leben der Gottheit gehört als Atmen und Blutumlauf zu dem unsrigen. Die Schöpfungstätigkeit ergreift nur andere und andere Sphären ihrer Wirksamkeit, ist in einem stetigen Fortschritt der Vertiefung aus dem Äußeren in das Innere begriffen und nimmt jedes Produkt einer vorausgegangenen Arbeit als Stütze, Grundlage und Voraussetzung einer neuen in sich auf. Es ist nicht schwer zu sagen, wie dies zu verstehen ist und in welcher Weise eine Sukzession in der Schöpfung gedacht werden muß. Wäre es nicht ein greulicher philosophischer Ungedanke anzunehmen, daß die Stoffe der unorganischen Natur, die chemischen Elemente in ihrer Verschiedenheit und Absonderung von Ewigkeit her dagewesen und also durch sich selbst seien; sie würden dadurch zu ebensovielen Absolutheiten. Sie sind sicherlich aus einem höheren einheitlichen Ganzen durch eine spezifizierende Tätigkeit auf naturgesetzlichem Wege hervorgegangen und in diesem Sinne geschaffen. Es hat aber offenbar keine Schöpfung von Einzelorganismen Platz greifen können, ehe die chemisch-physikalische Stoffwelt, welche die Voraussetzung der Organismen bildet, zum Abschluß gekommen und dem toten mechanischen Kreislauf, in welchem wir sie jetzt sich bewegen finden, anheimgegeben war. Nach dieser nur als makrokosmischen Prozeß zu begreifenden Schöpfung der chemisch-physikalischen Stoffwelt hat sich die Schöpfungstätigkeit in einen engeren Raum begrenzt und sich in die Mikrokosmen oder in die allen äußeren Einwirkungen mit spontaner Tätigkeit und Produktivität entgegentretenden in sich geschlossenen Systeme und in die beseelten Organismen ergossen, und damit in eine innere Welt von immer über sich selbst hinausdrängenden Seelentrieben. Aber dies mächtige Wogen und Wallen von Seelentrieben, welche in dem oben angedeuteten Sinn sich stetig in körperliche Bestimmungen umsetzen und sich darin Halt und Gestalt geben, beruhigt sich zuletzt auch in einem dem Kreislauf verfallenden und in demselben Takt sich wiederholenden Gang von physiologisch-organischer Tätigkeit, und in einen engeren, aber höheren Raum greift die nie rastende Schöpfungstätigkeit, in den Raum der sittlich menschlichen Persönlichkeit, und wirkt da in der Menschheitentwicklung ihr neues lebendiges Kleid. Hier haben wir Schöpfung, unmittelbar göttliche Schöpfung, wenn wir sie noch heute, wenn wir sie erfahrungsmäßig und mit Augen sehen wollen. Jede neue Gliederung in dem Organismus der menschlich sozialen Zustände, jeder neue Anbruch in dem Schachte der Ideen, jedes neu erwachende Schönheitsideal in der schaffenden Phantasie des Künstlers, jeder neu eröffnete im tiefen Innern erlebte Rapport der sichtbaren und unsichtbaren Welt, jede innige Hingabe an die Gemeinschaft des Geistes und des höheren Menschheitlebens, jede Opferwilligkeit und jeder mächtige Entschluß zum Guten, sie alle sind der immer sprießende Trieb göttlichen Schaffens und Wirkens, sie sind die gegenwärtige Schöpfung, nicht weniger mächtig und gewaltig als diejenige, durch welche die Berge gegründet wurden, oder diejenigen, durch welche nach unermeßlichen Ergüssen aus dem Luftkreis und dröhnenden Bewegungen in der Tiefe ein neuer Himmel und eine neue Erde vor den erstaunten Geschöpfen sich auftaten. Diese rastlos arbeitende Schöpfung ist die wahre Allgegenwart Gottes, sein immer neu verkündigtes lebendiges Wort. Ewig fließt, sagt die Zendavesta, ein Wort aus Gottes Munde, das Wort: *Es werde.* Mit diesem Wort sind die Himmelsräume erfüllt, und ewig ruft, wie es daselbst heißt, ein Stern dem anderen zu: *Es werde.*

Hiermit haben wir die Wendung angedeutet, welche wir dem Problem von der Schöpfung der Organismen zu geben gedenken. Wir wollen die Natur betrachten nach Analogie der Geschichte, und insbesondere die Entwicklung der natürlichen Organismen nach Analogie der Entwicklung der geschichtlich-sozialen Organismen. Und da diese letztere zum großen Teil in die geschichtliche Erinnerung fällt, so erhalten wir für die Entwicklung des Organischen überhaupt erst einen wirklichen Erfahrungsinhalt. So kann das junge schwachglimmende Leben der Entwicklungstheorie ernährt und großgezogen werden durch die gesunde Nahrung einer lebendigen Erfahrung. Hat man doch schon oft genug, wenn auch meist mit wenig Glück und Geschick, die geschichtlichen Erscheinungen betrachtet nach Analogie der Natur, warum nicht auch umgekehrt die Natur betrachten nach Analogie der Geschichte, da, wo sie offenbar Geschichte hat, oder vielmehr Geschichte ist. Geschichte, d.h. allmähliche aus innern Triebkräften erfolgende Umbildung der Lebensgestaltungen ist eben Schöpfung. Eine andere Schöpfung gibt es nicht und hat es nie gegeben. Schöpfung ist nur eine auf dem Grund der ewigen innergöttlichen

Natur sprießende Entwicklung, ist Geschichte göttlicher Evolutionen, eine wahre Theogonie.

Für diejenigen, denen Schöpfung ein abgeschlossener Akt und nicht das stetige göttliche Wirken selbst ist, fallen die Tätigkeiten des Schöpfers und des Geschöpfs ganz auseinander. Nach ihnen ist bei der Schöpfung nur der Schöpfer tätig und das Geschöpf absolut leidend; in dem Leben der Geschöpfe hingegen ist nur das Geschöpf tätig und der Schöpfer hat das Zusehen. Ebenso ist für sie bei der Schöpfung alle Freiheit nur auf seiten des Schöpfers, und in dem Leben der endlichen Geschöpfe, wenn da für dieselbe überhaupt noch Raum ist, nur auf seiten der Geschöpfe. In der Tat aber ist Freiheit im wahren Sinne des Wortes, welche immer das Werden eines wahrhaft Neuen und zugleich wirkliche Schöpfung ist, in dem abgeschlossenen Kreis eines rein auf sich gestellten Endlichen gar nicht vorhanden. Alle Freiheit ist in der Gemeinschaft des allgemeinen Geistes und Lebens, ist Teilnahme an der göttlichen Schöpfertätigkeit und jedes freie Geschöpf ein gottbeseeltes. Nur wo »Himmelskräfte auf- und niedersteigen, und sich die goldnen Eimer reichen,« ist wahrhaft geschichtliches Leben in Natur und Menschheit. Alles andere liegt in den Banden starrer Notwendigkeit und treibt in dem kreisenden Wirbel der Erscheinungen. Und wenn der Dichter von dem Menschengeist sagt: »Nur aus dem Kelche dieses Geisterreichs schäumt ihm seine Unendlichkeit,« so können wir in einem verwandten Sinne von Vernunft, Gemüt, Willen und Phantasie des Menschen sagen: Nur aus dem Kelche dieses Geisterreiches schäumt ihnen ihre Schöpfungskraft.

Wir wissen, daß jeder nur mit Zögern herantritt an die Alternative einer abgeschlossenen und einer fortgehenden Schöpfung, weil es kaum eine Frage von höherer allgemeinerer Natur auf den Gebieten des Ethischen und Geschichtlichen gibt, welche von dieser Alternative nicht fundamental berührt wird. Wir wissen, daß eine so weitgreifende Idee wie die der kontinuierlichen Schöpfung nur Eingang und Zustimmung finden kann, wenn sie imstande ist, mannigfache, allerwärts übel empfundene Schwierigkeiten zu heben, dunkel geahnte Zusammenhänge in deutlicherem Lichte erscheinen zu lassen und auf verwandte Ideenkreise befruchtend einzuwirken. Da dieser Nachweis hier unmöglich ist, so verzichten wir auf jede weitere Rechtfertigung.

Es steht der Idee einer kontinuierlichen Schöpfung, welche dem Altertum nicht fremd war, bei uns nichts so sehr entgegen wie die zunächst als kirchliches Dogma ausgebildete und dann auch in das gemeine Bewußtsein übergangene Vorstellung einer Schöpfung der Welt aus nichts. Durch diese Vorstellung wird der Gegensatz von Gott und Welt, von Schöpfer und Geschöpf, und von Geist und Natur zu einer Schroffheit gesteigert, welche alle spekulative Theologie und alle Naturphilosophie gleicherweise unmöglich macht. Auf das Dogma als solches und darauf, daß dasselbe jeder irgend haltbaren biblischen Grundlage entbehrt, kommt es uns natürlich hier nicht an, sondern nur auf die weitverbreitete Meinung. Wie man auch den Versuch machen möge, sich etwas Bestimmtes zu denken unter einer aus nichts geschaffenen Welt, immer wird sie gewissermaßen wie ein verwandeltes Nichts, wie ein Blend- und Zauberwerk erscheinen, welches durch ein Wort ebenso leicht wieder in nichts verschwinden kann, als es daraus durch ein Wort entstanden ist, und zu dessen hohem in die Unendlichkeit der Zukunft reichendem Zweck und Bestand man dasjenige Zutrauen gar nicht fassen kann, welches der Mensch mit dem Gefühl seiner eigenen und der ganzen Menschheit ewiger Bestimmung zu verbinden sich gedrungen fühlt. Wir glauben nicht zu irren, wenn wir annehmen, daß die merkwürdigen Anwandlungen von einem ganz radikalen Zweifel, einem Zweifel, dem alles irdische und überirdische Dasein auf einmal als eitel Lug und Trug erscheint, welchen Anwandlungen wir so oft in den Selbstbekenntnissen sogenannt glaubensstarker Menschen begegnen und die dort Anfechtungen des Teufels genannt werden, zum Teil aus dieser Quelle fließen, obgleich für solche Erscheinungen auch noch der allgemeinere Grund besteht, daß notwendig überall da, wo man bei dem Aufbau seiner Überzeugungen und seines Glaubens dem Zweifel sein Recht versagt, derselbe sich dann zeitweilig in ganz tollen und unsinnigen Ausbrüchen Luft macht und Rache nimmt für die unbillige Kränkung seiner Rechte.

Es ist selbstverständlich, daß in der Betrachtung der Natur, insofern sie Schöpfung oder Geschichte darstellt, andere Kategorien maßgebend sind als in der Betrachtung der Natur, insoweit sie die Gesetze ihrer im Kreislauf wiederkehrenden Tätigkeiten zeigt. Die für die erstere Sphäre der Naturerscheinungen charakteristische und an die Spitze tretende Kategorie heißt im kurzen populären Ausdruck die Zwecktätigkeit, welche richtig verstanden das durchgreifende Wirken nach Ursachen nicht aus-, sondern einschließt und überhaupt nichts weniger als das pure Gegenteil der Kausalität ist, was hier des weiteren nicht erörtert werden soll. Die ausschließliche Betrachtung der dem toten Kreislauf verfallenen Naturerscheinungen und das Entfernthalten jedes Gedankens daran, daß diese Erscheinungen keinesfalls von Ewigkeit her, sondern gewordene sind und daß die Gesetze ihres Werdens doch andere sein müssen als die ihres dauernden Bestehens, hat die Meinung zuwege gebracht, daß Naturwissenschaft nur das zu nennen ist, was auf Erkenntnis der Regeln der periodischen Erscheinungen und ihrer Ursachen gerichtet ist, und daß man mit der Anwendung des Zweckbegriffs aus dem Umkreis des Denkens und Wissens heraus- und in das Gebiet des bloßen Glaubens oder auch der leeren Träumerei hineintrete. Wir bekennen uns hier kurzweg, ohne weitere Rechtfertigung, zu derjenigen philosophischen Grundansicht, welcher der Zweckbegriff eine einer wissenschaftlichen Behandlung und Verwendung fähige Kategorie ist. Und wenn in der Geschichte niemand das Wirken der Zwecke leugnet, weder der bewußten noch der unbewußten, so wird man auch für die Natur, insofern sie Geschichte ist, des Zweckbegriffs nicht entraten können. Und wie man in der Geschichte das Bewegende und Forttreibende doch in einem innern Quell von stets neu erwachenden höheren Lebensidealen sucht, so wird man auch für die Entwicklung der Natur einen Quell von immer neu und in spontaner Produktivität hervorsprießenden inneren Trieben annehmen müssen, die durch ferne verborgene Ziele ihre Richtung erhalten. Wir haben, indem wir von Zweckmäßigkeit in der Natur reden, keineswegs nur die für ihre Außenwelt zweckmäßig eingerichtete Organisation der Einzelwesen im Auge; denn diese Zweckmäßigkeit versteht sich nach der Entwicklungstheorie von selbst, da nach dieser Theorie die Organe sich erst bilden durch die auf eine bestimmte beschränkte Außenwelt gerichteten Triebe und nur verkörperte und zur zweiten Natur gewordene Triebe darstellen. Nein, wir anerkennen auch den Zweck, und zwar den objektiv-realen, nicht bloß eingebildeten und der menschlichen Vorstellungsweise angehörigen, in der Aufeinanderbeziehung aller lebendigen Naturwesen, da sie sämtlich ihre letzte Wurzel haben in einem makrokosmischen Gesamtleben oder Totalorganismus, welcher, wie jeder Keimzustand, mit der Idee einer zukünftigen aktuellen Welt geladen, alle Glieder des Systems von Naturwesen als seine inneren Momente oder auch als seine aufeinander bezogenen Teile in sich enthielt. Wenn diese Annahme Anstoß erregt, so wird man doch zugeben müssen, daß sie notwendige Folge der konsequent aufgefaßten Entwicklungstheorie ist und daß sie überall nicht zu umgehen ist, sobald man die Möglichkeit originärer Entstehung der Organismen aus toten Stoffen schlechthin leugnet. Denn demgemäß setzt Leben überall schon Leben voraus und ist Leben notwendig von Ewigkeit her. Jede Entstehung eines Lebendigen aus toter chemisch-physikalischer Stoffwelt ist und bleibt ein roher Supranaturalismus, welcher das Ende und der Tod jeder echten Naturphilosophie ist.

Analogien in der Entwicklung der Natur und der Menschheit

Der Gedanke einer kontinuierlichen, aus den Urzeiten in die Gegenwart, aus der Natur in die Menschheit sich fortsetzenden Schöpfung bestimmt uns, unser Augenmerk darauf zu richten, ob nicht die Entwicklungsgesetze, die wir bei Voraussetzung der Entwicklungstheorie zufolge der bekannten geologischen Tatsachen als für die Natur geltend annehmen müssen, etwas Analoges zeigen mit den erfahrungsmäßig bekannten Entwicklungsgesetzen der Menschheit, um dadurch ein Licht auf diese dunkle Partie der Naturwissenschaft zu werfen. Umgekehrt werden solche Analogien, wenn sie stattfinden, nicht nur den Gedanken der Entwicklungstheorie annehmbarer erscheinen lassen, sondern auch dafür sprechen, daß die Entwicklungen in der Natur und der Menschheit ein Zusammengehöriges und in *einen* Begriff, nämlich den der Schöpfung, Zusammenfallendes sind.

Die Beweiskraft dieser Analogien stützt sich übrigens, wie wir ausdrücklich zu bemerken nicht unterlassen wollen, nur auf die Anerkennung einer fortgehenden Schöpfung überhaupt und keineswegs auf das Zugeständnis des gesamten Inhalts des vorhergehenden Abschnittes. Denn es würde mißlich um die Begründung der Entwicklungstheorie aussehen, wenn dazu notwendig eine Entscheidung vorausgesetzt würde über so hohe und schwierige Fragen der Philosophie, als die in dem Vorhergehenden berührten sind.

Wir nehmen zuerst die Frage nach der Veränderlichkeit oder Unveränderlichkeit der Organismen in der Fortpflanzung wieder auf, weil dieselbe als die wichtigste in der Schöpfungstheorie erscheint und die empirisch allerwärts vorgefundene Unveränderlichkeit auf die meisten mit unwiderstehlicher Gewalt wirkt.

Wenn wir uns in der Menschheitsgeschichte umsehen nach dem Gegensatz der Entwicklung und der Stabilität und nach der Veränderlichkeit oder Unveränderlichkeit der gesellschaftlichen Organisation, so finden wir beides nebeneinander, während die gegenwärtige Natur nur das eine zeigt. Wir finden nicht bloß den Gegensatz von feststehenden und sich umbildenden Gesellschaftsorganisationen in einzelnen Völkern, sondern auch im Ganzen der Menschheit den Gegensatz einer über Völker fortschreitenden zusammenhängenden Entwicklung und einer in der Isolierung schnell hinwelkenden Entwicklung. Richten wir unser Augenmerk auf den letzteren Gegensatz, so sehen wir erstens einen in sich zusammenhängenden Strom der geschichtlichen Entwicklung von Hochasien ausgehend, durch Vorderasien nach den Küsten des mittelländischen Meeres sich hinziehend, von da über Europa sich ergießend und von der europäischen Menschheit als einem Mittelpunkt seine Wogen weiter treibend mit unabsehbarem Ziel seiner Ausbreitung; zweitens uralte Kulturvölker, wie Chinesen, Inder und andere mehr, mit geschlossenen für sich bestehenden Kulturkreisen, in einem wenn auch nicht gerade niedrigen doch eigentümlich beschränkten Lebensideal fixiert, und endlich die übrige ganz zusammenhangslose große Masse der Menschen, die Rassenvölker, nach kurzem Entwicklungsanlauf seit unvordenklichen Zeiten auf einer ganz niederen Kulturstufe und in einem armseligen dürftigen Lebensideal regungslos festgebannt. Betrachten wir indianische Rothäute, Botokuden, Buschmänner, Hottentotten, Neuholländer und dergleichen Volk, so sehen wir alle Erweisungen ihrer Menschennatur, ihrer Sprache, ihre Kunstfertigkeiten, ihre Vorstellungen und Begriffe, ihre Sitten und gesellschaftliche Organisation sämtlich so, wie sie sind, sich erhalten und unverändert von Geschlecht zu Geschlecht sich fortpflanzen. Wenn ein auf die Erde kommender Beobachter die Menschenwelt betrachtete und nichts sähe als diese regungslos festgebannten

Menschenbildungen, so würde er, falls er ebenso schnell wie wir bei der Hand wäre, das zufällig Beobachtete für ein Notwendiges zu erklären, die absolute Unveränderlichkeit eines gesellschaftlichen Organismus als das oberste unverbrüchliche Gesetz aller Organisation ansehen und jedes Hervorgehen eines höher entwickelten Gesellschaftsorganismus aus einem niederen oder unentwickelten für ganz unbegreiflich und allem Denkbaren zuwiderlaufend halten. Sähe er irgendwo unter den Menschen Denker, Künstler, Staatsmänner und einen durch Teilung der Arbeit vielfach verschlungenen Gesellschaftsorganismus, so würde er denselben als irgend einmal originär entstanden annehmen, da nach seiner Ansicht menschlich gesellige Organisation von Geschlecht zu Geschlecht unverändert sich forterben muß. Betrachtete er die hohen Begriffe eines Platon und Sokrates von irdischen und überirdischen Dingen, so würde ihn nichts unglaublicher dünken, als daß diese Begriffe im Lauf von nur tausend Jahren sich entwickelt haben sollten aus einer Weltanschauung, bei welcher man durch Verbrennen von menschlichem Gebein auf blutigen Altären den grausamen Sinn der Götter zu rühren und zu versöhnen bemüht war. Wir, die wir beides, Entwicklung und Stabilität der Gesellschaftsorganismen vor uns sehen, wir betrachten weder das eine noch das andere als ausschließliches Gesetz, und der Historiker hat die Bedingungen für den Eintritt des einen oder des andern festzustellen. Unsere jetzigen Tiere und Pflanzen sind in bezug auf ihre physische Organisation in demselben Falle wie Botokuden und Buschmänner in bezug auf ihre Gesellschaftsorganisation und ebenso unentwicklungsfähig, wie die letzteren, ganz sich selbst überlassen, es sind. Daraus folgt aber doch offenbar gar nichts für die Unveränderlichkeit der Gattungen im allgemeinen und unter allen Umständen. Und wie diese Rassenvölker, selbst die niedrigsten, eine Art Geschichte hinter sich haben, indem ihr kleiner Vorrat von Worten, Begriffen, Fertigkeiten und Einrichtungen in irgendeiner Zeitdauer sich allmählich gebildet und entwickelt hat, so hat auch ein sehr niedrig stehender natürlicher Organismus aus unaufgeschlossenen Zuständen zu mehr gegliederten Formen sich allmählich entwickelt.

In den geistig-sittlichen Gesellschaftsorganisationen, zu deren Organen wir auch die Sprache rechnen, begegnen wir höheren und niederen von Grund aus verschiedenen Prinzipien der Organisation; in der Natur ist derselbe Fall, und die Strahltiere[4], Gliedertiere, Weichtiere und Wirbeltiere repräsentieren solche grundverschiedene Prinzipien der Organisation mit sehr ungleichen in der ersten Anlage schon vorgezeichneten Zielen und ungleicher Dauer der Entwicklung. Diese Verschiedenheit der Prinzipien der Tierorganisation beruht darauf, daß in betreff des Hervortretens, der An- und Unterordnung und der Verschmelzung der Elementarorgane oder, wenn man will, Elementarorganismen, aus denen jeder Organismus sich aufbaut, verschiedene Prinzipien in Anwendung kommen, und dieselbe hat viel Ähnlichkeit mit der Verschiedenheit der An- und Unterordnung und Verschmelzung der Lautelemente, durch welche der Grundcharakter der Sprachen und ihre kurz- oder langlebige Entwicklung bestimmt wird. Und wenn wir in der Geschichte die auf den niedrigsten Prinzipien beruhenden Gesellschaftsorganisationen seit unvordenklichen Zeiten an ihrem Ziel angekommen und zusammenhangslos nebeneinander bestehen sehen, andere höher angelegte nach längerer Entwicklung zwar ein höheres Ziel erreichen, aber dann in der Isolierung nur fortvegetieren und endlich die höchsten Organisationen eine zusammenhängende Kette von Entwicklung darstellen sehen, welche Entwicklung sich schließlich ganz an die auf einem Organisationsprinzip beruhenden Bildungen, an die Glieder des indogermanischen Stammes, überträgt mit noch unabsehbarem Ziel, so haben wir in der geologischen Entwicklung der natürlichen Organismen das ganz Entsprechende. Einerseits überall nach kurzem Anlauf der Entwicklung in allen verschiedenen Richtungen ein Abfallen und Heraustreten aus dem gemeinschaftlichen Strom der Entwicklung und ein frühzeitiges Fixieren in dem Umkreis einer ebenso engen und kleinen Außenwelt als innern

Welt der Triebe und Instinkte, andererseits einen in den höheren Organisationen fortfließenden zusammenhängenden Strom der Entwicklung, der zuletzt in der Fixierung und engen Selbstbeschränkung aller andern Wesen und in der unermeßlichen Bereicherung eines einzigen endigt, welches die vorher immer in plastische Bildungen ausschlagende innere Triebwelt in die Region der geistig-sittlichen Entwicklung hinüber zu führen bestimmt ist.

Betrachten wir den Parallelismus in der Entwicklung geschichtlicher und natürlicher Organismen von einer andern Seite. Als eine allgemeine Eigentümlichkeit der Entwicklung geschichtlicher Organismen tritt uns entgegen die Teilung der Arbeit. Wir beziehen diese Teilung der Arbeit nicht bloß auf das äußere, technische, industrielle und ökonomische Leben und auf die staatlich sozialen Verrichtungen, sondern auch auf die geistigen Produkte, auf ihre fortschreitende Trennung und Scheidung in besondere Gebiete. Eine Zunahme der Teilung der Arbeit bemerken wir in doppelter Hinsicht, einmal indem wir höhere Gesellschaftsorganisationen mit niederen vergleichen und zweitens, indem wir die späteren Zustände einer und derselben gesellschaftlichen Organisation mit ihren früheren oder ihren Anfangszuständen vergleichen. Ganz dasselbe findet bei den natürlichen Organismen statt, insofern man die Übertragung der verschiedenen physiologischen Verrichtungen an besondere Organe eine Teilung der Arbeit nennt. Denn wir finden nicht bloß die höheren Organismen von den niederen durch eine weiter fortgeschrittene Teilung der Arbeit unterschieden, sondern auch die ganze Entwicklung eines Organismus aus seinen embryonalen Zuständen durch eine stetig fortschreitende Teilung der Arbeit bezeichnet. Die verschiedensten organischen Verrichtungen, wie Atmen, Verdauen, Sekretion, Bewegung kommen auf die mannigfaltigste Weise in demselben Organ verbunden vor, sowohl dauernd bei niederen Organismen als vorübergehend in den Anfangszuständen aller Organismen. Ja im ersten embryonalen Zustand, wo jeder Organismus wie eine einfache Zelle oder als ein Keimbläschen erscheint, übt die Zellenwand alle wesentlichen organischen Verrichtungen aus. Im Fortschritt der Organisation gehen nicht bloß alle Hauptverrichtungen an besondere Organe über, sondern es bilden sich auch für einzelne Verrichtungen, wie z. B. das Verdauen, Reihen stufenweiser Organe, von denen jedes das von dem andern vorbereitete Produkt zur weiteren Verarbeitung übernimmt. Im allgemeinen kann man die Höhe der Organisation mit dem Grad der erreichten Arbeitsteilung zusammenfallend annehmen. Dabei muß man jedoch die Gesamtheit aller Verrichtungen im Auge behalten; denn nicht selten zeigen niedriger stehende Organisationen in einzelnen Verrichtungen eine weiter fortgeschrittene Arbeitsteilung als höher stehende.

Mit der Teilung der Arbeit verwandt ist das Hervorgehen von getrennten durch ihre Eigentümlichkeiten streng geschiedenen Gruppen der Geschöpfe aus früheren Mischnaturen. Die jetzigen Geschöpfe kennzeichnen sich dadurch, daß gewisse Eigentümlichkeiten immer ganz konstant verbunden vorkommen in einer Anzahl von Gattungen und wieder andere Eigentümlichkeiten ebenso konstant zusammen auftreten in einer andern Anzahl von Gattungen. Dadurch ist die Einteilung der Geschöpfe in Familien und Klassen erst möglich gemacht. Sämtliche Glieder der Familie der Wiederkäuer z. B. haben eine ansehnliche Menge von Eigenschaften gemeinschaftlich, welche zugleich ihnen allein zukommen, und ebenso sämtliche Glieder der Familie der Pachydermen[5]. Es gibt gegenwärtig kein Geschöpf, welches einige der unterscheidenden Eigentümlichkeiten beider Familien vermischt an sich trüge. Man könnte geneigt sein, aus dieser Beständigkeit der Trennung zu schließen, daß die unterscheidenden Charaktere beider Familien sich gar nicht miteinander vertragen könnten und daß ihre Vermischung einen inneren Widerspruch einschließe, der die Einheit des Geschöpfes unmöglich mache. Nichtsdestoweniger kommen diese und fast alle anderen jetzt getrennten Gattungscharaktere bei den vorweltlichen Geschöpfen in der buntesten Vermischung vor. Während gegenwärtig die Gattungen der Geschöpfe, in denen die Charaktere von den verschiedenen Klassen vermischt vorkommen, zu den Seltenheiten gehören, in geringer oder gar keiner Mannigfaltigkeit von Arten sich darstellen und zugleich als schwächliche Organisationen mit geringer Widerstandskraft gegen äußere Einflüsse sich dadurch zu erkennen geben, daß sie an ganz beschränkte Lokalitäten gebunden sind, bilden umgekehrt in den früheren Schöpfungsepochen die Gattungen der Mischnaturen, bei Tieren und Pflanzen, die überwiegende Mehrzahl, zeigen eine starke Entwicklung der Arten und haben eine große geographische Verbreitung, und zwar dies alles um so mehr, je älteren Schöpfungsepochen sie angehören. Um nur ein einziges Beispiel solcher Vermischungen zu geben, wollen wir anführen, was Burmeister von den Labyrinthodonten[6] sagt: »Das ist ein höchst überraschender Tiertypus, ein sonderbares Gemisch von Eidechse, Krokodil, Schildkröte und Frosch, dem selbst Fischcharaktere so nahe treten, daß sie sogar einen Kenner wie Agassiz täuschen konnten. Der Labyrinthodont hat einen Froschcharakter in dem doppelten Condylus[7] am Hinterhaupt neben einem Eidechsencharakter in der Schuppenbildung und einem Schildkrötencharakter in dem festen Brustpanzer, der sich bis zur Kehle erstreckt, weil er weder Frosch noch Eidechse noch Schildkröte sein will, sondern ein Amphibium überhaupt mit der allgemeinsten Organisation, deren der Klassenbegriff fähig ist.« Es scheint somit, als wenn die Natur die Entwicklung einer Klasse von Geschöpfen gewissermaßen mit der Darstellung eines Allgemeinbegriffs zu beginnen strebe. Dieser Begriff ist aber nicht zu betrachten als bloße Summe gemeinschaftlicher Merkmale, denn diese ist zur Darstellung eines Wirklichen viel zu hohl und leer, sondern als ein genetischer zur Ausgebärung der Besonderheiten sich forttreibender Begriff.

Man hat schon vor der genauen Bekanntschaft mit dieser Eigentümlichkeit der Vorwelt im richtigen Gefühl des Wesens und der Bedingungen jeder Entwicklung an die Voreltern der jetzigen Geschöpfe die Forderung gestellt, daß sie sich als Mischnaturen der jetzigen Gattungen zeigen müßten. Deswegen tat Cuvier[8], als er nur die Geschöpfe der tertiären Periode und in denselben im wesentlichen die heutigen Gattungen vor sich sah, den Ausspruch: »Von allen Hypothesen, welche man zur Erklärung der Entstehung der Organismen ersonnen hat, ist keine unwahrscheinlicher als die Entwicklungshypothese.« Die bald darauf entdeckten Mischnaturen hatten für ihn etwas äußerst Befremdendes. Den Pterodaktylus[9] erklärte er anfangs für das paradoxeste Geschöpf der Natur. Dann sollte es der Plesiosaurus[10] sein. Und wenn er die weiteren Entdeckungen hätte verfolgen können, so würde er wohl haben sagen müssen, daß das Paradoxeste in der ganzen Natur die Natur selber sei. Alle unsere Klassifikationsunterschiede zwischen Geschöpfen mit gleichem allgemeinem Prinzip des organischen Baues verschwimmen in der Vorwelt vollkommen. So hat, um nur eins anzuführen, Owen[11] zwischen den Wiederkäuern und den Pachydermen[12], welche Cuvier noch als die zwei allerverschiedensten Ordnungen der Säugetiere betrachtete, so viele fossile Zwischenglieder entdeckt, daß er z. B. die weite Kluft zwischen Schwein und Kamel mit kleinen Zwischenstufen ausfüllte und überhaupt die ganze Klassifikation dieser zwei Ordnungen so zu ändern sich genötigt sah, daß gewisse Pachydermen in gleiche Unterordnung mit Wiederkäuern kommen.

In den früheren geschichtlichen Produkten und Organisationen läßt sich den heutigen gegenüber die Mischnatur auch nicht verkennen. Betrachten wir z. B. die aus dem hohen orientalischen Altertum auf uns gekommenen Schriften, so finden wir Religion, Poesie, Spekulation, Sittenlehre, Staats- und Naturweisheit in denselben in buntem Gemisch, und in nicht bloß äußerer Vermischung, sondern in wirklich innerer Verwachsung nebeneinander. Wir können diese Produkte sowenig in unsere Fächer von Poesie, Philosophie, Naturwissenschaft usw. einrangieren, als wir die vorweltlichen Tiergeschlechter in unsere Klassen und Ordnungen bringen können. In der inneren Verwachsung der jetzt getrennten Vorstellungskreise und geistigen Tätigkeiten liegt die große Schwierigkeit des Verständnisses solcher Schriften. Denn um uns ihren Inhalt nahezubringen und zurechtzulegen, treten wir mit Begriffsspaltungen heran, welche den Urhebern fremd waren. Insbesondere sind Übergänge und Verbindungen, welche im Geist der Urheber offenbar als Zusammenhänge erschienen, uns oft ganz unbegreiflich. Wir brauchen übrigens, um diese Mischnatur geistiger Erzeugnisse zu finden, nicht durchaus ins hohe Altertum zurückzugehen, sondern wir können, da die Menschheitgeschichte noch im steten Fortgang und insofern auch gegenwärtig noch in einem vorweltlichen Zustand ist, dieselbe überall finden, wo eine wesentlich neue Idee, die erst auf die Zerlegung in ihre inneren Momente hinarbeitet, in den Menschengeist eintritt. Als z. B. im 16. Jahrhundert eine ganz neue Naturanschauung in den Geistern Platz zu greifen anfing, bildete sich in dem Chaos gährender Triebe und reich aufschießender Imaginationen eine Naturphilosophie, welche uns fast unverständlich ist, weil wir mit der uns geläufigen Trennung der Begriffe des Mechanischen, Chemischen, Organischen, des Kosmischen und Irdischen, des Physischen und Psychischen, ohne welche wir naturwissenschaftliche Fragen nicht klar denken können, den Ideen derselben arge Gewalt antun.

Es gibt mehrfache triftige Gründe für die Annahme, daß die unentschiedenen und eine innere Mannigfaltigkeit in sich einschließenden Mischnaturen vorzugsweise die Träger der fortschreitenden Entwicklung sind, indem sie aus sich als gemeinschaftlichem Stamm eine Mannigfaltigkeit von Formen entwikkeln und in verschiedene Gattungen auseinandertreten.

Man findet nämlich in jeder geologischen Epoche eine große Mannigfaltigkeit von Geschöpfen; vielleicht in allen eine gleich große. Die Geschöpfe einer solchen Epoche gehen aber keineswegs alle in veränderter und mehr entwickelter Gestalt in die folgende Epoche über; sondern eine große Anzahl stirbt gänzlich aus, und die überlebenden bringen eine ebenso große Mannigfaltigkeit der Formen der neuen Epoche dadurch hervor, daß sie sich in verschiedene Formen spalten, von denen die einen nur für eine kürzere Dauer bestimmt sind und die andern den Keim weiterschreitender Entwicklung in sich tragen. Man hat sich das Hervortreten dieses Gegensatzes unter den Geschöpfen so zu denken, daß die einen mehr bestrebt sind, sich den jedesmaligen gegebenen Zuständen zu akkomodieren und sich an die Außenwelt hinzugeben in Tätigkeit und Genuß, während die andern, in innerer Zurückhaltung verharrend, einem dunklen auf die Zukunft gerichteten Drang mehr nachhängen als dem Genuß der Gegenwart. Die ersteren, welche die Außenwelt energisch ergreifen, bringen sich in ihrer Epoche in der Regel zu ausgebreiteter Geltung und Herrschaft, während die anderen mehr in Zurückgezogenheit bleiben. Die letzteren sind daran zu erkennen, daß sie unentschieden und, wie geistig schöpferische Menschen, unbeholfen in ihrer Außenwelt erscheinen. Die ersteren gehen bei den veränderten Weltzuständen allmählich zugrunde oder schreiten, wenn sonst ihre Organisation nachgiebig genug ist, zu größerer äußerer Zweckmäßigkeit fort mit zunehmender Verengerung ihres inneren Lebens; und die andern werden erhalten zum Leben und zu neuer höherer Entwicklung. Diese Entwicklung vollzieht sich durch Trennung des vorher Vereinigten, und zu dieser Spaltung sind vorzugsweise die Widersprechendes enthaltenden Mischnaturen geeignet. Wie manche von denselben hätte wohl von sich sagen können, was im Gefühl seines Schöpfungsdranges der Dichter sagt: »Zwei Seelen wohnen ach in meiner Brust, die eine will sich von der andern trennen, die eine hält in derber Liebeslust sich an die Welt mit klammernden Organen, die andere hebt sich auf vom Dust« usw.

Dieser Entwicklungsgang der Natur findet jedoch nur statt, so lange ein Organisationsprinzip, wie z.B. das der Wirbeltiere, den Höhepunkt seiner Entwicklung noch nicht erreicht hat. Ist der Höhepunkt erreicht, was für niedere Organisationsprinzipien in früheren Epochen eintritt, so verhält es sich anders mit dem Übergang in folgende Epochen, was hier nicht weiter betrachtet zu werden braucht.

Das Auseinandertreten einer Organisation in mehrere verschiedene würde für uns immerhin noch etwas Dunkles und Unfaßliches behalten, wenn wir nicht in der Menschengeschichte dasselbe vor uns sähen. Wer zweifelt wohl daran, daß alle Völker des indogermanischen Stammes, Inder, Perser, Griechen, Römer, Kelten, Germanen und Slawen aus *einem* indogermanischen Urvolk hervorgegangen seien. Ihre Sprache beweist dies unwidersprechlich. Denn außer dem, daß es kaum denkbar wäre, daß ein so eigentümliches Prinzip des Sprachbaus sich mehrmals unabhängig erzeugt hätte, so ist auch viel zuviel gemeinschaftliches Lautmaterial in diesen Sprachen, als daß an dem Abfluß derselben aus einer Quelle gezweifelt werden könnte. Wie verschieden sind diese Völker in ihrer ganzen geistig-sittlichen Organisation und wie verschieden insbesondere in demjenigen, was ihrem Seelenleben letzte und höchste Befriedigung gewähren kann, was ihr eigentliches Lebensideal bildet. Die Eigentümlichkeiten dieser Völker, wie sie in ihrer späteren Trennung erscheinen, können wir nicht vereinigt denken. Wie könnte das innere Seelenleben des Hindus und des Skandinaviers in *einer* Brust hausen! Aber nichtsdestoweniger waren die Keime zu beidem und zu noch mehrerem in der Seele des indogermanischen Stammvaters vereinigt, welcher insofern den späteren Völkern gegenüber eine Mischnatur genannt werden kann. Aus der inneren Unruhe solcher widerstrebender Elemente treten die Keime in einseitiger Entwicklung zu charaktervoller Bestimmtheit nach verschiedenen Richtungen auseinander. Es bildet sich zuerst eine Verschiedenheit der religiösen Anschauungen und der Lebensideale. Wollte man die dadurch herbeigeführte Trennung unserer Vorstellung näher bringen, so könnte man sie wohl am füglichsten mit einem Zerfallen in Sekten vergleichen. Indem im Fortgang der Entwicklung die Ideenkreise derselben sich immer unverständlicher werden und zugleich eine größere Abstoßungskraft aufeinander ausüben, entsteht die Scheidung der Völker, die erst wesentlich aus innerem Grunde erfolgt, wodurch allein sie auch eine wahre Scheidung wird. Die zunehmende Unverständlichkeit und gegenseitige Fremdartigkeit der sich scheidenden Ideenkreise wird in der Sage eine Verwirrung der Sprachen genannt. Nimmt man das spezifisch Menschliche von diesem Hergang weg und setzt man statt geistig-sittlicher Ideen und Ideale eine psychische Triebwelt im allgemeinen, so wird man in diesem Hergang auch das Wesentliche der Scheidung der Gattungen in der Natur haben.

Es ist hier, wo wir von der Entwicklung zu Gattungen und von den Zwischenstufen derselben gesprochen haben, der Ort, noch eines Einwurfs Erwähnung zu tun, welcher der Entwicklungstheorie häufig gemacht wird. Man verlangt nämlich die sanften und allmählichen Übergänge, welche eine jetzt lebende Gattung seit den Urzeiten durchgemacht haben muß, sämtlich der Reihe nach nachgewiesen. Dies ist bei den vielfachen Wanderungen, welche eine Gattung gemacht hat, und bei den mannigfachen Schicksalsschlägen, welche sie erlitten hat, gewiß ebenso unmöglich, wie die Geschichte etwa des griechischen Volkes durch alle Zwischenstufen seiner Wandlungen hindurch bis zu dem indogermanischen Urvolk hinauf zu verfolgen. Aber die Naturgeschichte findet sich in mehrfacher Hinsicht in noch ungünstigerer Lage als die Menschengeschichte. Wir sind nämlich in betreff der Geschichte der früheren Geschöpfe ungefähr in dem Fall wie in betreff der Geschichte eines Volkes, von dem nichts auf uns gekommen ist als die verfallenen und geborstenen Mauern und Säulen seiner Tempel und Paläste, einige Bruchstücke von Waffen und Gerätschaften und hier und da schwer leserliche oder gar nicht zu enträtselnde Inschriften; denn von den Tieren haben wir nichts übrig als ihre zum Teil sehr veränderten Knochen, Schalen und Zähne, zuweilen noch in der Magengegend die Knochen und Schalen von verzehrten Tieren oder auch wohl die Gerippe von ungeborenen Jungen. Wenn diese Reste, auf die wir unsere Schlüsse gründen müssen, schon an sich schlecht geeignet sind zur Nachweisung feinerer Übergangsstufen, so gibt es doch noch andere viel stärkere Hindernisse für diese Nachweisung. Man scheint nämlich bei der erwähnten Forderung vorauszusetzen, daß die Geschöpfe von Generation zu Generation ganz regelmäßig über oder nebeneinander begraben worden seien und daß diese gut geordneten Familienbegräbnisse der Reihe nach vor uns geöffnet und dargelegt werden könnten. Aber die im gewöhnlichen Verlauf der Zeiten gestorbenen Tiere der Urwelt sind wie die heutigen an der Luft schnell verwest und bald spurlos zerstoben, indem auch ihre Knochen rasch zerfallen sind. Es sind nur ganz besondere Umstände, unter denen ein Begräbnis, welches vor Verwesung der Knochen schützt, stattfinden konnte, und insbesondere von Landtieren sind uns nur diejenigen in ihren Resten und Trümmern erhalten, die bei einer großen Katastrophe verschüttet worden sind. Was wir in einer Erdschicht finden, ist das, was zur Zeit einer Katastrophe lebte; und was wir in der nächsten Schicht finden, ist das, was nach langer Zwischenzeit, nachdem sich dieser Erdstrich wieder bevölkert hatte, zur Zeit einer zweiten Katastrophe lebte. Was aber in den Jahrtausenden der Zwischenzeit, wo die allmählichen Bildungen sich vollzogen haben können, vorgegangen ist, das ist uns für immer verloren. Und wenn derjenige, für welchen die philosophischen Gründe gegen originäre Schöpfung und die beredte Sprache der Analogie von keinem Gewicht sind, mit seiner Entscheidung für die Entwicklungstheorie warten will, bis ihm alle denkbaren Zwischenstufen der Organisationen vorgeführt sind, so wird er sicherlich bis ans Ende der Welt warten müssen.

Es mag hierzu noch bemerkt werden, daß die Annahme, auf welche die genannte an die Vertreter der Entwicklungstheorie gestellte Forderung sich stützt, nämlich die Annahme einer durch lauter ganz kleine Zwischenstufen der Veränderung von Generation zu Generation fortschreitenden Entwicklung, überhaupt schlecht begründet ist. Denn wenn wir die Geschöpfe in ihren früheren Entwicklungsphasen gegenüber ihren jetzigen Zuständen als Embryonen betrachten, aber als Embryonen, welche in tätigem Wechselverkehr mit der Außenwelt stehen, so werden unter den gegenwärtig stattfindenden Entwicklungen der Geschöpfe nur diejenigen als einigermaßen analog den vorweltlichen Entwicklungen betrachtet werden können, bei welchen die Embryonen ihre Verwandlungen ebenfalls im Wechselverkehr mit der Außenwelt durchlaufen. Das bekannteste und auffallendste Beispiel solcher Entwicklungen bildet die Metamorphose der Insekten. Daß die Larve als der Embryo des reifen Insekts zu betrachten ist, desgleichen die Puppe, unterliegt keinem Zweifel. Nun lebt aber die Raupe mit sehr energischer Assimilation lange Zeit, ohne sich äußerlich wesentlich zu verändern. Daß sie dabei fortwährend feinere Stoffe und Kräfte sublimiert und innerlich stetig reifer wird zur Metamorphose, ist gewiß. Denn wenn sie ihren Assimilationsprozeß nicht vollständig durchführen kann, so ist sie zur Metamorphose unfähig. Die Verwandlung zur Puppe tritt dann in verhältnismäßig sehr kurzer Zeit ein. Ebenso verhält es sich mit dem Leben der Puppe. Die Verwandlungen werden also bei äußerem und scheinbarem Stillstand lange innerlich vorbereitet und treten dann fast plötzlich in rapidem Verlauf zutage. In der Menschengeschichte ist an entsprechenden Erscheinungen kein Mangel. Wie oft sehen wir das Leben eines Volkes oder eines Zeitalters lange Zeit in äußerlich fast unveränderter Gestalt hinfließen, und plötzlich entpuppt es sich und treibt wie ein sprießender Segen göttlicher Aussaat tausendfältige Blüten. In den langen Zeiten der Assimilation von Eindrücken und Einwirkungen des objektiven Geistes in Natur und Geschichte oder auch bestimmter früherer geschichtlicher Gestaltungen des geistigen Lebens, in welchen alle Produktivität kaum über die Stufe kümmerlicher Nachahmungen hinauskommt, reift die innere verborgene Substanz der Seelen, um dann in ureigner Produktivität neue Gestaltungen des Geisteslebens hervorzutreiben. In ähnlicher Weise wird es sich aller Wahrscheinlichkeit nach auch mit den vorweltlichen Entwicklungen verhalten haben. Auf längere Zeiten eines scheinbaren Stillstandes werden, wenn die Zeit erfüllt war, rasche und sprungweise Entwicklungen gefolgt sein, die vielleicht nur in einzelnen Familien der Geschöpfe, vielleicht auch in der Gesamtheit aller noch im Strom der Entwicklung begriffenen Geschöpfe vorgegangen sind und dann die Totalphysiognomie der ganzen Schöpfung verändert haben. Wenn das letztere der Fall gewesen, so wird man von den Geschöpfen haben sagen können, was ein arabisches Sprichwort von den Kindern sagt, daß sie ihrer Zeit mehr gleichen als ihren Eltern.

Schließlich wollen wir noch einen Punkt der Entwicklungstheorie erörtern, der durch seine Analogie mit geschichtlichen Erscheinungen eine wesentliche Aufklärung erhält. Man denkt es sich bei jeder Entwicklung in der Regel als selbstverständlich, daß dieselbe nur in einem Fortschritt von einem Niederen zu einem Höheren bestehe. Es hat deswegen vielfach Verwunderung erregt, daß diejenigen Geschöpfe, in welchen ein Organisationsprinzip zuerst deutlich entwickelt auftritt, keineswegs niedrig gestellt erscheinen unter den Geschöpfen, die nach diesem Organisationsprinzip gebaut sind. So haben z.B. die zuerst auftretenden Wirbeltiere, die noch im Wasser leben, wenn überhaupt Ähnlichkeit mit den Fischen, doch nur mit denen von höherer Organisation. Ebenso gehören die zuerst auf dem Lande auftretenden Wirbeltiere, welche den Sauriertypus an sich tragen oder sich demselben nähern, nicht zu den Niedrigen dieser Familie. Wie schön und edel erscheint z.B. der Schädel des Archegosaurus[13], verglichen mit denen vieler späteren Saurier oder gar mit den zur rohsten Bestialität heruntergesunkenen Schädeln der heutigen großen Saurier, der Krokodile und der Alligatoren. Zufolge dessen, was oben über die fortschreitende Entwicklung innerhalb desselben Organisationsprinzips gesagt ist, kann diese Erscheinung eigentlich nicht auffallen. Denn die Ur- und Stammgattung, welche in mehrerlei Gattungen auseinandertritt, die teils von mehr äußerlich praktischer, teils von mehr idealer Natur und Anlage sind, von denen die letzteren den Sauerteig des geschichtlichen Fortschritts bilden, – also diese Ur- und Stammgattung muß die Keime des Höheren und Niederen zugleich enthalten und kann nicht auf einer Stufe erscheinen mit denjenigen Geschöpfen, welche im engeren zweckmäßigen Anschluß an eine bestimmte kleine Außenwelt zugleich eine engbeschränkte Welt ihres inneren Lebens repräsentieren. Wenn hiernach schon die Erscheinung einer hochstrebenden Richtung und Anlage in den ältesten Geschöpfen ganz natürlich erscheinen muß, so wird sie doch durch einen Rückblick auf die Menschengeschichte noch begreiflicher. Was von dem Geistesleben der ältesten Kulturvölker zu unserer Kunde gekommen ist, das ist nicht von niederer Anlage und Richtung, sondern zeigt eine hohe Intention und ist auf die größten und erhabensten Gegenstände und Aufgaben des menschlichen Geistes gerichtet. Nur in der Anwendung auf die praktische und Erfahrungswelt ist dieses Geistesleben mehr als unbeholfen und ungeschickt. Von den Anfängen der Philosophie, von der Philosophie eines Thales und Pythagoras, können wir dasselbe behaupten. Wie wenig Ähnlichkeit hat dieses früheste Geistesleben mit dem, wenn auch sehr nützlichen und brauchbaren, doch auf eine engbeschränkte Sphäre der Außenwelt gerichteten Denken und geistigen Treiben der meisten Menschen späterer Zeiten. Wir brauchen also nur wieder die Analogie der Geschichte zu Hilfe zu nehmen, und es wird weder die höher strebende Anlage mancher früheren Geschöpfe noch die nebeneinander herlaufende im entgegengesetzten Sinn gerichtete Veränderung der Geschöpfe etwas Befremdendes darbieten oder als ein triftiger Einwand gegen die Entwicklungstheorie angesehen werden können.

Die Entwicklung der Familien des Tierreiches

Nach diesen vorausgeschickten Betrachtungen könnten wir nun daran gehen, das große in mächtiger Lapidarschrift geschriebene Buch der Geschichte der Natur vor uns aufzuschlagen, um die ergreifende Erzählung von den wechselvollen Geschicken der irdischen Kreatur daraus zu vernehmen. Diese Geschichte umfaßt Hunderttausende von Erdenjahren, wenn nicht noch viel größere Zeiträume.[14] Für diejenigen, welche nur die jetzige Natur vor Augen haben und demgemäß allen wahren Wert und Inhalt des Erdenlebens nur im Menschenleben sehen können, hat der Gedanke, daß so lange Zeiträume hindurch nichts als gemein-tierisches Leben auf der Erde zu finden gewesen ist und daß kein menschlicher Gedanke oder menschliche Empfindung diese geistige Öde belebt hat, etwas Trostloses und Abschrekkendes. Dabei setzt man zweierlei Unstatthaftes voraus; einmal das gänzliche Fehlen aller und jeder menschlich gearteten und zur Menschwerdung hindrängenden Regungen und Empfindungen in einer Reihe von Wesen und zweitens in sämtlichen Geschöpfen ein ebenso geistig totes, im Kreis monotoner Wiederholung verlaufendes Leben, wie das der Tiere gegenwärtig ist, in denen jedes geschichtliche Leben längst erloschen ist. Wenn wir aber fragen, was dem Leben überhaupt Inhalt, Bedeutung und Wert verleiht, so ist es sicherlich nur das, was schaffend in Werdelust im Innern arbeitet. Und daran hat es der ganzen Natur in früheren Epochen wahrlich nicht gefehlt. Der Schöpfungsdrang, welcher jetzt nur in der Menschenbrust seine Stätte hat, war früher durch die ganze Natur ausgegossen. In aller

Kreatur, die noch im Schöpfungswerk begriffen ist, arbeitet ein inneres, man darf wohl sagen, Phantasiebild, und ihre Empfindungen sind geschwellt von bildendem Drang und einer Art künstlerischer Begeisterung. Von dieser innern Produktivität der sich entwickelnden Kreatur können wir uns vielleicht die beste und zutreffendste Vorstellung machen, wenn wir denken an die freie Produktivität der Phantasie im Traume, den man schon oft, und wir glauben mit Recht, einen verborgenen innern Poeten genannt hat, und welche Produktivität der Traumphantasie ja auch in unserm Leben, besonders in der Zeit jugendlicher kräftiger Entwicklung, eine große Rolle spielt und mit den geistigen und körperlichen Bildungen merkwürdig Hand in Hand geht. Wir brauchen uns also die Äonen der Vorwelt nicht innerlich arm und leer zu denken; sie sind an tiefem und ergreifendem Empfindungsinhalt nicht minder reich gewesen als bewegte Epochen der Menschengeschichte.

Unsere Absicht geht nun keineswegs dahin, die gesamte Naturentwicklung in der Pflanzen- und Tierwelt in Betracht zu ziehen. Es reicht für unsern Zweck hin, eine kurze Skizze der Entwicklung desjenigen Organisationstypus zu entwerfen, dem auch der Mensch angehört, nämlich des Wirbeltieres. Wir beschränken uns umso mehr auf die Wirbeltiere, weil ihre Grundformen, nämlich Fische, Vögel, Amphibien und Säugetiere, allein als im gemeinen Leben bekannt angenommen werden können. Wir werden in dieser versuchten Aufstellung der Genealogie der Tierfamilien allen gelehrten Nachweis beiseite lassen und wollen zugleich bemerken, daß wir nur auf den leitenden Grundgedanken, aber nicht auf das einzelne einen Wert legen, da dasselbe durch weitere geologische Entdeckungen und tiefere physiologische Einsichten vielfach modifiziert werden kann.

In der ersten großen Periode der organischen Schöpfungen, in der sogenannten paläozoischen Periode[15], wo es noch kein bewohntes Land gab und alles Leben noch im flüssigen Element geborgen lag, finden wir den Grundriß des gesamten Tierreichs schon gelegt, indem die Strahltiere[16], Gliedertiere, Weichtiere und

Wirbeltiere sich schon vorfinden. Allerdings treffen wir in den untersten und ältesten Schichten dieser Periode keine Reste von Wirbeltieren an, sondern nur von Tieren niederer Organisation. Aber daraus darf nicht geschlossen werden, daß zur Zeit der Absetzung dieser ältesten Schichten überhaupt noch keine zu Wirbeltieren angelegten Geschöpfe vorhanden gewesen seien. Denn in diesem Falle müßte ein höheres Organisationsprinzip aus einem niederen sich entwickelt haben, woran nicht zu denken ist. Es hat sich nie aus einem Strahltier ein Weichtier oder aus einem Gliedertier ein Wirbeltier entwickelt, so wenig eine Sprache, welche ursprünglich ein niederes nur für die äußerlichsten Denkbeziehungen passendes Prinzip der Zusammenfügung der Lautelemente annimmt, jemals in ihrer weiteren Ausbildung zu einem andern höheren Prinzip des Baues übergehen kann. Vielmehr ist aus dem Fehlen von Wirbeltierresten in den ältesten Schichten nur zu schließen, daß die Träger der niederen Organisationsprinzipien sich schneller und frühzeitiger zu festen Gestaltungen entwickelt haben – zu Zeiten, in welchen die Träger der höheren Organisation noch in einem weichen und ganz embryonisch verhüllten Zustand sich befanden, von welchem natürlich keine Überreste erhalten werden konnten. Daß das höher Angelegte länger in innerer Zurückgezogenheit arbeiten muß, ehe es zu festen Gestaltungen gelangt, ist ja ohnedies selbstverständlich. Man kann in der Annahme, daß die Geschöpfe nicht erst aus der Zeit datieren, in welcher sie mit festen zur Aufbewahrung geeigneten Gestalten auftreten, um so weniger ein Bedenken finden, als es mehrfache Erscheinungen gibt, welche ohne diese Annahme gar nicht erklärt werden können. Es sind, um nur eins anzuführen, die unter den ältesten Versteinerungsschichten liegenden Schichten vielfach von Stoffen durchdrungen, welche ihre Entstehung nur einem Lebensprozeß, und zwar teils einem vegetabilischen, teils einem animalischen, verdanken können. Mithin sind schon vegetabilische und animalische Organismen vorhanden gewesen, ehe irgendwelche, auch die niedrigst organisierten, zu so standhaften und festen Formen gelangt waren, daß versteinerte Reste von denselben erhalten werden konnten.

Wir finden also am Ende der paläozoischen Periode die Reste von deutlich ausgebildeten Wirbeltieren. Man nennt sie zwar kurzweg Fische[17]; aber nur, weil sie im Wasser gelebt haben. Sie könnten ebensogut jeden andern Namen führen. Wenn sie in einigen Eigentümlichkeiten ihrer Knochen oder vielmehr Knorpel und ihrer äußeren Bedeckung Ähnlichkeit haben mit heutigen Fischen, so ist es nur mit Haien, Rochen und Stören. Mit der unermeßlichen Mehrzahl der heutigen Fische, mit den Schuppenfischen, haben sie gar nichts gemein. Man hat lange nicht recht gewußt, was man in diesen rätselhaften Wesen eigentlich vor sich habe, ob eine Art von Schildkröten oder Schaltiere oder riesenmäßige Käfer. Es wäre gewiß sehr interessant, etwas von dem Leben dieser ersten Träger des höchsten Organisationsprinzips zu wissen. Aber das Rätselhafte und Fremdartige ihrer ganzen Natur läßt alle Mutmaßungen darüber bei dem gegenwärtigen Stand der Wissenschaft als höchst mißlich und gewagt erscheinen. Außerdem ist auch die Anzahl der bis jetzt bekannten Arten verhältnismäßig gering. Wenn man alle späteren Wirbeltiere als direkte Deszendenten dieser Geschöpfe betrachten und in ihnen demnach die Voreltern auch der höchsten Wirbeltiere sehen wollte, so würde das Interesse an ihnen freilich noch außerordentlich steigen. Aber zu dieser Annahme ist gar kein Grund vorhanden. Denn es ist möglich, und sogar höchst wahrscheinlich, daß diejenigen Geschöpfe, welche zu weiterer Entwicklung auf dem Lande bestimmt waren, sich während der Zeit ihres Wasserlebens gar nicht zu standhaften und festen Formen entwickelt haben, sondern wie weiche Kaulquappen im Wasser lebten und erst beim allmählichen Heraustreten an Luft und Land ihre Knochen- und Gliederbildung annahmen, wie der Froschembryo es gegenwärtig auch macht. Und demgemäß können diese zuerst erscheinenden Wirbeltiere spurlos verschwunden und ausgestorben sein, ohne daß die genealogische Folge der Wirbeltiere im geringsten darunter leidet.

Auf die erste Periode des Lebens aller Geschöpfe im Wasser folgt eine zweite, welche damit beginnt, daß viele von den Wassergeschöpfen, Pflanzen und Tiere, sich an das Land und die Luft herauswagen. Jedoch nur allmählich. Denn alle auf dem Land erscheinenden Geschöpfe der ersten Zeit dieser zweiten Periode sind amphibioser Natur, leben abwechselnd im Wasser und in der Luft und sind noch für beide Medien eingerichtet. Diese Erscheinung ist im vollkommenen Einklang mit der Entwicklungstheorie, welche unter den während der paläozoischen Periode im Wasser lebenden Geschöpfen notwendig die Stammeltern aller auf dem Land lebenden Pflanzen und Tiere suchen muß. Viele Erscheinungen nötigen uns zu der Annahme, daß die für eine weitere Entwicklung auf dem Lande angelegten, aber im Wasser embryonisch unentwickelten Geschöpfe ziemlich lange die Fähigkeit behalten haben, überall da, wo sich ihnen die Gelegenheit bot, an die Luft und das Land hervorzutreten, trotz der mittlerweile in der Temperatur und der chemischen Beschaffenheit des Meeres vorgegangenen Veränderungen. Je früher sie jedoch aus dem Wasser herausgetreten sind, desto vollkommener hat sich die Pflanzen- und Tierwelt auf dem Lande entwikkelt, vorausgesetzt, daß sie sich in ununterbrochener historischer Folge entwickeln konnte und durch die Veränderungen der Erdoberfläche immer nur lokal vernichtet wurde. In dieser Hinsicht scheint unter den großen Kontinenten Asien, Afrika und Amerika offenbar Asien[18] am günstigsten gestellt, wie denn auch aus Asien allein diejenige Menschenbildung hervorgegangen ist, welche sich zum Träger des zusammenhängenden historischen Lebens der Menschheit gemacht hat. Am ungünstigsten erscheinen isolierte Eilande gestellt, welche seit ihrer Entstehung isoliert waren und nicht etwa früher mit einem Kontinent zusammenhingen. Es kann natürlich hier nur von solchen Eilanden die Rede sein, deren Entstehung bis in diejenigen Zeiten hinaufreicht, in welchen überhaupt ein Übergang aus dem Wasserleben zum Landleben noch möglich war und welche demgemäß noch aus der ursprünglichen allgemeinen Quelle des Lebens schöpfen konnten. Die später entstandenen konnten sich nur durch Überführung aus benachbarten Ländern bevölkern. Beide Klassen von Eilanden unterscheiden sich dadurch, daß auf den ersteren alles Lebendige bis zu einem gewissen Grade eigentümlich geartet und als solches diesen Eilanden allein angehörig ist, und daß auf den letzteren gar nichts ihnen eigentümlich Angehöriges sich findet. Daraus, daß die Landgeschöpfe aller Orten aus denselben Stammeltern hervorgegangen sind, erklärt es sich, daß wir überall denselben Grundtypen begegnen, welche nur mannigfache Verschiedenheiten in Bildung der Gattungen und Arten und große Abstufungen der Vollkommenheit zeigen, je nach der Zeit, in welcher, und je nach den klimatischen Bodenverschiedenheiten, unter welchen die Geschöpfe ihr Landleben begonnen haben. Diese Gesichtspunkte sind an die Spitze zu stellen, wenn die Erdbeschreibung mehr sein soll als ein Haufen von ganz zufällig erscheinenden Tatsachen.

Sämtliche zuerst auf dem Lande erscheinenden Wirbeltiere entwickeln nur kurze Extremitäten und sind kriechende Tiere. Auf hohe Beine gestellte und stolz einherlaufende Tiere kommen erst viel später zum Vorschein. Um sich eine ungefähre Vorstellung von dem Aussehen dieser Geschöpfe zu machen, muß man an Salamander, Molche, Kröten und Eidechsen denken, dabei aber von der Kleinheit dieser heutigen Tiere absehen. Man begreift alle jetzigen Reptilien, welche den Eidechsentypus an sich tragen, vom Krokodil und den Alligatoren bis zu unsern kleinen zierlichen Eidechsen, unter dem Namen Saurier und dehnt für die Vorwelt diese Benennung noch etwas weiter aus, indem man sich nicht gerade an die äußere Gliederentwicklung des Eidechsentypus bindet, sondern gewisse innere Eigentümlichkeiten des organischen Baues im Auge hat. In dem Saurier, in diesem allgemeinen Sinne genommen, haben wir einen von den biegsamen, elastischen Urtypen, die zu dem verschiedensten fähig sind. Es zeigen sich auch bald laufende, kletternde, schwimmende und fliegende Saurier; es gibt unter ihnen Pflanzenfresser, Raubtiere und Insektenfresser. Auch die in der heutigen Schöpfung noch übrig gebliebenen Reste des Sauriertypus zeigen eine Mannigfaltigkeit der Lebensweisen, Triebe und Instinkte, wie sie kaum in einer andern Familie zu finden ist. Der Sauriertypus ist die Stufe der Bildung, in welcher sich die Wirbeltiere der zweiten Periode wesentlich halten, welche sie tausendfältig variieren und in welcher sie zu großer Ausbreitung und Herrschaft gelangen. Alles ist mit Sauriern erfüllt. Im Meere die Enaliosaurier, auf dem Lande die Dinosaurier und in der Luft die Pterosaurier oder die fliegenden Reptilien; eine wilde chaotische Welt, ungeschieden alles, was da fleucht und kreucht.

Insoweit die Reptilien dieser Periode sich zu einer höheren Stufe des Wirbeltieres entwickeln, gehen sie in die Säugetiere über. Natürlich haben nicht die Gewaltigen und Starken dieser Zeit sich zu höheren Formen entwickelt. Dies folgt schon aus dem im vorhergehenden Abschnitt Gesagten. Sie erscheinen viel zu sehr ausgearbeitet in ihren Organen und abgeschlossen und angewiesen auf Genuß, Kraftentwicklung und Herrschaft in ihrer Gegenwart. Sie haben, wie Harting sagt, als Tyrannen gelebt und sind den Tod des Tyrannen gestorben. Ihre Spur ist weggefegt und ihr Stamm ausgetilgt in der Reihe der Lebendigen. Die Träger der weiteren Entwicklung sind die in ihrer Bildung Zurückhaltenden und Schwachen, die nicht zur Ausbreitung und Herrschaft gelangen in ihrer Periode und von deren Resten wir aus diesem Grunde wohl überall nur sehr wenige kennen.

Was zuerst die im Wasser lebenden Reptilien der zweiten Periode betrifft, so zeigen sie schon hier und da Anklänge an den inneren Bau der im Wasser lebenden Säugetiere. Aus denselben haben sich durch viele Zwischenstufen, welche hier aufzuzählen zu weit führen würde, die Wassersäugetiere, die Walfische, Delphine, Seehunde und dergleichen entwickelt. Auch hier sind es nicht die Ichthyosaurier, die Mosasaurier und Plesiosaurier und wie die alten Beherrscher der Meere alle heißen mögen, welche sich weiter und zu Säugetieren entwickelt haben. Wenn man sie die wilden barbarischen Vorfahren der gewaltigen Wassersäugetiere nennt, so will man damit nur sagen, daß die letzteren in der heutigen Schöpfung die Repräsentanten der ersteren, nicht daß sie deren Deszendenten sind.

Die auf dem Land lebenden Saurier spalten sich, insofern sie nach dem Säugetier streben, frühzeitig in zwei Abteilungen, die dadurch unterschieden sind, daß die einen ihre Füße nur zum Gehen gebrauchen, die Huftiere, die andern auch zum Greifen, Zerreißen, Graben und Klettern, die Krallen- oder Nageltiere[19]. Die Huftiere kommen zuerst als pflanzenfressende Dickhäuter, die zum Teil noch amphibios leben, zu großer Ausbreitung und Herrschaft; und die letzte Vollendung, welche sie nach sehr vielen Zwischenstufen erreichen, ist gegeben in den zweihufigen Wiederkäuern und in den einhufigen Tieren. Unter diesen jüngsten Söhnen der Dickhäuter treffen wir alle unsere wichtigen Haustiere, wie Stier, Pferd, Kamel, Schaf und Ziege, ohne deren Hilfe der Mensch kein freier Herr der Erde, sondern ein gequältes Lasttier wäre. Gleich im Beginn der Bildung der Huftiere ist alle Tendenz zum Menschentypus oder zur Menschenähnlichkeit aufgegeben. Die Natur arbeitet hier nicht nach dem Menschen, sondern für den Menschen, in entschiedener Zweckbeziehung zu demselben. Sie schafft ihm Nahrung, Kleidung und Diener in diesen Tieren, die ihre Prädestination für den Menschen auch durch ihre wunderbare Zähmbarkeit und durch den trotz ihrer Stärke respektvollen Gehorsam gegen den Menschen, selbst gegen den schwächsten Knaben, beweisen. Es ist immer vergeblich gewesen und wird auch vergeblich bleiben, unter den jetzt lebenden wilden Tieren die Stammeltern[20] dieser Haustiere zu suchen. Denn sie sind in die Gesellschaft des Menschen getreten schon zu Zeiten, in welchen die Tierwelt ihre jetzige Gestalt und Bildung noch nicht angenommen hatte, und sind mit dem werdenden Menschen und zum Teil durch denselben das geworden, was sie sind.

Die Krone und Spitze dieses in Zweckbeziehung zum Menschen arbeitenden Naturtriebes ist der Einhufer in seiner vollendeten Gestalt, oder das Pferd. Durch dieses Tier erweitert und ergänzt der Mensch seinen Organismus unmittelbar, indem er seine an sich mäßigen Bewegungskräfte beflügelt; und in dem stolzen Gefühl, wie entzogen der irdischen Schwere eine erhöhte Herrschaft über Zeit und Raum zu üben, identifiziert sich der Mensch mit der stolzen Haltung und Bewegung dieses edlen Tieres. Es ist das einzige Tier, welches, obgleich wohlbekannt mit der Gefahr, doch mutig und wie in einer Art teilnehmender innerer Erregung mit dem Menschen in Kampf und Tod geht. Dem frischeren und leichter ergriffenen Natursinn des Altertums ist dies mit Recht als etwas Wunderbares und Großes erschienen. »Schließt es nicht« – spricht die Stimme Jehovas im Buche Hiob zum Menschen – »schließt es nicht mit Dir einen Bund, daß Du es nehmest zum ewigen Knecht? Es scharret den Boden, freut sich der Kraft und ziehet entgegen der Rüstung; es lachet der Furcht, bebet nicht und kehrt nicht um vor dem Schwerte. Auf ihm klirret der Köcher, der blitzende Speer und der Wurfspieß. Beim Schall des Hornes spricht es: hui! Aus der Ferne riecht es den Streit, der Führer Lärmen und Kriegsgeschrei.« Durch einen tief angelegten Instinkt der Ergebenheit, Treue und Dienstwilligkeit für den mit ihm werdenden Menschen hat dieses edle Tier in langer Entwicklung durch die Formen der Anchitherien und der Hippotherien[21] sich zu seiner jetzigen Gestalt emporgearbeitet, und der Adel seiner Erscheinung ist eine sichtbar dargestellte Geschichte der edelsten Züge eines langen dem Menschen gewidmeten Lebens.

Neben der Entwicklung der Huftiere läuft, wie oben schon gesagt, eine zweite Entwicklungsreihe der Säugetiere, die von den auf dem Lande lebenden Sauriern sich abzweigen; es ist die Reihe der Tiere, deren Füße mit Krallen oder Nägeln versehen sind. Diese Reihe beginnt geologisch mit den Beuteltieren als denjenigen, in welchen die charakteristische Funktion des Säugetieres noch in ihrer Bildung begriffen erscheint. In dieser ganzen Entwicklungsrichtung ist starke Tendenz zum Menschentypus, welche gleich anfangs in den Beuteltieren nicht zu verkennen ist, aber keine direkte Zweckbeziehung zum Menschen.

Und diejenigen unter diesen Geschöpfen, welche dem Menschentypus am nächsten kommen, die Affen, sind ohne allen Nutzen für den Menschen. In den Beuteltieren haben wir wieder einen von den vielseitigen biegsamen Grundtypen, welche die verschiedensten Richtungen der Entwicklung einschlagen können. In den noch jetzt lebenden Beuteltieren sind die mannigfachsten Lebensweisen vertreten, und fast alle Typen der Krallentiere[22] sind in ihnen präformiert anzutreffen, wie die von diesen Ähnlichkeiten entnommenen Benennungen Beutelhund, Beuteldachs, Beutelratte und dgl. beweisen. Die Beuteltiere sind die Urahnen sämtlicher übrigen Krallentiere, die sich in vier Hauptklassen spalten, in die Nagetiere, die reißenden Tiere, die fliegenden Säugetiere, als Fledermäuse und Vampire, und in die Affen und Halbaffen. Die Krallentiere entwickeln sich in eine viel größere Mannigfaltigkeit der Gattungen und Arten als die Huftiere, und insbesondere zeigen sie den Charakter lokaler Bestimmtheit in viel höherem Grade. In allen Ländern, Klimaten und Zonen erscheinen sie anders modifiziert und in stärkerem Grade als die Huftiere. Ihre innere Natur oder Idee ist laxer und leichter bestimmbar von außen. Die Gattungen der Huftiere werden durch einen knapperen Zweckbegriff bestimmt und zusammengehalten; und die höchsten Huftiere, die Einhufer, entwickeln sich wie der Mensch nur in einer einzigen Gattung. Die Krallentiere stehen größtenteils zur Gesamtökonomie der Natur in keiner wesentlichen Beziehung. Viele von ihnen, insbesondere Raubtiere, verschwinden bei zunehmender Kultur aus einzelnen Ländern und können ohne Schaden von der ganzen Erde verschwinden. So sind bei uns schon die Bären, Wölfe und Luchse verschwunden, und die Füchse, Marder, Iltisse und Wiesel könnten ihnen folgen, ohne irgend vermißt zu werden.[23] Ihre höchste typische Vollendung haben die Krallentiere in den Raubtieren und insbesondere in derjenigen Familie, welche in den jüngsten und letzten Epochen der Erdbildung sich erst vollständig entfaltet hat, in dem Katzengeschlecht. In den höchsten Repräsentanten dieser Familie, in dem Löwen, Tiger und Panther erreicht der Ausdruck der Mordlust und Raubgier eine Art ästhetische Höhe. In den früheren Epochen waren die unbestimmteren und charakterloseren Formen des Bären und der Hyäne herrschend.

In dem Vorhergehenden haben wir die Familien und Ordnungen der Säugetiere. Aber, wird man fragen, wo bleiben die Fische und die Vögel? Wir wissen schon aus dem im vorhergehenden Abschnitt Gesagten, daß in der Entwicklung der Geschöpfe keineswegs bloß Fortschritte zu höheren Bildungen, sondern auch Rückschritte vorkommen. Die frühsten Geschöpfe innerhalb eines Organisationsprinzips haben eine zusammengesetzte Natur, welche in verschiedene Formen auseinander tritt. Während sie einerseits zu höheren Bildungen übergehen, zweigen sie anderseits Bildungen aus sich ab, welche einer engeren Außenwelt und einem bestimmten Element mit vollkommenerer Zweckmäßigkeit ihrer Organisation sich anschließen; und dies ist nur möglich durch einen Abfall von der früheren allgemeiner angelegten Natur und durch einen Rückschritt. Auf diese Weise sind aus den zuerst im Wasser lebenden Wirbeltieren, die, nach den wenigen erhaltenen Gattungen zu schließen, entschieden höher organisiert waren als die meisten Fische[24], einerseits durch Fortschritt die Reptilien, anderseits durch Rückschritt die gewöhnlichen Fische hervorgegangen, die jedoch in ihrem äußeren und inneren Bau weit zweckmäßiger für das Leben im Wasser eingerichtet sind als ihre mehr linkischen, aber mit Bildungsdrang begabten Voreltern.

Eine ähnliche Bewandtnis, obschon auf höherer Stufe, hat es mit den Vögeln. Die höhere Stufe wird dadurch hervorgebracht, daß die Vögel nicht wie die Fische sich neben den Reptilien abzweigen, sondern auf den Reptilien als ihrem Stamm sich aufbauen. Die ältesten Vogelreste, welche wir finden, gehören nicht fliegenden Vögeln an, denn das Fliegen hat sich nicht so plötzlich gemacht, sondern laufenden, wie Strauß und Kasuar mit stummelhaften Flügeln, in welchen außer den Federn auch Stacheln und Borsten sich finden.[25] Die zwei Hauptschritte, welche zu tun sind bei dem Übergang aus dem Reptil zum Vogel, sind das aufrechte Gehen auf den hinteren Extremitäten und die Federbildung. Was das erstere betrifft, so haben wir Spuren von Sauriern, welche aufrecht gegangen sind und sich dabei mit dem Schwanz gestützt haben. Vielleicht sind hier die Anfänge des aufrechten Vogelganges zu finden. Die Federbildung aus der Schuppenhaut der Amphibien kann kein großer und gewaltsamer Schritt sein, da wir so häufig aus der Schuppenhaut, mit welcher die Beine der Vögel bedeckt sind, in abnormer Weise Federn hervorbrechen sehen. An die ältesten Vögel, welche wir nach unsern jetzigen Einteilungen zu den Stelzenläufern rechnen müßten, schließen sich in geologischer Folge langfüßige wirklich fliegende Sumpfvögel an. Spät erst treten die mit vollkommenster Zweckmäßigkeit für die Bewegung in der Luft organisierten Vögel auf, welche, wenn auch in der ästhetischen Erscheinung die früheren Vogelbildungen überragend, innerlich nicht höher organisiert sind. Denn auch unter den jetzt lebenden Vögeln scheinen die langfüßigen Sumpfvögel die geistig begabtesten zu sein.[26] Solche für ein Element so ausschließlich und vollkommen eingerichteten Geschöpfe, wie Fisch und Vogel, sind wahrscheinlich, was sinnliches Behagen betrifft, die glücklichsten Geschöpfe der Natur; wenigstens sind sie die muntersten und lebhaftesten, wohingegen die übrig gebliebenen Reste der früheren universelleren Typen etwas Verdrossenes und Melancholisches haben.

Wenden wir schließlich nach dieser Übersicht der Säugetiere, Vögel und Fische den Blick noch zurück auf die vierte Klasse der Wirbeltiere, auf die Amphibien. Bei den heutigen Amphibien unterscheidet man vier Ordnungen, die froschartigen oder die Batrachier, die eidechsenartigen oder die Saurier, die Schildkröten und die Schlangen.[27] Die heutigen Arten der beiden ersten Ordnungen sind zu betrachten als die schwachen übrig gebliebenen Reste uralter Reptilienbildungen. Ganz anders verhält es sich mit den beiden anderen Ordnungen. Sie sind seit ihrem ersten Auftreten bis zur Gegenwart in einer zunehmenden Ausbildung der Gattungen und Arten begriffen und müssen deswegen als für die Gegenwart und die schließliche Bildung des Tiersystems berechnete und in dasselbe wesentlich eingreifende Geschöpfe betrachtet werden. Die Schildkröten zweigen sich schon in sehr früher Zeit von dem Saurier ab, jedoch, wie der Knochenbau ihrer Extremitäten zeigt, erst zu einer Zeit, als in dem Saurier der Bauplan der menschlichen Hand, welcher durch alle Säugetierbildungen sich durchzieht, schon entworfen war. Die Schildkröten können demnach nur als eine Rückbildung des Sauriers zu einer eigentümlichen dauernden Reptilform, die sich selbst letztes Ziel ist, betrachtet werden.

Die andere viel später, nach schon vorgeschrittener Bildung der Vögel und Säugetiere eingetretene und höchst auffallende Rückbildung des Sauriers bilden die Schlangen. Noch jetzt finden wir den Übergang der Eidechsen in die Schlangenform in unseren Blindschleichen, welche man ihres inneren Baues wegen zu den Eidechsen rechnet. Ein solches Wiederzusammenfließen der verschiedensten Funktionen nach der in dem Saurier so weit fortgeschrittenen Teilung der Arbeit, wie es sich bei den Schlangen findet, kommt wohl sonst nirgends vor in der Natur. Es ist, als ob einige Saurier, denen der Eingang zu höheren Lebensformen versperrt war, durch gänzlichen trotzigen Abfall sich hätten rächen oder ihre inneren Kräfte dämonisch steigern wollen. Stimmt mit einem solchen inneren Wesen außer vielem anderen nicht zusammen die sonderbare Mischung von der ganz niedrigen Form des Wurms und einem offenbar feinen und bedeutungsvollen physiognomischen Ausdruck? Wenn man die Schlange in ihrem ganz freien Gebaren in der Einsamkeit beobachten kann, wie sie mit bedächtiger Bewegung des Kopfes und der zierlichsten Biegung des Halses so außerordentlich klug um sich schaut, so macht es fast den Eindruck, als ob ein sinnender Geist nicht so wohl naturgemäß darin wohne, als vielmehr hinein verhext wäre. Die sprichwörtlich gewordene Klugheit der Schlangen bezieht sich nur auf diesen merkwürdigen physiognomischen Ausdruck, aber nicht auf ihr sonstiges Benehmen. In der Tat ist dieser Ausdruck nur ein erlogener Schein. Derselbe ist auch der Grund, daß die Phantasie aller Völker in Fabeln und Wundergeschichten von der Schlange sich ergangen hat. Man könnte eine eigne Mythologie und Symbolik der Schlange schreiben. Meist wird die Schlange als die Erbfeindin der Schöpfung und insbesondere des Menschen aufgefaßt. Ewige Feindschaft, heißt es im Buche Mosis, setze ich zwischen dir und des Weibes Samen; er wird dir immer nach dem Kopfe und du ihm nach der Ferse trachten.

Von der Entstehung des Menschengeschlechts

Wenden wir uns schließlich nach diesem flüchtigen Überblick über die Klassen und Ordnungen der Wirbeltiere zu dem Menschen. Wo und wie lebten, so muß man fragen, in dem äonenlangen Schöpfungsdrang der Natur die Voreltern des Wesens, auf welches als seinen Mittelpunkt alles Tun und Schaffen der Natur zuletzt bezogen ist, in welchem die Natur den Kreis ihrer Bildung abschließt, um über sich selbst hinaus zu einer unsichtbaren geistigen Welt zu gehen, in welchem das Geschöpf sich dem Schöpfer wieder erschließt, inwendig mit ihm redet und spricht, im Gewissen seine Stimme vernimmt und bei seinem heiligen Namen schwört? Wie hegten und pflegten mitten unter allen Wirrsalen der Urzeit die Voreltern dieses Wesens den glimmenden Funken, der einst zur leuchtenden Flamme des Gedankens werden sollte, wie in dem Chaos gärender Triebe den zarten Sproß, welcher einst zur wonnereichen Blume menschlicher Liebe sich entfalten sollte?

Viele sind gewiß der Meinung, daß diejenigen Geschöpfe, welche den Keim einer so großen Zukunft in sich trugen, notwendig immer auch in ihrer äußeren Erscheinung durch eine große Kluft geschieden sein mußten von allen andern Wesen, welche in einem so armen und kleinen Leben das endliche Ziel ihrer Entwicklung finden sollten. Nach allem, was uns die Analogie der Natur lehrt bei anderen Entwicklungen, ist dies gar nicht notwendig. Die embryonalen Keime der Säugetiere sind in den ersten Stadien ihrer Entwicklung sich so ähnlich, daß, unbedeutende Größenunterschiede abgerechnet, das beste Mikroskop und die feinste Analyse keinen Unterschied entdecken würde zwischen Keimen, von denen doch der eine die Zukunft eines Wolfes, der andere die eines Pferdes und ein dritter die eines Menschen in sich schließt. Freilich wer mit seinen Augen über die Sinnenwelt hinaus und in den tiefinnersten Grund der Wesenheit dringen könnte, wer mit Seherblick die Zukunft dieser unerschlossenen Bildungen schauen könnte, der würde sie durch und durch verschieden finden, so verschieden als Wolf, Pferd und Mensch. Wie außerordentlich ähnlich sind sich oft die wurmförmigen Larven der Käfer, die als ausgebildete und reife Insekten so sehr verschieden sind. Wer würde in so ähnlichen Wesen eine so große Verschiedenheit des inneren Bildungstriebes vermuten. In geschichtlichen Keimen finden wir dasselbe. Wer die Griechen in den ältesten Zeiten des Volkes, wo sie vielleicht noch Menschenopfer hatten, gesehen hätte, der würde sie wohl kaum von einem Baals- oder Molochsdiener unterschieden haben. Wer aber in einem geschichtlichen Keim die geistige Zukunft desselben zu lesen verstünde, was man allein Weissagung nennen sollte, wer also die Gabe der Weissagung hätte, der würde beide inwendig ganz verschieden gefunden haben, er würde in dem einen nur den rohen Molochsknecht und in dem andern die Anlage zu einem freien Göttersohn, zu einem Phidias, Sophokles und Platon gesehen haben.

Wie sehr also auch in der unaufgeschlossenen Substanz ihres Wesens die Voreltern des Menschen von denen der andern Geschöpfe verschieden gewesen sein müssen, so wenig brauchen sie in den gröberen typischen Grundzügen von denselben auffallend verschieden gewesen zu sein. In allen jetzt lebenden zum völligen Abschluß gekommenen Geschöpfen deckt sich freilich das Innere und Äußere vollkommen; das eine ist adäquater Ausdruck des andern. Aber dies ist kein notwendiges allgemeines Gesetz und gilt nicht, wenigstens nicht in demselben Sinne, von noch unerschlossenen zukunftschwangeren Gebilden. Es gilt auch bei dem jetzigen Menschen nicht ausnahmslos in dem Sinne, in welchem es von den Tieren gilt. Mögen nun die Voreltern des Menschen wie auch immer beschaffen gewesen sein nach Gestalt und Aussehen, so ist doch gewiß, daß der Mensch an diesen Zuständen seiner Voreltern ebenso wenig Anstoß zu nehmen braucht, als er an den mannigfachen Ähnlichkeiten seiner embryonalen Zustände mit denen von Tierembryonen Anstoß nimmt. Er betrachtet deswegen doch nicht die Bestialität als den Charakter seiner primären Zustände. Sicherlich wird der innere und feinere physiognomische Ausdruck die Voreltern des Menschen von denen der Tiere hinlänglich unterschieden haben; und wie aus den Augen des Kindes die keimende Seele desselben oft mit einem wunderbar rührenden Tiefsinn uns anblickt, so wird auch das unenthüllte verschwiegene Geheimnis der schlummernden Menschenseele dem Blick und Ausdruck dieser Wesen etwas Ergreifendes, Ahnungsvolles und Tiefes verliehen haben. Und wenn ein in der Wesen Tiefe blickender Geist durch das Auge dieser Geschöpfe auf den Grund ihrer Seelen geschaut hätte und er dann die traurigen Verkümmerungen und Mißbildungen der Menschennatur in den vielen Rassenvölkern betrachtete, wer weiß, ob er nicht ausbräche in die Worte:

Wie groß war diese Welt gestaltet,
So lang die Knospe sie noch barg;
Wie wenig ach hat sie entfaltet,
Dies wenige wie klein, wie karg.

Wenn also nicht so sehr äußere Gestalt und Bildung als innerer Ausdruck die Voreltern des Menschen vor denen der Tiere ausgezeichnet haben wird, so wollen wir alle Hoffnung aufgeben, aus dem, was allein sich erhalten haben könnte, aus den Knochen, jemals auf erfahrungsmäßigem Wege ein Bild zu erhalten von dem Aussehen des Menschen bei seiner langen Wanderung durch die niederen Gestalten der Körperlichkeit, eine Wanderung, welche er, ähnlich dem Gott Wischnu der Indier, in aufsteigender Stufenleiter durchgemacht hat. Birgt die Erde noch von diesen Resten und finden wir sie, wir werden sie nicht erkennen. Was der Urmensch, denn so wollen wir die Reihe der Geschöpfe, deren letzte Nachkommen die heutigen Menschen sind, nennen – also was der Urmensch als Erbschaft uns hinterlassen hat, ist geistiger Natur und kein Reliquienkram. Nur so viel kann man von Gestalt und Bildung des Urmenschen sagen, daß er niemals seine Organe zum rohen Werkzeug für eine einzelne Arbeit erniedrigt hat, daß er seine Nägel und Zähne nicht zu furchtbaren Waffen ausgebildet und in seinen Säften kein tödliches Zorngift ausgekocht hat, daß er die weichen fünf Finger des Sauriers in stetiger Folge zur universellen menschlichen Hand gebildet hat, die für keine bestimmte Arbeit eingerichtet ist, weil sie für alle dienlich ist und mit unzähligen Werkzeugen sich auszurüsten geeignet ist. Nur so viel kann man ferner sagen, daß dies Wesen sich niemals mit seinem ganzen Sinnen und Trachten in eine beschränkte Sphäre der Außenwelt hat hinreißen lassen und sich behaglich in derselben eingerichtet hat, daß es allen Reizungen und Verlockungen zum Genuß der nächsten Gegenwart einen universellen Trieb entgegengesetzt hat, dem zuletzt keine Außenwelt genügt als die unendliche in Gott und Natur, daß es unter aller dringenden Not der Gegenwart das ferne große Ziel unverrückt im Auge behalten hat. Dabei braucht man nicht in Abrede zu stellen, daß die auf die Erhaltung des äußeren Lebens und dessen Bedürfnisse gerichteten Triebe und Betätigungen den rauhen Zeiten und Umgebungen entsprochen haben; und in der Periode der Schreckensherrschaft der großen Saurier wird der Urmensch[28] seinen Umgebungen mit einem trotzigen rauhen Mut und einem stählernen Willen entgegengetreten sein, neben denen für sanftere Empfindungen und die Regungen eines weichen Mitgefühls gewiß wenig Raum übrigblieb. Daraus aber, daß der Urmensch die Teile seines Körpers niemals zu gefährlichen Waffen ausgebildet hat und doch einer gewappneten und geharnischten Schar gegenüberstand, folgt notwendig, daß er frühzeitig mit seinesgleichen zu Schutz und Trutz sich verbündet hat, daß er frühzeitig das Bedürfnis der Mitteilung durch Töne und Gebärden gefühlt hat und daß, weil er sich etwas zu sagen hatte, auch die Mittel und die Fähigkeit dazu nicht lange werden auf sich haben warten lassen.

Wenn Aristoteles als Hauptunterscheidungskennzeichen des Menschen von den Tieren dies aufstellt, daß der Mensch ein soziales Tier ist, so reicht diese Bestimmung gewiß in sehr hohe Urzeiten des Menschen hinauf.

Alles dies von den Voreltern des Menschen Behauptete wird seine Geltung haben und behalten unabhängig von der Entscheidung darüber, wie früh oder wie spät diejenigen Trennungen unter den Geschöpfen stattgefunden haben, nach deren Vollzug es gestattet ist, den Urmenschen als ein für sich bestehendes Geschlecht aufzufassen, dessen Nachkommen, wenn auch in vielen Abstufungen der Vollkommenheit, doch sämtlich Menschen genannt werden können. Es könnte nach dem zuletzt Gesagten vielleicht scheinen, als ginge unsere Meinung dahin, die Voreltern des Menschen als eine seit den frühsten Urzeiten für sich bestehende und alle Gemeinschaft mit den Stammgattungen anderer Geschöpfe ausschließende Stammgattung zu betrachten. Wenn eine solche Absonderung stattgefunden hätte, wenn das menschliche Seelenleben nicht noch in näherer Weise mit dem Seelenleben der gesamten Schöpfung verschmolzen und verwachsen gewesen wäre, so müßte die Entwicklung des Menschen durch eine Reihe verhüllter Formen und Bildungen als eine Art Seelenwanderung im Sinne alter Mythologien erscheinen. Daß dies nicht die Meinung ist, geht aus dem Ganzen unserer Darstellung schon zur Genüge hervor. Wir haben in dem Vorhergehenden mehrfach darauf hingewiesen, daß alle Entwicklung zu Gattungen und Geschlechtern sich vollzieht durch ein stetiges Auseinandertreten nach zwei Richtungen, die wir mit kurzen Worten als ideale und praktische entgegensetzen können. Vermöge der einen streben die Geschöpfe nach Genuß, Tätigkeit und Kraftentwicklung in der Gegenwart und wirken entsprechend ihre Organe aus; vermöge der andern suchen sie, in äußerer Bildung zurückhaltend, eine innere Bildwelt träumender Phantasie in sich auszugestalten. Die letzteren sind die Träger einer neuen Entwicklung und Gestaltenbildung, und zwar dadurch, daß ihre innere Bildwelt in Erscheinung und

Wirklichkeit drängt und sich plastische Realität zu geben sucht. Denn jede Neugestaltung eines Organischen ist, wie in einem früheren Abschnitt schon hervorgehoben, vorher in Form eines Inneren vorhanden gewesen. Alle äußeren Lebensschöpfungen quellen aus seelischem Leben. Aber mit diesem Versuch des Heraustretens des Innern beginnt auch der Kampf mit den fremden und gegebenen Bedingungen des Daseins und der Wirklichkeit. Und dadurch entstehen neue Trennungen, indem entweder die innere Welt in vorwiegend realistischer Tendenz den äußeren Daseinsbedingungen zuviel Macht und Gewalt einräumt und in die Knechtschaft derselben gerät, wodurch die schnell vergänglichen, bei Veränderungen der Daseinsbedingungen meist zugrunde gehenden Geschöpfe entstehen; oder indem die innere Welt im Kampf mit dem Fremden sich frei erhält, sich dasselbe assimiliert und, durch einen äußeren oder Erfahrungsinhalt genährt und bereichert, sich zu einer neuen inneren Welt in konkreterer Gestalt erhebt. Und hierbei kann ferner noch der Unterschied eintreten, daß entweder die innere Welt, ihre früher höher angelegte Natur gewissermaßen wie ein zur wirklichen Welt nicht passendes schwärmerisches Ideal preisgebend, zu einem niederen und beschränkteren Lebensideal heruntersinkt, welches aber noch entwicklungsfähig und Gestalten erzeugend fortwirkt, oder daß die innere Welt, trotz der Berührung mit der Wirklichkeit, sich auf solcher Höhe des Allgemeinen und Universellen zu erhalten weiß, daß ihre Außenwelt keine geringere ist als die unendliche selbst. Fragst du, worin der Grund und die Notwendigkeit von allen diesen Trennungen der Geschöpfe beruht, so antworte ich, es ist darin nichts ausgesprochen als das allgemeine Geschick alles endlichen Werdens und Daseins, alles Hervortretens einer inneren Welt in die Erscheinung und in die Wirklichkeit. Geht es uns denn anders und besser?

> Dem Herrlichsten, was auch der Geist empfangen,
> Drängt immer fremd und fremder Stoff sich an,
> Wenn wir zum Guten dieser Welt gelangen,
> Dann heißt das Bess're Trug und Wahn.

Diese Klage des Faust, die jeder Mensch mitempfindet, der eine innere Welt ausgestalten und ins Leben einführen will, ob er nun seine Gedanken- und Ideenwelt mit der Wirklichkeit und Erfahrung in Einklang setzen, ob er ein inwendig geschautes Schönheitsideal in die Erscheinung herausstellen oder ob er inmitten der sittlichen Kämpfe des Lebens seine Gesinnung und seinen Willen in ungetrübter Reinheit erhalten möchte, – diese Klage des Faust ist uralt, sie klingt durch die ganze Schöpfung, sie ist die rührende Klage der Isis um das Geschick ihres Sohnes.

Wir brauchen diesen allgemeinen Betrachtungen nur noch eine besondere Bemerkung zuzufügen, um die Stellung der Voreltern des Menschen oder des Urmenschen zur übrigen Schöpfung klar zu übersehen. Der Mensch, wenngleich an der Erde Brust genährt und auferzogen, trägt doch in sich eine Tätigkeit des schlechthin Allgemeinen, in seinem Denken, und ein Vermögen des Unbedingten, in seinem sittlichen Willen. Wir wollen beides zusammen, wie auch sonst schon geschehen, mit einem kurzen Wort Vernunft nennen. In dem Menschen ist das allgemeine Wesen der Vernunft in einer durch die Erdnatur bestimmten konkreten Gestalt zur Erscheinung gekommen. Die Vernunft kann aber nimmermehr aus enger niederer Gebundenheit und Beschränkung hervortreten. Die Vernunft setzt ewig eine Vernunftanlage voraus. Was ist aber die Vernunftanlage oder der Vernunftkeim, aus welchem die selbstbewußt tätige Vernunft hervorsprossen kann? Es ist nichts anderes als die reale Wechselbeziehung des Endlichen und Unendlichen, ein lebendiger innerer Rapport der Kreatur und der Gottheit, eine tätige Gegenwart des Allgemeinen in dem Einzelnen. Dies allein ist der Lebensboden, in welchen ein Vermögen des Allgemeinen und Unbedingten gepflanzt werden, in welchem es unentwickelt und in sich verschlossen schlummern, in welchem es keimen, treiben und wachsen kann. Der Vernunftkeim in diesem Sinne genommen reicht zurück bis in die Zeit des ersten Ergusses des allgemeinen Lebens in das individuelle, zurück in die Zeit, von der es heißt, der Geist Gottes schwebte über den Wassern. Denn er ist seinem

Wesen nach mit diesem Ergusse identisch. Er ist der Erstgeschaffene von allem, was da atmet und lebt. Von diesem Punkte aus erfolgen in ungezählten Wiederholungen und in immer konkreteren Bildungen die oben erwähnten Trennungen, welche mit jeder Verwirklichung und Verleiblichung einer inneren schöpferischen Bildwelt notwendig verbunden sind. Neben allen den Bildungen, welche in die Knechtschaft der äußeren Bedingungen eines jeden sinnlich erscheinenden Daseins geraten, geht immer einher eine andere Bildung, welche auch in ihrer jedesmaligen konkreteren Gestalt sich zum Gefäß und lebendigen Organ des Unendlichen macht und trotz ihres tieferen Eingehens in die Charakterbestimmtheit des Erdlebens dem Wesen der Vernunft als dem Vermögen des Allgemeinen und Unbedingten keinen Abbruch tut. Diese Träger der ungebrochenen Vernunftanlage sind die Voreltern des Menschen. Und der Mensch in seiner letzten vollendeten Gestalt ist nicht bloß die sichtbar gewordene Vernunft, er ist auch die sichtbar dargestellte Geschichte eines durch alle Zeiten gehenden inneren Aufschwungs und einer stetigen Erhebung zum Unendlichen. Der menschliche Körper, ein Tempel, würdig zur Wohnung des Ewigen zu dienen, ist kein Geschenk der Natur oder der Gottheit, sondern eine Errungenschaft ungezählter geistig-sittlicher Taten. Wie wäre es sonst auch möglich, daß der Anblick der edlen Menschengestalt und ihrer Bewegungen in seelenvollen Tänzen von der Vision einer unsichtbaren Welt durchleuchtet sein könnte. Dem jetzt Gebornen wird ohne sein Zutun die reiche Erbschaft eines äonenlangen geistigen und sittlichen Erwerbs als Geschenk dargebracht. Dieser Reichtum ist es, welcher ihn verantwortlich macht. Denn nur der Reichtum kann gut und schlecht verwendet werden, während man das Notdürftige gebrauchen muß, wie die Not es fordert. Nur der Mensch kann im eigentlichen Sinne gut oder schlecht sein.

Verfolgt der Mensch seinen Stammbaum rückwärts, so schreitet er durch eine Reihe von Wesen, welche allen andern Geschöpfen entgegengesetzt und von denselben durch ihre ganze innere Natur bestimmt abgesondert sind, weil in ihnen allein die Vernunftanlage in ungetrübter Reinheit und unbeschränkter Gehaltfülle erhalten wird. Schreitet man vorwärts in der Abfolge der Generationen, so geht aus einer Stammgattung, welche zu den Voreltern des Menschen zählt, sowohl Tierisches als Menschliches hervor, und die Schranke zwischen Tier und Mensch besteht nicht. Darin liegt nicht der geringste Widerspruch. Es ist wie mit einer Majoratsherrschaft. Schreitet ein Majoratsherr in seinem Stamm rückwärts, so trifft er auf lauter Majoratsherrn. Könnte aber ein früherer Majoratsherr seine Nachkommenschaft überleben, so würde er außer einer Reihe von Nachkommen, welche, zu Besitz und Herrschaft berufen, alle auf derselben Höhe des bürgerlichen Lebens stehen, viele andere Glieder seiner Nachkommenschaft finden, die in niederen Verhältnissen verkommen sind. In der Schöpfung gilt ein Recht der geistigen Erstgeburt. Alle, welche dieses Rechts teilhaftig sind, stehen auf derselben geistigen Rangstufe, sind zu Besitz und Herrschaft berufen und sind von allen dieses Rechtes Ermangelnden bestimmt geschieden. Das in dem Eingang dieses Abschnitts von den Voreltern des Menschen Gesagte, welches einen spezifischen Unterschied des Menschen von allen andern Geschöpfen voraussetzte, kann also seine unbeschränkte Geltung haben, wenn auch der Menschenstamm von den Stämmen der anderen Geschöpfe nicht in der Weise getrennt ist, daß alle seine Nachkommen nur Menschen sein könnten.

Aus dieser Ansicht von der Stellung des Menschen zu den Tieren erklärt sich die große äußere Familienähnlichkeit beider, die sonst, wenn jedes Geschöpf unabhängig vom Menschen originär erschaffen wäre, als eine abgeschmackte Nachäfferei erscheinen müßte. Denken wir uns, um nicht auf Früheres zurückzugehen, diejenige Stammgattung, in welcher die Liebe zu den Jungen zuerst die Organisation des Säugetiers hervorrief, so gehörte dieselbe ohne Zweifel zu den Voreltern des Menschen. Zu der Zeit dieser Organbildung war der Bauplan der menschlichen Knochen- und Gliederbildung schon entworfen. In dem Knochenbau aller Säugetiere ist dieser Bauplan streng erhalten. Nur erscheint bei denselben das menschliche Knochengefüge auf die mannigfaltigste Art in einzelnen Gliedern teils verkürzt und zusammengeschoben, teils gestreckt und gedehnt, teils verwachsen, wie es die besonderen Lebenszwecke des Tieres mit sich bringen. Das Durchgreifende des Menschentypus bietet natürlich nichts Verwunderliches, wenn alle Säugetiere aus jener Stammgattung sich abgezweigt haben. Sie müssen dann immer noch bei aller Beschränkung ihrer inneren Welt die Signatur des Menschen an sich tragen. Der Mensch aber ist das von der schaffenden Macht ursprünglich als wesentlicher Zweck Gesetzte, und insofern ist die ganze lebendige Welt durch ihn beherrscht und bestimmt. Der Mensch ist nicht bloß in der Gegenwart der Herr der Erde und Mittelpunkt der Schöpfung, er ist es zu allen Zeiten gewesen. Ich möchte hier erinnern an einen Ausspruch des jugendlichen Schelling, in welchem von dem Menschen, insofern er die Natur als eine ihm fremde feindliche Gewalt betrachtet, gesagt wird:

Weiß nicht, daß er es selber ist,
Seiner Abkunft ganz vergißt,
Könnte also zu sich selber sagen:
Ich bin der Gott, den sie im Busen trägt,
Der Geist, der sich in allem bewegt,
Vom ersten Ringen dunkler Kräfte
Bis zum Erguß der ersten Lebenssäfte.

Hingesehen auf diese innere Beziehung des Menschen und der Tiere und ihre Verwachsung in der Vorwelt, liegt die Natur vor uns als die große Sphinx, die uns ihr Rätsel aufgibt. Aber das Rätsel der Sphinx ist bekanntlich nichts anderes als der Mensch.

Nach dieser Darstellung der Vorfahrenschaft des Menschengeschlechts muß ich noch gedenken der vielverhandelten Frage über die Zeitdauer, während welcher die Erde von dem Menschengeschlecht bewohnt ist. In dem gemeinen Leben, und fügen wir hinzu, in der gemeinen Wissenschaft, ist diese Frage ganz roh und plump gemeint und verlangt eine ebensolche Antwort. Man denkt dabei an einen bestimmten Zeitpunkt, von welchem an es Menschen gegeben hat, während vorher überall keine Spur davon zu finden gewesen ist. In diesem Sinne erhält die Frage eine Wichtigkeit und Bedeutung, die ihr richtig verstanden gar nicht zukommt. In der Entwicklungstheorie stellt sich die Frage so: In welchen Entwicklungsstadien der organischen Natur und in welcher geologischen Periode haben die Voreltern des Menschen eine Gestalt und Bildung angenommen, die wir beim Anblick als eine menschliche im gewöhnlichen Sinne anerkennen würden?[29] Und insofern diese Frage ganz äußerlich und rein erfahrungsmäßig entschieden werden soll, heißt sie so: In welcher geologischen Periode finden wir zuerst Knochen und Schädel, deren einstige Träger wir für unseresgleichen halten müssen? Man ist lange, bis vor zehn oder zwanzig Jahren, fast allgemein der Meinung gewesen, daß vor dem Abschluß der Bildung aller übrigen Geschöpfe keine solche Spuren von Menschen zu finden seien und daß der Mensch in einer als menschlich anerkannten Gestalt nur ein Genosse der gegenwärtig lebenden Tiergattungen, nicht aber der vorweltlichen, gewesen sei. Die Entdeckungen der letzten beiden Jahrzehnte haben diese Meinung gewaltig erschüttert oder vielmehr gänzlich über den Haufen geworfen. Wir verdanken diese Entdeckungen hauptsächlich dem Umstand, daß bei der Anlage von Eisenbahnen eine Menge von Erdschichten umwühlt worden sind, welche früher ganz unberührt liegen blieben, weil wir in ihnen nichts zu suchen hatten. Bei der engen Berührung, in welcher die Frage über die Zeit der Entstehung des Menschengeschlechts mit weitverbreiteten theologischen und philosophischen Ansichten steht, hat man die beweisende Kraft dieser Tatsachen durch alle denkbaren, oft lächerlichsten Ausflüchte zu entkräften gesucht. So hat man gesagt, daß die vielen Menschenknochen, und zwar Knochen von Männern, Weibern und Kindern, welche in einer der sogenannten Knochenhöhlen in Belgien sich finden mitten unter den

Knochen von vorweltlichen Bären, Hirschen und Hyänen, wohl dahin gekommen sein müßten durch einen großen gemeinschaftlichen Schmaus von Menschenfressern, welche die abgenagten Knochen in die Höhle getragen und dort zusammengeworfen hätten. Man hat bei dieser Erklärung nur ganz vergessen, daß diese Menschenknochen genau ebenso wie die in ihrer Gesellschaft befindlichen Tierknochen durch ihre abgeriebenen Endteile die Spuren einer weiten Fortführung durch strömende Gewässer an sich tragen und daß sie also mit den vorweltlichen Tierknochen gemeinschaftlich durch dieselbe Flut in die Höhle geschwemmt worden sein müssen. Es ist hier gar nicht der Ort, in einen Kampf mit entgegenstehenden Meinungen einzugehen oder viele tatsächliche Belege vorzuführen und kritisch zu untersuchen. Wir begnügen uns, das wohl nicht mehr zu bezweifelnde Resultat auszusprechen, daß zu der Zeit, wo in Deutschland und Frankreich unter tropischen Gewächsen noch Mammute, Elefanten, Rhinozerosse und Krokodile nebst vorweltlichen Bären und Hyänen sich herumtrieben, der Mensch auch nicht gefehlt hat, und zwar ein Mensch, welcher den jetzt in den Tropengegenden gefundenen Ureinwohnern sehr ähnlich sieht. Man hat in Frankreich außer den Schädeln und Knochen auch eine Menge Steinwerkzeuge und besonders dreikantig geschliffene Steindolche gefunden, und selbst einen Menschenschädel, in welchen mit einem solchen Dolch ein dreikantiges Loch gestoßen war.

Fragt man nach dem Zeitmaß und der Anzahl der Jahrtausende, durch welche solche Zustände oder Begebenheiten von uns getrennt sind, so kann darauf im allgemeinen nur mit sehr unsicheren Angaben geantwortet werden. Das einzige, was eine Zeitbestimmung durch Zählung von Erdenjahren ermöglicht, sind die Jahrringe in den Baumstämmen. Von einer solchen Zeitbestimmung hat man ein merkwürdiges Beispiel. In dem Becken von New Orleans nämlich liegt eine Reihe von überschütteten Zypressenwäldern als Braunkohlenlager übereinander. In den einzelnen Wäldern hat man Baumstämme gefunden mit fünftausend Jahrringen. Also hat ein solcher Wald wenigstens fünftausend Jahre gestanden. Nun hat man in dem vierten Wald von oben gerechnet ein menschliches Gerippe mit wohlerhaltenem Schädel gefunden. Dieser Schädel zeigt schon deutlich die charakteristischen Eigentümlichkeiten der Ureinwohner von Amerika im Gegensatz zu denen von Asien und Europa. Wenn wir nun auch die Zeit, welche zur Bildung der zwischen diesen Wäldern liegenden Schichten nötig war, noch so gering anschlagen, so kommen wir doch mit jenem vierten Zypressenwald auf mindestens dreißigtausend Jahre zurück. Vor so viel Jahren war also der Rassentypus der amerikanischen Ureinwohner schon so weit entschieden, daß er sich kenntlich macht. Die Zeit, um welche wir die oben erwähnten Ureinwohner von Europa zurückzusetzen haben, ist aber aller Wahrscheinlichkeit nach noch viel größer. Es ist nach allem Vorliegenden nicht zu bezweifeln, daß der Mensch in einer seiner jetzigen schon sehr genäherten Gestalt und Bildung die Umwälzungen der Diluvialperiode miterlebt und durchgemacht hat, während er freilich als Urmensch alle Erdumwälzungen miterlebt hat. So lange also, als wir die Dauer der Diluvialperiode jetzt setzen oder später bei genauerer Kenntnis werden setzen müssen, ist die Erde bevölkert mit Wesen, die wir beim Anblick für Menschen erklären würden. Wen sollte diese Zeit auch zu lange dünken, wenn man bedenkt, daß wir da, wo der Mensch zuerst in geschichtlichen Überlieferungen uns begegnet, schon eine in abstrakten Begriffen sich bewegende, völlig ausgebildete Sprache, ein Gebäude von religiösen Vorstellungen und Ideen und eine vielfach gegliederte soziale Kultur finden, und wenn man dabei erwägt, wieviel Zeit wohl dazu gehört hat, dies alles zur Ausbildung zu bringen, da doch bei Kulturerweiterungen die ersten Schritte die schwersten sind und sehr langsam erfolgen. Gar viele uns jetzt geringfügig erscheinende Dinge, die wir unbewußt und fast mit der Muttermilch uns aneignen, sind bei ihrem ersten Eintreten in den Menschengeist großen Entdeckungen und Erfindungen gleichzuachten gewesen.

An den Uranfängen der Menschheitgeschichte angelangt, scheinen wir zugleich an dem Ende der natürlichen Schöpfung des Menschen angekommen zu sein. Aber es scheint nur so. In der Tat geht auch durch die im engeren Sinne historische Zeit und durch das ganze Altertum die natürliche Schöpfung des Menschen noch fort und vollendet sich in demselben. Die vorderasiatischen Völker, durch welche eine Zeitlang der Strom der Kulturgeschichte floß, vergegenwärtigen uns noch keineswegs das Naturideal der Menschheit. Die in der neusten Zeit aufgefundenen Bildwerke der vorderasiatischen Kulturvölker zeigen noch auffallende Anklänge an das Tierische. Wir sehen, von Vorderasien durch Kleinasien bis nach Griechenland fortschreitend, eine stetige Veredelung des Menschenantlitzes und der Menschengestalt, bis in den Griechen das vollendete Naturideal der Menschheit erreicht ist. Da das Wesen aller natürlichen Schöpfung darin besteht, eine innere Welt von Seelentrieben in plastisch bildender Tätigkeit sich entäußern zu lassen, so ist in dem Griechen die Plastik der Natur auf ihrem Höhepunkt angekommen, und den Griechen erst können wir als den Schlußstein der natürlichen Schöpfung des Menschen betrachten. Alle tierisch einseitigen Triebe sind in das schöne Ebenmaß und Gleichgewicht der echten Humanität aufgelöst. Aus diesem Mittelpunkt eines in der vollendeten Humanität zur Ruhe gekommenen Naturideals sind alle Eigentümlichkeiten des griechischen Lebens zu begreifen. Wenn die Völker des Altertums alle Erweisungen des Göttlichen, welche nie etwas anderes als Schöpfungen sind, als in der Natur wurzelnde und durch die Natur vermittelte ansahen, wenn ihnen die Geschichte der Menschen noch ein sympathetisches Ganzes bildet mit der Natur, die überall in bedeutungsvollen Anzeichen spricht, so haben sie damit nur ausgesprochen, daß das Göttliche noch als Naturmacht seine schaffenden Kräfte in ihrem Leben wirksam erwies. Hierin liegt der Grund und die Berechtigung der Naturreligionen und in der Anerkennung des Sinnes derselben auch das alleinige Mittel zu ihrem Verständnis.

Ist aber im Altertum das Naturideal der Menschheit erreicht und damit die schaffende göttliche Tätigkeit in der Natur erloschen, so sieht man sich gedrängt zu der letzten Frage: Was ist nach Erreichung seines Naturideals aus dem Menschen geworden, zu welchen Regionen wendet sich die hier beschlossene und doch nie rastende Schöpfungstätigkeit? Ist ein neuer Schöpfungstag angebrochen? Wahrlich eine neue Schöpfung ist mit Geistesgewalt in die Welt eingetreten. Hinweg von der Natur, durch welche sie ihre lange Wanderung beschlossen und welche sie, zu festem unverbrüchlichem Gang und Gesetz geordnet, als Dienerin zu ihren Füßen sieht, wendet sich die Schöpfungstätigkeit zur Tiefe der Menschenbrust und baut da ihren unsichtbaren Thron im Geist und in der Wahrheit. Mit vollem Recht kannst du diese Neuschöpfung, wo sie auch Platz greift in der Menschenbrust, als die Menschwerdung Gottes bezeichnen; du kannst dir diesen Ausdruck aber auch vorbehalten für denjenigen, von welchem diese Neuschöpfung auf Erden ihren Ausgang nahm, in welchem sie noch in der Fülle ihrer Unendlichkeit eingeschlossen ruhte und welcher mit einem tiefsinnigen und nach seiner wahren Bedeutung so selten verstandenen Namen sich des *Menschen Sohn* zu nennen pflegte. Mit der Forderung, einen neuen Menschen anzuziehen, ist die größte aller Schöpfungsrevolutionen in die Welt getreten. Wer ist dieser neue Mensch, dieser nochmals geschaffene oder wiedergeborne Mensch, dieser zweite Adam? Es ist derjenige, der nicht in sich, als dem höchsten zur vollendeten Erscheinung gekommenen Naturleben, sein Wesen und sein Ziel findet, sondern der sich wieder als verschlossenen zukunftschwangeren Keim, als den Embryo einer Geisterwelt empfindet und nach jener Region die schwellenden Sprossen seines jungen Lebens richtet.

Hiermit beschließen wir unsere Lehre von der Schöpfung des Menschen. Wir haben sie mit Vorbedacht bis zu diesem Punkt und bis tief in die Geschichte hinein fortgeführt. Nicht bloß, weil die Kontinuität der Gesetze der natürlichen und geschichtlichen Entwicklung, auf welche wir unsere Ansicht von der Schöpfung erbaut haben, diese Fortführung erlaubt und jede scharfe Zeitgrenze zwischen Natur- und Menschheitentwicklung verschwinden läßt, sondern auch, weil wir uns dadurch in einen entschiedenen Gegensatz stellen wollen gegen alle in den letzten Zeiten so vielfach verbreiteten heillosen Lehren, welche die unveräußerlichen Rechte der geistig-sittlichen Welt retten wollen entweder durch eine strenge Abschließung gegen alle Wissenschaft der Natur oder mehr noch durch eine aller Vernunft und Erfahrung gleicherweise Hohn sprechende schroffe Entgegensetzung gegen dieselbe. Soll, sagt Schleiermacher, der Knoten der Weltgeschichte so auseinandergehen, daß die Religion mit der Barbarei und die Wissenschaft mit dem Unglauben geht? Der Mensch kann sein Wahrheitsbewußtsein nicht teilen, und in allem, was diese Teilung anstrebt, liegt ebensoviel Heuchelei als Blasphemie. Wir stehen mit unserem Gegenstand in dem Schwebepunkt zwischen Natur und Menschheit, zwischen physischer und moralischer Welt. Und wenn irgendwo die Bande zwischen Natur und Geist sich enge knüpfen, so ist es in der Lehre von der Schöpfung des Menschen.

VORLESUNGEN ÜBER DIE ABSTAMMUNG DES MENSCHEN

I*

Die Aufgabe der Anthropologie kann nur sein, die *Anerkennung der unermeßlichen Kluft zwischen Mensch und Tier mit der Anerkennung des physischen Verwachsen- und Verschmolzenseins von Mensch und Tier zu verbinden.* Wie die Dinge heutzutage stehen, so kann man nur sagen, wer an der Blutsverwandtschaft von Mensch und Tier herummäkelt und dieselbe nicht rückhaltlos anerkennt, der ist ein verlorener Mann in der Anthropologie; und wer durch seinen naturwissenschaftlichen Standpunkt verhindert ist, die unendlich über die Tierwelt erhabene Geisteswürde des Menschen nach ihrer ganzen Bedeutung anzuerkennen, und demgemäß bemüht ist, den fundamentalen Unterschied des Menschen von den Tieren wegzudeuteln, der ist ein verlorener Mann in der Anthropologie. Es möchte hier vielleicht mancher im Stillen sagen: O! ich kann mir schon denken, worauf dieses Zusammenbestehen einer so totalen natürlichen Einheit und einer so ungeheuren geistigen Trennung der Tier- und Menschenwelt hinausläuft; dasselbe wird nur begreiflich werden durch eine absolute Entgegensetzung von Geist und Natur, und die Befriedigung der beiden an die Anthropologie gestellten Forderungen wird wohl nur zu erkaufen sein um den Preis eines schroffen und unerträglichen Dualismus! Diese vorauseilenden Gedanken gegenüber kann ich vorerst nichts anderes tun, als den Rat geben, es abzuwarten, ob die Lösung auf diese etwas wohlfeile Weisheit hinausläuft.

* In der vorliegenden Neuausgabe ist der Anfangsteil der von R. Seydel zusammengestellten Vortragsmanuskripte weggelassen. In ihm setzt sich Snell in einer etwas weitläufigen Weise mit einigen heute nicht mehr aktuellen Auffassungen auseinander, bevor er dazu übergeht, seine eigene Anschauung zu entwickeln. Unser Text setzt an dieser Stelle ein, wo Snell die Aufgabe bzw. die Fragestellung formuliert, auf die es ihm bei seinen Darlegungen ankommt (Hrsg.).

II

Ich will nochmals mit kurzen Worten andeuten, was der Charakter und die Tendenz der von mir beabsichtigten Darstellung der Anthropologie ist. Es handelt sich in derselben vor allem um die Erkenntnis des Zusammenhanges, der natürlichen und der geistigen Seite des menschlichen Wesens; und da in bezug auf die Naturausstattung des Menschen als fertigen Geschöpfs betrachtet, dieser Zusammenhang uns noch fast ganz verschlossen ist, so handelt es sich nur um den *Zusammenhang der natürlichen Herkunft des Menschen mit seiner geistigen Oberhoheit,* um eine Verbindung der in der Geschichte der Menschheit sich offenbarenden geistigen Entwicklung mit der vorausgegangenen natürlichen Entwicklung, um eine Anknüpfung der Bestimmung des Menschen an seine Herkunft, welche beiden Begriffe beziehungslos zu denken uns ein tiefes philosophisches Bedürfnis verbietet; genug, es handelt sich um eine wirkliche Verbindung der Deszendenzlehre mit der Anthropologie.

Nach der Lehre des Darwinismus bleibt in der Entwicklung der Lebewelt alles ungeändert, es mag zur Bildung des Menschen gekommen sein oder nicht. Der Mensch ist da nur ein Ausläufer der in alle möglichen Erfolge ausbrechenden zufälligen Variationen, so gleichgültig wie jeder andere solche Ausläufer, und eine ebenso äußerliche Zugabe zur Welt. Durch den Wegfall des Menschen wird an den Darwinschen Entwicklungsgesetzen so wenig geändert als durch den Wegfall von Iltis und Stachelschwein. Für die gewöhnliche, unbefangene Natur- und Weltanschauung ist es ein äußerst wenig anmutender Gedanke, daß dasjenige, was man für die Blüte und Krone der Schöpfung erklärt, eine so zufällige Zugabe zu derselben sein soll. Ich glaube, daß diese unbefangene Anschauung im Rechte ist. Meine Absicht ist nun, dem Gedanken Geltung und Anerkennung zu verschaffen, daß diese Blüte und Krone der Schöpfung, als das schließliche Ziel derselben, auch in den Vorstadien ihrer Entwicklung dem Entwicklungsgange der übrigen Lebewelt keineswegs so gleichgültig und beziehungslos gegenübergestanden hat, sondern daß das Ziel auch in den Vorstadien seiner Entwicklung auf den Entwicklungsgang der übrigen Lebewelt bestimmend eingewirkt und als ein wesentlicher Faktor in denselben eingegriffen hat; und anderseits ist meine Absicht, auch dem Gedanken Eingang zu verschaffen, daß das Unterscheidende, Höhere dieser Krone der Schöpfung schon in ihrem natürlichen Entwicklungsgange arbeitet und sich vorbereitet, nicht auf eine von außen zufließende Quelle zurückzuführen ist. Wie man sieht, liegt hier der Punkt, in welchem ich mich im schroffsten Gegensatze zu dem gesamten Darwinismus befinde. Denn es handelt sich darum, ob die Gestaltung der irdischen Lebewelt durch das Wesen ihrer Krone, des Menschen, mitbestimmt ist oder ob sie derselben gleichgültig gegenübersteht. Trotz der landläufigen Identifizierung des Darwinismus und der Deszendenzlehre glaube ich nicht nötig zu haben, nochmals darauf aufmerksam zu machen, daß dieser Gegensatz die ganze Deszendenzlehre unangetastet läßt.

Während ich so als die nächste Aufgabe meiner Darstellung der Anthropologie angegeben habe, schon in den Wurzeln des Lebens, in den dunklen Tiefen der Natur, Wesen und Anlage des Menschlichen als wirksam zu erkennen, so will ich damit nicht gesagt haben, daß ich die Ausbreitung des Menschenwesens in dem hellen Tageslicht des geschichtlichen Lebens ganz von meiner Darstellung ausschließe. Keineswegs. Aber ich werde in der Betrachtung des geschichtlichen Lebens der Menschheit mich im wesentlichen beschränken auf die Anknüpfung der geschichtlichen Entwicklung an die natürliche und an die Verfolgung des Fadens, der beide Entwicklungsreiche durchzieht. ... Und dieser Faden ist gegeben durch die Idee *einer immer fortgehenden, nie ruhenden Schöpfung*. Schöpfung ist nicht ein in irgendeiner Vergangenheit beschlossener Akt, sondern ein immer Gegenwärtiges und heute nicht minder mächtig und gewaltig, als ehe denn die Berge gegründet wurden und ein erster Schöpfungshauch über die Gewässer der Tiefe ging. Wenn sie ein immer Gegenwärtiges ist, so ist sie nicht ein immer in derselben Weise und in demselben Gebiete Schaffendes. Sie baut überall auf vorher geschaffener Grundlage fort, und die darüber sich erhebende Neuschöpfung berührt die nunmehr dem Schöpfungsbereich entrückte Grundlage nicht. Sie tritt außerdem aus dem Gebiet des Äußeren und Sinnlichen immer mehr in das des Inneren und Geistigen hinüber. *Die Idee eines die Entwicklung der organischen Natur und der geschichtlichen Menschheit durchwaltenden einheitlichen Schöpfungsprozesses,* einheitlich in Anlage, Ziel, Bestimmung und wirkenden Kräften, – diese Idee ist es, die alle Teile dessen verbindet, was ich unter Anthropologie verstehen will.

Gewiß ist, daß man anfangs mit der Anthropologie nur beabsichtigte, eine Ergänzung der Naturgeschichte zu geben, indem man das höchste und in jeder Beziehung wichtigste Geschöpf, welches in dem Rahmen der Naturgeschichte nur eine kurze Erwähnung finden konnte, zum Gegenstande einer besonderen eingehenden Betrachtung machte, um so seine auszeichnenden körperlichen und geistigen Anlagen und Fähigkeiten ausführlich darzulegen und entsprechend zu würdigen. Hierbei machte man nur dasjenige zum Gegenstand der Untersuchung, was dem Menschen, als fertiges Naturprodukt betrachtet, zukommt, und ließ die geschichtlichen Veränderungen der Menschenwelt ganz aus dem Spiel. Später hat man auch die geschichtlichen Metamorphosen des Menschen und das in ihnen sich Offenbarende in die Anthropologie hineingezogen, ohne jedoch mehr als eine äußere Nebeneinanderstellung beider Seiten des Menschenwesens zu erreichen. Wenn es nun möglich ist, und ich halte es für möglich, die gesamte natürliche und geistige Entwicklung durch ein beide Teile beherrschendes Gesetz zu verbinden, so erhält man in dem durch diese Idee Verbundenen eine in sich geschlossene Wissenschaft, welche man wohl ein Recht hat, Anthropologie zu nennen, da der Mensch das A und O derselben ist.

Ich füge dieser allgemeinen Inhaltsbestimmung meiner Darstellung und Auffassung der Anthropologie noch ein Wort hinzu über ihre gegen eine Zeitströmung gerichtete Tendenz. Es ist schon erwähnt und jedermann bekannt, wie allgemein verbreitet die Meinung ist, daß durch jede Art von Deszendenztheorie die Idee einer die Tierwelt unendlich überragenden Geisteswürde der Menschheit unheilbar geschädigt werde, wobei man als selbstverständliche Konsequenz der Deszendenztheorie annimmt, daß das Menschliche aus dem Tierischen als dem Ursprünglichen herauswachse, und sich zugleich, und zwar mit Recht, von der Idee leiten läßt, daß die Herkunft und die Bestimmung des Menschen nicht gleichgültig auseinanderfallen können. Jene Meinung ist wohl der alleinige Grund der Anfeindung der Deszendenztheorie und zugleich der Versuche, in irgendeiner Form zu der Vorstellung der unabhängigen Schöpfung der einzelnen Gattungen der Geschöpfe zurückzukehren. Ich betrachte es als eine Hauptaufgabe meiner Darstellung der Anthropologie, nachzuweisen, daß diese so weit verbreitete Meinung nicht bloß einer haltbaren Begründung entbehrt, sondern daß umgekehrt die richtig verstandene Deszendenztheorie allein imstande ist, der Idee der höheren Menschenwürde auch eine Naturgrundlage zu geben und diese Menschenwürde als eine in dem großen Zusammenhange des Weltlebens und des Weltzwecks begriffene erscheinen zu lassen. Die Ansicht der unabhängigen Schöpfungen dagegen, an welche man sich als an einen Rettungsanker anzuhalten sucht, entbehrt jeder auf dem Ganzen des Natur- und Weltlebens beruhenden Grundlage; sie schwebt, philosophisch betrachtet, gewissermaßen in der Luft und muß sich in bezug auf das höhere Menschenwesen ausschließlich an die geschichtliche Erfahrung halten.

Ein oft wiederholter Ausspruch nennt die Geschöpfe der Natur, der Worte des Horaz sich bedienend, »disjecti membra poetae«, wobei der ursprünglichen Wortbedeutung gemäß unter »poeta« »Schöpfer« verstanden wird. Die »membra« sind natürlich gedacht entweder als die in eine reiche Mannigfaltigkeit auseinandergegangenen Momente einer einheitlichen Schöpfungsidee oder als die charakteristischen sinnlichen Ausprägungen der einzelnen Seiten eines die Schöpfung durchziehenden und in ihr sich durcharbeitenden Wesens. Vielleicht könnte man mit mehr Recht die Geschöpfe der Natur »disjecti membra hominis«[30] nennen und »homo« dem im Dunkeln gelassenen »poeta« substituieren. Das erinnert an eine schroffe Paradoxie, welche auszusprechen *Schiller* sich nicht gescheut hat. Er tut nämlich in der Abhandlung über Anmut und Würde, von einer ganz anderen Seite der Betrachtung herkommend, den fast orphisch klingenden Ausspruch: Der Mensch ist Schöpfer und die Tiere sind Geschöpfe. – Doch eilen wir dem Folgenden nicht voraus; lassen wir uns nicht fortreißen zu dunklen Aussprüchen und Reflexionen, welche an dieser Stelle noch allzusehr der klaren Deutung ihres Sinnes ermangeln müssen.

Ich habe gesagt, daß auch für unsere Anthropologie die Deszendenztheorie als die wesentlichste Grundlage bestehen bleiben wird. Man könnte nun hier fragen: Ist denn überhaupt die Sache der Deszendenztheorie so über allen Zweifel sicher und ausgemacht, daß man über ihre Begründung und ihren Beweis hinwegsehend in so wichtigen und so entscheidenden Fragen unbedenklich darauf fußen darf? Ist es denn so eine Kleinigkeit, Gewißheit zu beanspruchen für Dinge, welche nie und nirgends in unsere unmittelbare Erfahrung fallen können? Es ist nicht zu verwundern, daß der ganze Gedanke der Abstammungslehre als ein verwegener und sich maßlos überhebender erschienen ist. Als gegen Ende des vorigen Jahrhunderts die ersten Hindeutungen auf die Deszendenztheorie sich hervorwagten, sagte *Georg Forster*, das wäre eine Wissenschaft für Götter, aber nicht für Menschen. Wenn *Georg Forster*[31] heute wiederkäme, so müßte er entweder sagen, daß die Menschen Götter geworden seien oder daß er sich diese Wissenschaft, in welcher alles sehr menschlich, oft allzusehr menschlich zugeht, nicht so gedacht habe. In ähnlichem Sinne an der Möglichkeit der Abstammungslehre zweifelnd hat man im Hinblick auf die bei den Ausläufern der deutschen Naturphilosophie zutage tretende Überschwenglichkeit der Vorstellungen manchmal wohl gesagt: kann und will denn der Naturforscher das auf sich anwenden, was Schiller sagt von dem Dichter – in den Worten:

> Ihm schenkten die Götter das reiche Gemüt,
> Wo die Welt sich, die ewige, spiegelt,
> Er hat Alles gesehen, was auf Erden geschieht
> Und was uns die Zukunft versiegelt,
> Er saß in der Götter uraltestem Rat
> Und behorchte der Dinge geheimeste Saat –?

Hat der Naturforscher wirklich in diesem Rate gesessen, oder ist auch nur von den Beschlüssen desselben etwas zu ihm gedrungen? Der Dichtkunst, sagt man, mag es ziemen, durch begeisterte Seherblicke in den erhabenen Gang des Weltlaufs unser Gemüt zu bewegen und in ein Reich ahnungsvoller und sinnvoller Träume zu versetzen, aber von der Naturforschung verlangen wir die Prosa der gemeinen, handgreiflichen Wirklichkeit, und als solche wird die Deszendenztheorie niemals erscheinen, indem sie nicht umhin können wird, die ungeheuern Lücken ihres Wissens durch phantastische Träumereien auszufüllen und eine monströse Vermischung von Poesie und Naturwissenschaft zutage zu fördern.

Aber nicht bloß die Vermischung mit Poesie, auch die mit Philosophie hat man geglaubt nicht abhalten zu können von der Naturforschung, wenn dieselbe sich der Ausbildung der Deszendenztheorie hingeben wollte. *Cuvier*[32] gibt wirklich als Hauptgrund seines Widerstandes gegen die Deszendenztheorie dies an, daß durch dieselbe der Philosophie Tür und Tor geöffnet werde zum Eindringen in die Naturwissenschaft. Und das glaubte er mit allen Kräften verhindern zu müssen, weil die zu seiner Zeit im Schwange gehende Naturphilosophie zu viel Abschreckendes für ihn hatte. Nun scheint es zwar, daß *Darwin* den Beweis geliefert hat, wie man auch ohne alle Berührung mit der Philosophie die Deszendenzlehre darstellen könne. Da dies jedoch nur durch Coupieren von gewissen naheliegenden und zuletzt auch nicht zu umgehenden Fragen möglich gewesen ist, so hat Cuvier im ganzen doch richtig gesehen, wenn er meinte, daß es in der Deszendenzlehre auf die Dauer ohne Philosophie nicht abgehen werde, wie denn auch jetzt schon die Erfahrung gezeigt hat, daß selbst die strengen Anhänger von Darwin es nicht unterlassen können, fortwährend kleine Streif- und Raubzüge in das Gebiet der Philosophie zu unternehmen.

Nun! All dies Bangemachen mit Poesie und Philosophie hat zuletzt nichts geholfen. Die Naturforschung hat sich nicht abhalten lassen, sich frisch an das Werk der Deszendenzlehre zu begeben, und die Naturgeschichte hat durch die dabei sich eröffnenden neuen und fruchtbringenden Gesichtspunkte eine solche Umgestaltung erfahren, daß sie ihr vordarwinisches Bild kaum noch als das ihrige erkennen kann. Was den Erfahrungsbeweis der Deszendenzlehre betrifft, so ist freilich ein direkter insofern nicht zu geben, als man nicht vor jemandes Augen und innerhalb der Grenzen einer übersichtlichen Erfahrung die eine Art in eine andere überführen kann. Wenn man aber bedenkt, daß so viele auffallende Tatsachen, in entscheidendster Weise die der paläontologischen Geographie der Pflanzen und Tiere, von der Deszendenztheorie befriedigend erklärt werden und als eine natürliche Konsequenz derselben erscheinen, während dieselben Tatsachen unter Voraussetzung von unabhängigen Schöpfungen nur einfach ad notam genommen werden können, so muß man zugeben, daß der indirekte Erfahrungsbeweis der Deszendenztheorie vollkommen erbracht sei. Läßt man doch auch sonst allerwärts eine Annahme, aus welcher die Erfahrungstatsachen genügend erklärt werden können, als eine durch die Erfahrung begründete gelten. – Diese Erfahrungsbeweise indessen, so interessant und lehrreich sie auch sein mögen, werde ich nicht weiter berühren, insbesondere da zum Verständnis derselben manche geologische, paläontologische und naturhistorische Kenntnisse vorausgesetzt werden, von deren Vorhandensein ich das Verständnis meiner Vorlesungen nicht abhängig machen möchte.

Auch ist die Idee der Deszendenz oder der Entwicklung in der Natur bei ihrem Entstehen nicht auf diese Erfahrungsbeweise gestützt gewesen. Ist denn überhaupt irgendeine große, umfassende Idee auf die Art entstanden, daß sie ihren verstandesmäßigen Beweisen nachgefolgt und nicht vielmehr denselben vorausgegangen ist? Verlassen von der führenden Hand der Erfahrung, folgt der Geist bei der Konzeption einer Idee einem im Innern vernommenen hohen Glaubenswort; dieses treibt ihn dann auch zur Aufsuchung der Beweise, welche er ohne dasselbe gar nicht suchen würde. Man muß erst wissen, was man sucht, um etwas zu finden. So ist es auch bei der Deszendenzlehre ergangen, wie man deutlich genug aus ihren Anfängen sieht.

Wenden wir uns also, unter Voraussetzung ihrer Wahrheit, ohne weiteres zur Deszendenztheorie und zunächst zu einigen allgemeinen Bemerkungen über dieselbe.

Alle Deszendenztheorie stellt neben das Gesetz der Vererbung, dessen ausschließliche Geltung die vollkommene Beständigkeit der Art im Gefolge haben würde, die Tatsache der *Variabilität.* Natürlich muß die letztere angenommen werden, wenn überhaupt von einer Entwicklung die Rede sein soll. Das Gesetz der Vererbung sagt: die Vorfahren sind das, was ihre Nachkommen sind; das Gesetz der Variabilität, wenn man von einem Gesetz dabei reden will, sagt: die Vorfahren sind das nicht, wenigstens teilweise nicht, was ihre Nachkommen sind. Das eine ist das reine Gegenteil des andern. Nun können zwei Gesetze, von denen jedesmal das eine gilt, wenn das andere nicht gilt, sehr wohl nebeneinander bestehen, wenn man die Fälle bestimmt, in welchen das eine oder das andere zu gelten hat, wenn man überhaupt den Geltungsbereich für jedes derselben festzusetzen imstande ist. Ohne eine solche Festsetzung kann man hier z. B. gar nicht bestimmen, wo und wie weit Veränderungen Platz greifen können und wo und inwieweit nicht. Ohne diese Festsetzung muß man sich blindlings von dem Strome der Tatsachen und Begebenheiten treiben lassen und hat bei allen Veränderungen nur das Nachsehen. Verändert sich etwas bei der Fortpflanzung, gut, siehst du, jetzt gilt das Gesetz der Variabilität; erhält sich etwas mit großer Hartnäckigkeit bei allen Vererbungen, auch gut, jetzt gilt das Gesetz der Vererbung. Wird die Variabilität ganz unbestimmt, ohne alle Festsetzung ihres Geltungsbereichs genommen, so kann aus allem alles werden. Die so unbestimmt gefaßten sogenannten Gesetze der Variabilität und der Vererbung erklären nichts, weil sie alles erklären. Es mag kommen was will, es muß immer passen, wenn ich zwei entgegengesetzte Prinzipien zu schrankenloser Verfügung habe.

Nun ist es gewiß, daß es bis jetzt an jeder allgemeinen und prinzipiellen Festsetzung über den Geltungsbereich der Variabilität und der Vererbung noch fehlt, und ebenso gewiß, daß es noch lange daran fehlen wird, weil die Sache überhaupt sehr schwierig ist und wohl eine Erhebung in höhere Begriffsregionen erfordert, als bisher erstiegen sind. Aber darum rede man auch nicht von den großen Gesetzen der Variabilität und der Vererbung. Statt großer Gesetze hat man da nur große Worte.

Darwin selbst sagt, die Fähigkeit eines jeden Organismus, zu variieren, ist *unbegrenzt.* In dieser Unbestimmtheit ausgedrückt kann der Satz etwas Richtiges und etwas Falsches sagen. Wenn der Satz sagen soll, daß kein Organismus, wie groß auch die in seiner Vorfahrenreihe schon durchgemachten Veränderungen sind, an einem Punkte ankommt, wo er einer weiteren Veränderung nicht mehr fähig ist, so mag das wohl richtig sein; hierbei muß man jedoch zugeben, daß in dieser Hinsicht sehr große Unterschiede unter den Arten der lebenden Geschöpfe bestehen, indem einige leicht variieren und insbesondere neuen Einflüssen und Umgebungen sich leicht akkomodieren, andere hingegen alle ihre Charaktere und ihre Konstitution mit großer Hartnäckigkeit festhalten und der Gewalt und dem Druck ungewohnter Einflüsse eher erliegen, als sich ihnen fügen und akkomodieren. Wenn aber der Ausspruch Darwins von der unbegrenzten Fähigkeit, zu variieren, heißen soll, daß diese Fähigkeit eine allseitige ist oder die Variationen nach allen Richtungen erfolgen können und daß ein schon getaner Bildungsschritt niemals Schranken setzt für alle folgenden Bildungsschritte, so ist er entschieden falsch. Vielmehr kann, wie wir gleich ausführen wollen, ein Bildungsschritt verhängnisvoll werden für alle folgenden und denselben unübersteigliche Schranken setzen, innerhalb deren sich alle folgenden Variationen zu halten haben. Wird die Reihe der Variationen unter dem Bilde der Zeit gedacht, so daß an jede noch so lange Reihe der Variationen immer noch eine sich ansetzen kann, so mag es mit der Unbegrenztheit der Variationen wohl seine Richtigkeit haben. Wird dieselbe aber unter dem Bilde des Raumes gedacht, so daß von einem jeden Punkte aus noch Variationen nach allen Richtungen möglich sein sollen, so ist die Ansicht schlechterdings abzuweisen.

Nun scheint es fast, als habe man in den ersten Zeiten der Ausbreitung des Darwinismus den unbestimmten Ausspruch Darwins von der unbegrenzten Variabilität in dem Sinne einer durchaus zügellosen Variabilität genommen; im besten Falle macht es den Eindruck, als hätte man die beiden erwähnten Bedeutungen der Unbegrenztheit, die zulässige und die unzulässige, nicht deutlich unterschieden, und von dem Begriff der Variabilität einen Gebrauch gemacht, bei welchem es vom guten Glück abhing, ob er mehr nach der Seite des richtigen oder des falschen Sinnes inklinierte. Die Variabilität als eine zügellose zu denken, dazu konnte man auch verleitet werden durch den Ausspruch Darwins, daß jede Variation ihre Entstehung einem Zufall verdanke. Ein Zufall kann da und dorthin führen, Schranke und Richtung kennt er nicht. Wie man im gemeinen Leben sagt: man kommt am weitesten, wenn man nicht weiß, wo man hin will, so konnte man auch von der Variabilität denken, daß ihre Wirksamkeit am weitesten reicht, wenn sie nicht weiß, wo sie hin will.

Indessen lange konnte dieser Zustand, die Variabilität als eine schrankenlose zu denken, nicht dauern. Es mußte doch bald gar zu ungeheuerlich erscheinen, die Variabilität so weit auszudehnen, daß etwa Echinodermen oder Crustaceen, Insekten oder Mollusken[33] sich in Wirbeltiere verwandeln könnten, was sich dann vollziehen müßte durch die allerunglaublichsten Verkümmerungen und allmähliches Verschwinden von einzelnen Organen und Ausbildung von neuen Organen durch Verwachsung von getrennten Organen und Zerspaltung eines Organs in mehrere besondere. Ja, es müßte ein solcher weit ausgebildeter Organismus sich erst wieder in eine Art Brei auflösen, um den Grund legen zu können zu dem Bau eines Wirbeltieres. Selbst wenn man nicht an so gewaltsame Schritte denken wollte wie die Verwandlung eines der genannten Wirbellosen, so würde es doch allerwärts für undenkbar erklärt werden, daß aus Wiederkäuern oder Pachydermen oder irgendeiner Gattung von Huftieren Lemuren[34], Halbaffen und Affen hervorgehen könnten oder jemals hervorgegangen seien. Man mußte die Annahme machen und gelten lassen, daß es gewisse Organisationsprinzipien oder organische Baupläne gibt, von denen aus ein Übergang zu anderen Bauplänen gar nicht erfolgen kann. Mit dem Eintritt in einen solchen Bauplan oder ein solches Organisationsprinzip sind zwar weitere Variationen nicht abgeschnitten, aber dieselben müssen sich alle in den Schranken dieses Bauplans halten. Aus dem Bauplan der Arthropoden kann man nicht in den der Wirbeltiere übergehen oder aus dem der Wirbeltiere in den der Mollusken. Man hat dabei die Analogie der Sprachen herangezogen, welche ja auch nach ursprünglich verschiedenen Bauplänen aufgebaut sind. Jede kann innerhalb ihres einmal angenommenen Prinzips der Zusammensetzung die größten Ausbildungen erfahren, aber niemals kann durch solche Ausbildungen eine agglutinierende Sprache z. B. in eine flektierende Sprache übergehen. Der Eintritt in ein solches bestimmt zu umschreibendes Organisationsprinzip erscheint dann als ein unwiderrufliches Verhängnis, aus welchem keine Rückkehr denkbar ist durch noch so mannigfaltige Variationen; es liegt ein Bann darauf, welcher bei allen noch möglichen Entwicklungen doch eine gewisse Grenze des Lebenshorizontes zu überschreiten ein für allemal verbietet. Mit einer zügel- und schrankenlosen Variabilität hat es hier ein Ende, und allen weiteren Variationen sind die Wege gewiesen. – Über diesen Punkt gibt es im wesentlichen jetzt keine Meinungsverschiedenheit mehr. So lange man in der Deszendenzlehre allen Fortschritt zu höheren Organisationen sich einfach vollziehen ließ durch die bei den zufälligen Variationen mögliche Auslese des Zweckmäßigsten, Besten und Stärksten im Kampfe ums Dasein, und dabei diese Prozedur der Vervollkommnung als eine allgemein geltende und auf alles anwendbare betrachtet, konnte man die Frage aufwerfen: Warum bestehen denn bei dem allen offen stehenden Wege der Vervollkommnung die niederen Organismen noch fort neben den fortgeschrittenen? Wie könnt ihr das Zusammenbestehen des Zurückbleibens und des allgemeinen Fortschritts erklären? Man wird sich doch nicht berufen wollen auf das Beispiel der Politik, wo ein rückwärts gehender Fortschritt und ein vorwärts gehender Rückschritt eine so bekannte und eine so weit verbreitete Erscheinung ist. Warum haben sich denn die Cölenteraten[35], Echinodermen und zahllose Würmer, die doch wahrlich Zeit dazu gehabt hätten, nicht auch auf die Beine gemacht und sind durch die Auslese des Besten zu höheren Organismen fortgeschritten? Warum besteht heute noch wie im Uranfang das denkbar Niedrigste, Moneren und Amöben, fort? – Daß man diese Frage aufwerfen konnte und so oft aufgeworfen hat, beweist nur, daß man sich die Variabilität schrankenlos dachte und sich nicht deutlich gemacht hat, daß die Entscheidung für einen bestimmten organischen Bauplan verhängnisvoll wird für alle weiteren Variationen. Was, wie die von Cuvier Strahltiere[36] genannten Geschöpfe, einen Bauplan zeigt, in welchem nur der Gegensatz von Zentrum und Peripherie erkenntlich ist, wird niemals in einen bilateralen Bauplan übergehen können, und so bestehen die Strahltiere seit Uranfang ruhig fort.

Das Zugeständnis, daß es ganze Klassen von Geschöpfen gibt, welche in ihrer Organisation festgerannt sind und zu einer andern nicht übergehen können, ist gegenwärtig ein allgemeines, wie man auch an den Versuchen zur Entwerfung von Stammbäumen der Geschöpfe sehen kann, wo so manche Ordnungen oder Klassen als Ausläufer zur Seite dargestellt werden, die als seit den

Urzeiten bestehend betrachtet werden, ohne daß aus ihnen etwas anderes geworden wäre.

Dies Zugeständnis, daß es Organisationsprinzipien gibt, von denen ein Übergang zu anderen nicht möglich ist, scheint ein sehr unschuldiges und leichtwiegendes zu sein, und man versieht sich von demselben keiner gefahrdrohenden Eingriffe in die herrschenden Vorstellungen der Entwicklungstheorie. Es wird sich aber bald zeigen, und ich bitte darauf besonders zu achten, daß dieses Zugeständnis ein sehr weittragendes und danach angetan ist, gewisse fundamentale Lehren der Deszendenztheorie zu erschüttern oder über den Haufen zu werfen. Man hat dieses Zugeständnis gemacht, ohne zu bedenken, daß die Vorstellungen, die ohne Berücksichtigung dieses Umstandes gebildet worden waren, sich schlecht damit vertragen, und ohne dieselben wesentlich zu modifizieren.

Das nächste, was uns beschäftigen muß, ist dies, daß die verschiedenen Organisationsprinzipien nicht bloß dem Range nach aufeinander folgen, sondern daß sie auch der Zeit nach aufeinander folgen. Es hat in der Entwicklung des Erdenlebens eine Zeit gegeben, in welcher es nur wirbellose Tiere und noch keine Wirbeltiere gegeben hat. Es hat eine Zeit gegeben, in welcher von den Wirbeltieren nur Fische, Amphibien und Reptilien existierten und noch keine Säugetiere. Strahltiere verschiedener Art haben existiert, ehe es Gliedertiere und Mollusken gegeben hat. Ähnliche zeitliche Stufenverhältnisse findet man ebensowohl im Pflanzenreiche als im Tierreiche. Es findet also zweifelsohne ein in der Zeit erfolgender Fortschritt statt insofern, als höhere Organisationsprinzipien später zum Vorschein kommen als niedere; es würde aber sehr fehlgeschossen sein, wenn man glauben wollte, daß überhaupt alles Spätere vollkommener sei als das Frühere, und daß der zeitliche Fortschritt ein allgemeiner sei. Man hat oft darüber gestritten, ob man berechtigt sei zu sagen, daß Fortschritt in der zeitlichen Aufeinanderfolge das Prinzip des Erdenlebens sei. Man brachte Beispiele von Fortschritt und Rückschritt und blieb dann meistens bei der Behauptung stehen, daß etwas Allgemeines und Prinzipielles darüber nicht auszumachen sei. Es scheint mir nicht so gar schwierig, allgemein anzugeben, wo und in welcher Beziehung das eine oder das andere stattfindet. Man denke sich einen nicht gerade zu etwas Hohem angelegten organischen Typus. Derselbe wird seine ihm mögliche höchste Entwicklung, eben weil sie überhaupt keine hohe ist, verhältnismäßig bald erreichen. Nun leben aber doch Geschöpfe, welche diesen Typus oder dieses Organisationsprinzip an sich tragen, fort in den folgenden geologischen Epochen; die dann eintretende veränderte Zusammensetzung in den allgemeinen Lebenselementen, in Luft und Wasser, die Veränderung des Klimas und so vieler Umgebungen, werden die Geschöpfe nötigen, sich diesen veränderten Verhältnissen anzupassen. Die durch die veränderten Umgebungen abgezwungenen Veränderungen der Geschöpfe werden dann wohl die äußere Zweckmäßigkeit mancher organischen Einrichtungen vergrößern, aber sicherlich keine Vervollkommnung des ganzen organischen Baues hervorbringen; und dies umso weniger, wenn, wie wir annahmen, die innerhalb des betreffenden Typus überhaupt mögliche höchste Entwicklung schon vorher erreicht war. Der Erfolg wird dann schließlich der sein, daß von den Repräsentanten dieser vollkommenen Ausbildung sich einige noch erhalten im Fortgange der Zeit, andere, und meistens die Mehrzahl, aussterben, und die große Masse der Überlebenden einen Zustand der Herabgekommenheit zeigt, wie ihn der Druck äußerer Verhältnisse gewöhnlich im Gefolge hat. Sie sind froh, wenn sie nur das Leben haben.

Es fehlt nicht an Beispielen von diesem Verlauf der Dinge. In der Klasse der Mollusken waren in einer sehr frühen Zeit, wenn auch nicht in der allerfrühesten, diejenigen Repräsentanten dieses Typus, welche die größte organische Vollkommenheit zeigen, nämlich die Cephalopoden[37], durchaus vorherrschend und in einer unübersehlichen Menge von Arten entwickelt. Die bei weitem größte Anzahl derselben ist ausgestorben, und wenn wir nicht noch den Tintenfisch und den Nautilus hätten, so würden wir uns die meisten Überreste der vorweltlichen Mollusken gar nicht zu deuten wissen. Statt jener Cephalopoden und allenfalls auch Cephalophoren bilden gegenwärtig, und schon seit sehr langer Zeit, die armseligen Brachiopoden und die Lamellibranchien[37] die weit überwiegende Mehrzahl der Geschöpfe vom Molluskentypus. Während ein mächtiger Tintenfisch mit hochentwickelten Sinnen und einem vielseitig bewegten Leben nur noch wie ein Fremdling erscheint in der gegenwärtigen Welt, macht sich die stumpfe, in den engsten Lebenshorizont eingeschlossene Auster gehörig breit.

Um ein zweites Beispiel zu geben, so ist es bekannt, daß diejenigen Fische, welche als die vollkommensten angesehen werden, die Knorpelfische, und besonders die Selachier[38], in den ältesten Zeiten durchaus herrschend waren, und daß die entschieden als unvollkommener anzusehenden Knochenfische erst später auftreten, gegenwärtig aber, und schon seit sehr lange, die ganz überwiegende Mehrzahl der Fische bilden. Ferner die früher gewaltig entwickelten und weit verbreiteten Reptilien vom Sauriertypus, welche in der sekundären Periode zu Wasser und zu Lande eine Schreckensherrschaft übten, wird doch niemand für unvollkommener halten als die heute noch vorhandenen Reptilien desselben Typus. Wo ist alle ihre Herrlichkeit hingekommen? Ihre schwächlichen Nachkommen müssen sich allerwärts verkriechen und werden mehr nur geduldet, als daß sie noch etwas zu sagen hätten. Nur in ein paar Ecken der Welt kann zuweilen noch einmal ein Krokodil oder ein Alligator sich unangenehm bemerkbar machen. Dieser Typus hat die innerhalb desselben mögliche Ausbildung unter für ihn günstigen Verhältnissen längst erreicht, und alles, was ihm zu tun noch übrig geblieben, ist, durch Anpassung an minder günstige Verhältnisse sich, so gut es gehen will, fortzuschleppen und ein verkümmertes Dasein sich gefallen zu lassen. Man kann schon an dieser Stelle bemerken, wie viel daran fehlt, daß allgemein und überall die Anpassung und das Überleben des am besten Angepaßten der direkte Weg zur Vervollkommnung sei. Man könnte vielleicht eher behaupten, daß da, wo im Mangel aller inneren Motive die

Anpassung allein das Motiv der Veränderung ist, diese Anpassung nicht auf die Höhen des Reichtums, sondern an den Bettelstab führt. In dem zeitlich aufeinander folgenden Hervortreten der einzelnen Organisationsprinzipien oder der organischen Baupläne ist *nur* Fortschritt zu erkennen, insofern bei jedem später zum Vorschein kommenden Bauplan die Grenze der innerhalb dieses Bauplans möglichen Vervollkommnung höher hinaufgerückt ist. Innerhalb der Grenzen eines schon feststehenden Bauplans aber kann in der Aufeinanderfolge der Geschöpfe Fortschritt und Rückschritt stattfinden. Bis zur Erreichung der der organischen Ausbildung gesetzten Grenze ist Fortschritt vielfach erkennbar. Alle von da aus eintretenden Veränderungen sind zum größten Teil als Rückschritt zu bezeichnen.

Durch die zeitliche Aufeinanderfolge in dem Auftreten der verschiedenen Organisationsprinzipien werden wir auf eine andere naheliegende Frage geführt. Man kann z.B. fragen, was waren die Vorfahren der Wirbeltiere zu der Zeit, als noch keine Wirbeltiere existierten? Da die Deszendenztheorie keine späteren Neuschöpfungen gelten läßt und für alle Geschöpfe eine gemeinschaftliche ursprüngliche Geburtsstätte annimmt, so müssen die Vorfahren aller Geschöpfe bis in diese ursprüngliche Geburtsstätte alles Lebens hinaufreichen. Also müssen die Vorfahren der Wirbeltiere jedenfalls wirbellose Tiere gewesen sein. Die den bestimmt umschriebenen Bauplänen der Strahltiere, der Gliedertiere und der Mollusken angehörigen Geschöpfe können zugestandenermaßen niemals in Wirbeltiere übergehen. Was sind also die Vorfahren der Wirbeltiere gewesen in allen der Ausbildung des Wirbeltiertypus vorausgehenden Stadien der Entwicklung der Lebewelt? Da sie jedenfalls niemals Strahltiere, Gliedertiere oder Mollusken gewesen sind, so bleibt, wenn man sie überhaupt in das gegenwärtig Lebende einrangieren will, nichts übrig, als sie in den allgemeinen Sack zu werfen, in welchen man alles zusammenwirft, was keinem bestimmt definierbaren Bauplan angehört, und was man alles zusammen *Würmer* nennt. Es ist ganz unverfänglich, zu sagen, die Vorfahren der

Wirbeltiere seien Würmer gewesen, weil damit überhaupt nichts gesagt ist. Denn man müßte erst positiv sagen, was man unter Würmern versteht, und das kann niemand, weil man von ihnen nur sagen kann, was sie *nicht* sind. Die Antwort, daß die Vorfahren der Wirbeltiere Würmer gewesen seien, sagt also nichts, was man nicht schon wußte, ehe die Antwort erfolgte, nämlich daß sie Strahltiere, Gliedertiere und Mollusken nicht gewesen seien. Von der anatomisch-physiologischen Beschaffenheit dieser Vorfahren können wir vorerst und wahrscheinlich noch auf lange hin nichts wissen. Aber dennoch können wir einiges und nicht gerade Unwichtiges von ihnen mit einiger Bestimmtheit aussagen.

Zuerst ist klar, daß in den Vorfahren eines erst später hervortretenden Organisationsprinzips die Fähigkeit, dieses Organisationsprinzip zur Ausbildung zu bringen, immer offen erhalten gewesen sein muß und daß, damit dies stattfinde, jede Annäherung an ein anderes, schon bestehendes Organisationsprinzip ausgeschlossen sein muß. Ein Geschöpf, welches auf diese Weise mit einem erst auszuwirkenden Organisationsprinzip gewissermaßen schwanger geht und ein Zukunftsleben in sich trägt, kann nicht mit allen seinen organischen Einrichtungen in den Bedürfnissen der Gegenwart aufgehen. Es muß, verglichen mit den Trägern von ausgebildeten und abgeschlossenen Typen, den Eindruck machen von etwas in bezug auf seine Außenwelt und deren Benutzung Unbeholfenem, und außerdem in seiner ganzen Erscheinung etwas Unaufgeschlossenes, in bezug auf Zweckmäßigkeit Unfertiges und etwas unbestimmt Entwickeltes an sich tragen. Aber auch von der Innenwelt eines solchen Geschöpfs können wir im allgemeinen etwas sagen. Wir müssen bedenken, daß diejenigen Geschöpfe, welche einen fertig entwickelten Typus an sich tragen, der nicht mehr überschritten werden kann, gewissermaßen ganz in der sinnlichen Gegenwart leben und mit allen ihren Bedürfnissen und Interessen darin aufgehen, weil sie nicht etwas zukünftig zu Realisierendes in sich tragen. Für die kleine Außenwelt, welche den Kreis aller ihrer Lebensbedürfnisse umschließt, sind sie zweckmäßig organisiert und in derselben vollständig eingerichtet. Daraus folgt aber, daß auch ihre Innenwelt, ihre Triebe, ihre Empfindungen, ihr Dichten und Trachten, in demselben Kreise der kleinen Außenwelt beschlossen ist und in bezug auf Zweckmäßigkeit sich mit ihrer zweckmäßigen Organisation deckt. Wir nennen gewöhnlich die Fähigkeit, zweckmäßige absichtliche Verrichtungen mit der Sicherheit eines unbewußten organischen Prozesses auszuführen, Instinkt. Der sicherste Instinkt zeigt sich da, wo die Innenwelt des Geschöpfes ebenso knapp zugeschnitten ist wie die in sein Interesse fallende Außenwelt und sich in den Organen verkörpert hat, sich mit denselben deckt. Diesem Zustande eines von innen und außen ganz praktischen und auf die Gegenwart gerichteten Lebens steht gegenüber der Zustand eines mit einem noch unausgewirkten Organisationsprinzip als mit einem Zukunftsideale trächtigen Lebens. So wie seine körperliche Organisation etwas Unaufgeschlossenes, etwas Unfertiges (Embryo), für die Benutzung seiner Außenwelt Unbeholfenes zeigen muß, eben weil sie auf einen andern, größeren Lebenshorizont hinarbeitet, so wird auch seine Innenwelt einen ähnlichen Charakter zeigen, etwas Träumerisches, Ahnungsvolles und in dunklen Bildern einer noch unerschlossenen Außenwelt Umhertastendes haben. Ist doch auch das Ahnungsvolle und Unfaßbare, was im Gemüt des Menschen sich regt und es wie eine Äolsharfe in unbestimmte Schwingungen versetzt, nichts anders als die Regung eines auf die Erweiterung des Lebenshorizontes und auf dunkle Zukunftsideale gerichteten Dranges!

Wir müssen also in der ganzen Entwicklungstheorie einen Gegensatz unter den Geschöpfen statuieren: einen Gegensatz zwischen solchen Geschöpfen, denen der Zugang zu einem höheren Organisationsprinzip verschlossen ist und die innerhalb ihres Organisationsprinzips als fertige und abgeschlossene zu betrachten sind, und solchen Geschöpfen, bei welchen der Zugang zu einem höheren Organisationsprinzip noch offen erhalten ist, und die nicht das Bild einer allseitig vollendeten Anpassung an die Außenwelt darstellen können.

Von der letzteren Klasse von Geschöpfen, welche doch in der vorweltlichen Entwicklung des Erdenlebens notwendig vorhanden gewesen sein und eine nicht unbedeutende Rolle gespielt haben müssen, werden wir in betreff ihrer anatomischen und physiologischen Beschaffenheit wohl noch lange sehr unbestimmte Vorstellungen haben. Denn die Anatomie und Physiologie sind bei weitem nicht auf dem Punkte, wo sie bestimmen können, welche Bildungsschritte die Entwicklung eines noch nicht vorhandenen Organisationsprinzips zu fördern imstande sind oder welche dieselbe unheilbar schädigen müssen. Die Hinweisung auf lebende Geschöpfe wird immer schiefe Nebenvorstellungen im Gefolge haben, da unter denselben keines ist, welches in der Ausbildung eines in ihm noch nicht vorhandenen höheren Organisationsprinzips begriffen ist. Da niemand wird behaupten wollen, daß aus irgendeinem lebenden wirbellosen Geschöpf durch alle irgend denkbaren Variationen jemals ein Wirbeltier sich entwickeln könne, so wird auch kein lebendes wirbelloses Tier ein einigermaßen zutreffendes Bild von einem solchen zur Wirbeltierentwicklung befähigten Geschöpf liefern können.[39] Man wird sich also in den Vorstellungen über diese Klasse von entwicklungsfähigen Geschöpfen auf die oben gegebenen allgemeinen und größtenteils negativen Bestimmungen vorläufig wohl zu beschränken haben.

Werfen wir nun einen Blick auf die Entwicklung der Vorfahrenreihen der irdischen Lebewelt im allgemeinen. Jedes beliebige Geschöpf reicht in seiner Vorfahrenreihe bis in den Uranfang des Lebens zurück, sobald später erfolgende Neuschöpfungen ausgeschlossen sind. Man sagt natürlich nur etwas Selbstverständliches, wenn man sagt, daß in der ganzen Vorfahrenreihe irgendeines Geschöpfes die Fähigkeit, sich zu diesem Geschöpf zu entwickeln, unversehrt erhalten geblieben sein muß. Alle Bildungsschritte, welche diese Fähigkeit geschädigt hätten, mußten absolut ausgeschlossen sein. Wir müssen dies auch anwenden auf den Menschen als die Blüte und Krone der Schöpfung und als den Schlußstein derselben. In der ganzen unübersehlichen Vorfahrenreihe des Menschen muß die Fähigkeit der Menschwerdung unversehrt und ungebrochen erhalten geblieben sein, und jedes Hingravitieren nach einem niederen Organisationsprinzip und einem damit verbundenen Anschlusse an eine engere Außenwelt müssen diese Vorfahren von sich fern gehalten haben. Wir haben soeben den Menschen die Blüte und Krone der irdischen Lebewelt und das vollkommenste Wesen derselben genannt. Es sei beiläufig bemerkt, daß es einen ganz zutreffenden naturwissenschaftlichen Grund für diese Behauptung eigentlich nicht gibt, wenigstens nicht bei Anwendung derjenigen Maßstäbe, mit welchen man gewöhnlich die Vollkommenheit der Organisation mißt. Der am meisten und zugleich am erfolgreichsten angewandte Maßstab ist der von der Teilung der Arbeit in den organischen Verrichtungen entnommene. Aber auch nach diesem Maßstabe gemessen kann die höchste Vollkommenheit des Menschen bemängelt werden. Wenn der Wiederkäuer die Arbeit der Verdauung in vier einzelne Arbeiten teilt und vier besonderen Organen diejenige Arbeit zuweist, welche beim Menschen dem einfachen Magensack übertragen ist, so kann man dem Wiederkäuer in diesem Punkte eine weitergehende Teilung der Arbeit nicht absprechen, während er sonst in allen vegetativen und animalischen Verrichtungen nach dem Maßstabe der Teilung der Arbeit gemessen dem Menschen sichtlich nachsteht. Ähnliches ließe sich auch noch von anderen Geschöpfen beibringen. Die unbefangene Natur- und Weltanschauung hat sich, und zwar mit Recht, keine Skrupel gemacht um eine dem Menschen Rechnung tragende völlig zutreffende Definition der organischen Vollkommenheit. Sowenig dieselbe sich bekümmert hat um die Frage, ob der Mensch als eine besondere Klasse von Geschöpfen oder als eine besondere Ordnung oder Familie oder Gattung oder Art zu betrachten sei, da sie in der Anwendung dieser fürs Tierreich gebrauchten Einteilungsbegriffe auf den Menschen nur eine doktrinäre Verschrobenheit gesehen hat, sowenig bekümmert sie sich um die Anwendung der für die Tiere festgesetzten Vollkommenheitsmaßstäbe auf den Menschen. Sie wartet auf keine naturwissenschaftliche Erörterung, um aus derselben die Berechtigung der Ansicht von der Stellung des Menschen an der Spitze der irdischen Lebewelt abzuleiten. Sie folgt tausend von allen Seiten zudringenden Überredungen, wenn sie sich berechtigt glaubt, in dem Menschen den Herrn und König der Schöpfung zu erkennen und ihn als die reifste Frucht des Erdenlebens, als den Schlußstein der Natur und als die Vollendung ihres Werkes zu betrachten. Den Anspruch zu seiner königlichen Würde und Hoheit nimmt der Mensch ganz anders woher als aus naturgeschichtlichen Vergleichungen und Kleinigkeitskrämereien. Wann hat jemals der Mensch in dem Gefühl seiner Verpflichtung zu aufopfernden Handlungen sich gehoben und angetrieben gefühlt durch den Gedanken, daß er das oberste der Säugetiere sei? Was soll dem Menschen diese hohle systematische Würde, aus der er keine Kraft zu einem menschenwürdigen Dasein ziehen kann! Genug also, der Mensch ist uns das höchste, vollkommenste Wesen der Natur; und niemand hat es noch gewagt, aus allerlei naturhistorischen Bemängelungen einen andern Schluß zu ziehen, weil jeder weiß, daß er sich dadurch nur lächerlich machen würde.

Von der Vorfahrenschaft des Menschen gilt natürlich dasselbe, was von der Vorfahrenreihe eines jeden Geschöpfes oben gesagt worden ist. In allen Geschöpfen, welche die lange Reihe der Vorfahren des Menschen bilden, was auch sonst ihre Gestalt und Bildung gewesen sein mag, muß die Fähigkeit oder sagen wir lieber die *Möglichkeit*, sich zum Menschen zu entwickeln, immer vollständig vorhanden gewesen sein. Die eingetretene Wirklichkeit der Entwicklung schließt doch die Möglichkeit derselben in sich. Es muß also durch alle Epochen des Erdenlebens hindurch eine gewisse Reihe von Geschöpfen gegeben haben, in denen die Fähigkeit zur Menschwerdung immer unversehrt und ungebrochen erhalten war. Dadurch wird von dieser Reihe alles ausgeschlossen, dem die Fähigkeit der Menschwerdung abgesprochen wird; und da allen jetzt lebenden Geschöpfen diese Fähigkeit abgesprochen wird und selbst die menschenähnlichsten, die Affen, davon eine Ausnahme machen zu lassen für eine Ansicht gilt, welche sich zugeschrieben zu sehen die Zoologen als eine Beleidigung aufnehmen, so folgt, daß kein (gegenwärtig) lebendes Geschöpf betrachtet werden kann als eine Durchgangsstufe für die Reihe der Vorfahren des Menschen. Wie man sieht, muß bei dem Versuch, anschauliche Bilder von der Vorfahrenschaft des Menschen zu entwerfen, die Hinweisung auf lebende Gattungen oder Arten mit der äußersten Vorsicht vor- und aufgenommen werden, sie darf nur sehr cum grano salis verstanden werden.

Es können also nur von den lebenden *verschiedene* vorweltliche Gattungen und Arten von Geschöpfen gewesen sein, welche als Durchgangsstufen des Menschengeschlechts betrachtet werden können. Dieselben müssen deswegen unbedingt von allen lebenden Geschöpfen verschieden sein, weil ihnen eine Fähigkeit, nämlich die zur Menschwerdung, zugesprochen wird, welche allen lebenden Geschöpfen abgesprochen wird. Meinetwegen mag der geforderte Unterschied von der Art gewesen sein, wie ihn *David Strauß*[40] angibt für den nächsten Vorfahren des Menschen, wenn er sagt, dieser nächste Vorfahre sei ein im Sinne des Vernunftcharakters perfektibler Affe gewesen. Das heißt denn nichts anderes als: dieser Affe war seinem innersten Wesen nach das reine Gegenteil von allem, was wir *Affe* nennen und als solchen kennen. So wird es sich im wesentlichen auch mit den weiter zurückverfolgten Vorfahren des Menschen verhalten, wenn wir ihnen die Namen von jetzt bestehenden Ordnungen oder Gattungen beilegen. Wir werden scheinbar etwas Bekanntes haben, im Wesentlichen aber etwas so Unbekanntes, als der »perfektible Affe« des David Strauß. Es ist nicht zu vergessen, daß unsere Kenntnis der vorweltlichen Tiere nur hinreicht, um sie mittelst des uns allein erhaltenen rohen Baugerüstes in gewisse Klassen, Ordnungen oder Familien von lebenden Geschöpfen einzuweisen. Alle feineren Züge ihrer Bildung, ihr physiognomischer, ästhetischer oder seelischer Ausdruck, und was sie sonst gehabt haben mögen, Wildheit oder Sanftheit ihres

Temperaments, verzagtes oder mutvolles Wesen und wie vieles dergleichen, ist uns unbekannt.

Es folgt daraus, daß wir ganz anschauliche Vorstellungen von tierischem Wesen nur erhalten durch die lebenden Tiere. In bezug auf die vorweltlichen bleibt der Vorstellung vielfacher Spielraum. Was das innerlich Unterscheidende der Vorfahren des Menschen von dem den lebenden Geschöpfen entlehnten und uns allein anschaulich bekannten Wesen der Tierheit gewesen sein möge, lassen wir vorläufig auf sich beruhen. Wir wissen nur sicher, daß es vorhanden gewesen sein muß und daß es uns verbietet, die Vorfahren des Menschen ohne weiteres *Tiere* zu nennen in dem Sinne, in welchem wir allein eine anschauliche Vorstellung vom tierischen Wesen haben.

Wenn nun der Vorfahrenschaft eines Geschöpfes die Fähigkeit, sich schließlich zu diesem Geschöpf zu entwickeln, zweifelsohne zugestanden werden muß, so entsteht die Frage, ob irgendein Vorfahre eines Geschöpfes *nur* die Fähigkeit gehabt hat, dieses bestimmte Geschöpf aus sich zu entwickeln, oder ob diese Fähigkeit sich noch weiter erstreckt hat und der Vorfahre zugleich die Fähigkeit gehabt hat, außer diesem Geschöpf auch noch andere Geschöpfe aus sich zu entwickeln, so daß es wohl viele Arten von Geschöpfen geben könnte, welche alle in einem gemeinschaftlichen Vorfahren wurzeln. In diesem Punkte nun scheiden sich die Ansichten, und es haben sich über die Reihen der Vorfahrenschaft der einzelnen Ordnungen, Gattungen und Arten zwei verschiedene Meinungen geltend gemacht.

Die eine Meinung sagt etwa so: So wie man sich die ganze Reihe der Glieder in der Vorfahrenschaft des Menschen verbunden denken muß durch ein gemeinsames Band, nämlich durch die allen Gliedern inwohnende Fähigkeit, ein Vernunftgeschlecht aus sich zu entwickeln, so kann man sich auch für beliebig viele Tiergeschlechter, deren jedes doch notwendig eine bis zum Uranfang der Schöpfung hinaufreichende Vorfahrenreihe gehabt haben muß, besondere Reihen ihrer Vorfahren denken, in welchen alle Glieder verbunden sind durch die Fähigkeit, dies oder jenes Tiergeschlecht schließlich in sich auszugestalten. Diese Reihen könnten möglicherweise ganz getrennt nebeneinander herlaufen, ohne sich einerseits zu verschlingen und zu verwachsen oder anderseits sich zu spalten und auseinanderzugehen. Für solche getrennt nebeneinander herlaufende Reihen findet man ein Abbild in den getrennt nebeneinander herlaufenden Nervenfäden des Zentralnervensystems der Wirbeltiere, welche zu den einzelnen willkürlich beweglichen Gliedern führen. So wie diese Nervenfäden aus der zusammengeballten Nervenmasse des Gehirns einzeln heraustreten und ihren Sonderlauf verfolgen, so möchten, meint man, aus der ungeschiedenen gärenden Lebensfülle, welche sich zuerst in den fruchtbaren Erdenschoß ergossen, die Keime der einzelnen Tiergeschlechter hervorgetreten sein und ihren längern oder kürzern Entwicklungslauf angetreten haben.

Man denkt sich also, daß ursprünglich nur Keime, und zwar so viele verschiedene Keime, als es Tiergeschlechter gibt, geschaffen worden oder entstanden seien. Daß ursprünglich nur Keime entstanden seien, nimmt man an, weil man dies für leichter denkbar hält, als daß fertig ausgebildete Geschöpfe aus der unorganischen Materie hervorgegangen und etwa Elefanten oder Kamele aus sonnebebrütetem Meeresschlamm aufgestiegen seien. Zu der Annahme von ursprünglich entstandenen Keimen glaubt man sich berechtigt, weil keine Deszendenzlehre dieselben entbehren kann, und es kann nur die Frage sein, wieviele Keime als ursprünglich entstanden gedacht werden sollen. *Darwin* selbst läßt die Frage, ob nur eine oder mehrere ursprünglich entstandenen Keimformen zu setzen seien, unentschieden. Er sagt, man könne nicht wissen, ob es dem Schöpfer gefallen habe, ursprünglich nur ein Geschöpf oder mehrere verschiedene ins Dasein zu rufen. Die mehreren, wenn sie vorhanden gewesen sind, denkt er sich so, daß das eine etwa nur zur Hervorbringung von Strahltieren, ein zweites zur Hervorbringung von Gliedertieren, ein drittes von Mollusken und ein viertes zur Hervorbringung von Wirbeltieren beanlagt gewesen sei. Der Unterschied dieser von Darwin als zulässig betrachteten Annahme von der oben geschilderten ist dann nur der, daß Darwin nur für einzelne *Klassen* von Geschöpfen besondere Ursprungskeime annimmt, die andere Ansicht aber für alle verschiedenen Tiergeschlechter besondere Ursprungskeime fordert.

Die Ansicht von den getrennt nebeneinander herlaufenden Reihen der Vorfahren der Geschöpfe ist auch eine Deszendenztheorie, indem die in späteren geologischen Epochen lebenden Geschöpfe von in früheren Epochen lebenden leiblich abgestammt sein sollen, nur daß die Entwicklung eines Tiergeschlechts durch seine Vorfahrenreihe hindurch betrachtet wird genau nach Analogie der Entwicklung des Individuums durch seine embryonalen Metamorphosen hindurch. So wie jedes Individuum aus einem Keime hervorgeht, nach dem bekannten Satze »omne animal ex ovo«, und verschiedene embryonale Bildungen durchläuft bis zur Herstellung seiner schließlichen Gestalt, so würden die vorweltlichen Tiergeschlechter gewissermaßen die embryonalen Durchgangsstufen für die späteren Tiergeschlechter darstellen. Da man jedoch viele vorweltliche Tiergeschlechter, wie etwa Ichthyosaurier oder Plesiosaurier[41], unmöglich als Durchgangsstufen für spätere Tiergeschlechter betrachten kann, so nimmt man an, daß von den ursprünglich entstandenen Keimen manche schon in früheren Perioden ihre schließliche Ausbildung erreichen und dann entweder unverändert fortbestehen oder unter den für sie ungünstigen Verhältnissen späterer Perioden aussterben. Was dieser eigentümlichen Deszendenztheorie, der im wesentlichen auch *Fechner*[42] beigetreten ist in seinen »Ideen zur Schöpfungs- und Entwicklungsgeschichte der Organismen« (1873), immer noch Ansehen und Anhänger verschafft, ist der Umstand, daß man in ihr ein Mittel gefunden zu haben glaubt, auch innerhalb der Deszendenztheorie das Menschengeschlecht vor aller Vermischung mit der Tierwelt zu bewahren und es mit ganz besonderer ursprünglicher Veranlagung und in unbefleckter Reinheit aus der Urschöpfung hervorgehen zu lassen. Zur Empfehlung wird dieser Lehre bei vielen auch der

Umstand dienen, daß mit der ursprünglichen Stiftung von den vielen besonders veranlagten Keimen die ganze so zweckmäßig in sich verschlungene Lebewelt als eine vorgesehene und beabsichtigte erscheint; ferner der Umstand, daß nach einem vorausgegangenen großen Akt außer- oder übernatürlicher Einwirkung alles Folgende allein laufen kann, durch blind und notwendig wirkende ursachliche Verkettung. Denn vielen liegt daran, dem Kausalnexus das Zugeständnis zu machen, daß die ganze in unsern Gesichtskreis fallende Erfahrungswelt nach blind wirkenden Ursachen ablaufe, und doch dabei festzuhalten, daß das Ganze eine Bestimmung habe, eine vorgesehene und gewollte, und im letzten Grunde nicht eine vom Zufall gehobene und wieder versinkende Welle sei. Beiden Forderungen glaubt man am besten durch die Trennung des außernatürlichen Schöpfungsaktes und des blinden Naturlaufs oder durch die Trennung der intelligiblen Welt und der Erfahrungswelt zu genügen. Ich brauche nicht zu bemerken, daß wir uns zu dieser Ansicht durchaus abwehrend verhalten, da wir umgekehrt eine die Erfahrungswelt durchziehende und fortgehende Schöpfung schon als den uns leitenden Grundgedanken hingestellt haben. Der Grund, welcher der geschilderten Form der Deszendenzlehre bei vielen zur Empfehlung gereicht, ist also bei uns nicht vorhanden.

Ich müßte fürchten, in unnötige Weitläufigkeiten zu geraten, wenn ich alle Einwürfe vorbringen wollte, welche sowohl von seiten der Philosophie als von seiten der Naturwissenschaft erhoben werden können gegen die Lehre von den getrennten Reihen der Vorfahren der einzelnen Tiergeschlechter. Ich will nur noch bemerken, daß diese Theorie selbst nicht recht weiß, wo sie anfangen und wo sie aufhören soll. Sie will z. B. nicht so weit gehen, daß sie für alle Arten von Einhufern, für Pferde, Esel, Zebra, Hermione und Quagga[43], besondere ursprünglich geschaffene Keime fordert, sondern glaubt, sich mit einem für Einhufer überhaupt veranlagten Urkeime behelfen zu können, – also mit dem Einhufer überhaupt, was dem Bestehenden gegenüber ein Allgemeines und nur Gedachtes bezeichnet und doch in einem natürlich Daseienden, in dem Urkeim, zusammenbestehend verwirklicht ist! Das ist schon ein bedenkliches Zugeständnis für die andere Ansicht. Die Theorie nimmt dann doch, wenn auch in beschränktem Sinne, ein Allgemeines an, welches sich, wenn Zeit und Umstände es so mit sich bringen, in mehrere Besonderheiten zerspalten könne und damit doch offenbar ein nicht bloß gedachtes, sondern ein existierendes Allgemeines. Wenn die Theorie aber im Prinzip das Dasein eines Allgemeinen, welches in mehrere Besonderheiten auseinandergehen kann, annimmt, so bleibt es rein Sache der Willkür, wie weit sie darin gehen will und für wie große Kreise von Besonderheiten sie ein dieselben umfassendes, existierend gewesenes Allgemeines annehmen will. Es mag hierbei noch bemerkt werden, daß es auch für *Darwin* rein Sache der Willkür bleibt, wie weit er gehen will in bezug auf Zahl und Art der Urkeime, wenn er es für möglich erklärt, daß, wie er sich ausdrückt, der Schöpfer mehrere Urkeime ins Dasein gerufen habe, welche für besondere Klassen von Geschöpfen ganz besonders veranlagt gewesen sein möchten.

Die in dem soeben Vorausgegangenen gemachten Bemerkungen führen uns nun zu der zweiten Ansicht über die Beschaffenheit der Vorfahrenreihen der Geschöpfe, welche sich der Ansicht von den getrennt nebeneinander herlaufenden Vorfahrenreihen entgegensetzt. (Die letztere, in dem Bisherigen besprochene Ansicht ist sicherlich nur gehalten und und getragen durch die Absicht, das Menschengeschlecht vor der verhaßten Blutsverwandtschaft mit den Tieren zu bewahren.) Daß die Vorfahren eines jeden Tiergeschlechts sämtlich die Fähigkeit, sich zu diesem bestimmten Tiergeschlecht zu entwickeln, gehabt haben müssen, ist schon als selbstverständlich hervorgehoben worden. Aber es fragte sich, ob nur die Fähigkeit, zu diesem bestimmten Tiergeschlecht sich zu entwickeln, den Vorfahren innegewohnt hat oder ob gewisser Glieder Vorfahrenschaft nicht auch die Fähigkeit, sich zu verschiedenen Tiergeschlechtern zu entwikkeln, gehabt und unter Umständen auch in Ausübung gesetzt habe. Kann nicht der Fall eintreten, daß ein Tiergeschlecht durch eine Reihe von durchgemachten Veränderungen auf einem Entwicklungsstadium ankommt, von welchem aus es verschiedene Wege der weiteren Entwicklung einschlägt, was nur dadurch geschehen kann, daß gewisse Gruppen dieses Tiergeschlechts ihre besonderen Entwicklungswege verfolgen? Man kann über die Veranlassungen und die Motive solcher auseinandergehenden Entwicklungswege verschiedene Meinungen haben. Man kann sie einmal ausschließlich der Einwirkung der verschiedenen Umgebung zuschreiben, in welche die Glieder eines Tiergeschlechts versetzt werden bei ihrer allmählichen geographischen Verbreitung. Man kann sie auch wohl der drängenden Gewalt eines in seine Elemente auseinanderstrebenden Bildungstriebes zuschreiben. Aber diese Meinungen und den an die Unterscheidung der inneren und äußeren Motive sich anknüpfenden Streit können wir jetzt ganz auf sich beruhen lassen. Jedenfalls erscheint ein Tiergeschlecht, welches noch verschiedene Geschlechter aus sich zu entwickeln fähig ist, als eine Art von Kollektivwesen gegenüber seinen Nachkommen und ist jedenfalls ein, sei es durch äußere oder innere Einflüsse, noch verschieden Bestimmbares, und zwar in einem Grade, wie es die hervorwachsenden getrennten Tiergeschlechter nicht sind. Ein noch verschieden Bestimmbares muß in gewissem Grade noch ein Unbestimmtes sein. Da nun aber doch dieses noch Unbestimmte nicht ein bloß Gedachtes, bei welchem uns der Begriff der Unbestimmtheit sehr geläufig ist, sondern ein real Existierendes sein soll, so fragt es sich, wie mit der allseitigen vollendeten Bestimmtheit, welche wir jedem natürlichen Einzelwesen zuschreiben, eine Unbestimmtheit noch verbunden gedacht werden soll; wo und wie diese Unbestimmtheit in ihm hausen soll; welche Art des Daseins wir ihr beilegen sollen. *Kant* äußert darüber die Meinung, daß in einem solchen Kollektiv- und Stammwesen noch verschiedene unentwickelte Keime schlummern, von denen bei gegebenen verschiedenen äußeren Anregungen in einem Falle die einen, in einem anderen Fall die andern aus ihrem Schlummer erwachen und sich weiter entwickeln und dadurch zu verschiedenen Ausgestaltungen des vorher einheitlichen Stammgeschlechts führen. Offenbar will Kant hier mit dem Bilde des Schlummers eine Art von Dasein bezeichnen, welches, ohne wirklich, d.h. ohne wirkend zu sein, doch die Fähigkeit hat, in wirkendes natürliches Dasein überzugehen unter geschehender Anregung. Kant wendet diese Vorstellung von schlummernden Keimen an auf die Erklärung der Entstehung der Menschenrassen aus einem einheitlichen Urstamm des Menschengeschlechts. – Nun, wie man sieht, hat der Begriff des Hervorgehens des Vielen und Verschiedenen aus einem Einheitlichen seine Schwierigkeiten.

Wir werden wohltun, zur Aufhellung dieses Begriffs zuerst Beispiele von dem *tatsächlichen* Hervorgehen des Vielen aus Einem aufzusuchen und in Betracht zu nehmen. Nun gibt es auf dem Gebiet der Naturentwicklung keine in unsere unmittelbare Erfahrung fallenden, hierher zu zählenden Tatsachen. Denn das Hervorgehen verschiedener Varietäten aus einer Art, welches allerdings in unsere unmittelbare Erfahrung fällt, wird man doch nicht hierher rechnen wollen. Und weiter als zum Hervorbringen von Varietäten bringen wir es durch unsere Zuchtwahl nicht.[44] Wir müssen uns also an das Gebiet halten, wo wir direkte Erfahrung von Entwicklung haben, nämlich an die *Menschheitsentwicklung*, und zusehen, welche und wie geartete Beispiele des Hervorgehens des Vielen aus dem Einen wir da antreffen.[45] Dieselben bieten sich uns nun vielfältig dar. Die Sprachwissenschaft läßt keinen Zweifel darüber, daß für alle die Völker, welche wir unter dem Namen der indogermanischen zusammenfassen, die Hindus, die Perser, die Griechen, die Römer, die Kelten, die Germanen, Slaven usw., ein indogermanisches Urvolk vorauszusetzen ist, aus welchem als gemeinschaftlichem Urstamm alle diese Völkerstämme hervorgegangen sind. Ebenso zweifelt aus denselben der Sprachwissenschaft entlehnten Gründen niemand daran, daß Assyrer, Phönizier, Juden, Araber auf ein semitisches Urvolk zurückzuführen sind. Welche Kontraste der inneren und äußeren Begabung, der körperlichen und geistigen Ausstattung, der sittlichen Anschauungen und der Richtung der Lebensideale, finden wir unter diesen Abzweigungen eines Urstamms! Welche große Bestimmbarkeit nach verschiedenen Richtungen müssen wir in dem Urvolke voraussetzen, die in gleichem Grade keinem der daraus hervorgegangenen zugesprochen werden kann! Auf welche Weise aber sind alle die verschiedenen Volksgenien in dem Volksgenius des Urvolks als unter Umständen sich verwirklichende Möglichkeiten enthalten gewesen? Und durch welche Mittel und Wege sind sie zum Hervortreten und damit zur Scheidung des ursprünglich Einheitlichen gebracht worden?

Wenden wir uns zuerst zur Beantwortung der letzten Frage, so erscheint es als ein möglicher Gedanke, daß die durch Übervölkerung nach und nach zur Auswanderung gedrängten Bestandteile eines Volksstammes durch die alleinige Einwirkung verschiedener Klimate und verschiedener Naturumgebungen zu verschiedenen Volksstämmen herauswachsen. Man kann sich denken, daß durch die in neuen Naturumgebungen eintretenden ungewohnten Einwirkungen von Wärme und Kälte, von Nässe und Trockenheit, von neuen ungewohnten Nahrungsmitteln und von einer durch alles dies bedingten neuen Lebensweise zunächst physiologische Umstimmungen in der körperlichen Konstitution hervorgebracht seien und daß diese dann weiter in der Ausprägung der ganzen körperlichen Bildung und schließlich auch in den Charaktereigenschaften und geistigen Bestrebungen ihre Wirkung geäußert haben. Obgleich in der letzten Beziehung, besonders in der sittlich-religiösen Weltanschauung, dabei Unterschiede auftreten, welche sich aus den Naturumgebungen und der durch dieselben bedingten Lebensweise nicht füglich ableiten lassen, so kann man sich doch dabei berufen auf unsere Unkenntnis des Zusammenhangs der äußeren und inneren Umgestaltungen.

Man ist in dieser Art von Ableitung so weit gegangen, die Volkscharaktere, wie wir sie in historischer Zeit vorfinden, in allen ihren Nuancen als aus den Naturumgebungen erfolgend zu betrachten. Es ist bekannt, daß nach dem Vorgang von *Carl Ritter*[46] in seiner Geographie manche in dieser Beziehung das Menschenmögliche geleistet haben. Aber diese Versuche konnten natürlich nicht gelingen, weil man dabei einen Faktor, und zwar einen sehr wichtigen, übersehen hat, nämlich die bei dem Eintritt in eine bestimmte Naturumgebung schon vorhandene und längst befestigte Charaktereigentümlichkeit eines Volkes. Man müßte sich denken, daß die Völker, wie wir sie jetzt in ihren Wohnsitzen finden, als Aboriginer an dieser Stelle und in diesen Umgebungen entstanden, eine noch leere, aller näheren Bestimmtheit ermangelnde innere Natur den Einwirkungen der Naturumgebungen dargeboten hätten, wenn diese Versuche von einem Erfolg begleitet sein sollten. Nimmt man aber eine zu irgendeiner Zeit erfolgte Einwanderung an, so bringen die Einwanderer einen durch unvordenkliche Entwicklungen erworbenen und durch lange Vererbung befestigten Volkscharakter mit, und nur auf Grundlage dieser schon so vielfach bestimmten Charaktereigentümlichkeit können die Naturumgebungen ihren Einfluß geltend machen. Läßt man diese Grundlage außer Rechnung, so fehlt bei der ganzen Berechnung der allerwichtigste Faktor. Das Einseitige und Ungenügende des ganzen Unternehmens mußte dann auch bald einleuchten. Man brauchte nur darauf hinzuweisen – und es ist in besonders befriedigender Weise von dem dänischen Botaniker *Skouw* in seinen vermischten Schriften geschehen – daß einerseits Völker, die in fast gleichen Naturumgebungen sich befinden, so äußerst verschieden in allen Beziehungen gefunden werden und daß andrerseits gewisse Eigentümlichkeiten eines Volkes, welche man aus den Naturumgebungen ableitbar und begreiflich gefunden hatte, sich bei einem anderen Volke, welches in ganz verschiedenen Naturumgebungen lebt, gerade ebenso finden. – Aber sehen wir ab von diesen Ausschweifungen einer sogenannt natürlichen Erklärung aller Kultur und Zivilisation und sehen wir zurück auf das uns beschäftigende Problem des Hervorgehens verschiedener Volksstämme aus einem Grundstamm. Auch bei dieser Frage muß der

Versuch, alle Ursachen der eintretenden Differenzierung des Urvolks in der alleinigen Einwirkung der veränderten Naturumgebung zu suchen, Bedenken erregen, weil doch Unterschiede auftreten, die mit den Naturumgebungen und den äußeren Lebensbedingungen, soviel wir davon einsehen können, nichts zu schaffen haben. Man würde sich zur Annahme der alleinigen äußeren Ursachen der Differenzierung erst entschließen müssen, wenn andere Ursachen allerwege nicht aufzufinden und nicht denkbar wären. Dies scheint nun jedoch nicht der Fall zu sein. Sehen wir doch selbst noch in der Gegenwart, bei den schon so ins einzelne ausgebildeten Volkscharakteren, häufig bei einem Volke selbst unter ganz denselben äußeren Naturumgebungen innere Gegensätze zutage treten, welche in den innersten Tiefen des Menschen wurzeln und sich durch eine verschiedene sittlich-religiöse Weltanschauung und durch eine verschiedene Ansicht von des Lebens innerstem Kern und von dem einen, was not tut, kennzeichnen.

Diese bei ganz denselben Natur- und Lebensverhältnissen eintretenden innern Gegensätze stellen sich uns vielfältig dar in den Sektenbildungen. Dieselben finden sich zwar nicht überall, aber doch auch heutzutage noch an vielen Orten in reichem Maße. Wenn nun ein solches Auseinandergehen der sittlich-religiösen Weltanschauung bei den heutigen so sehr ins einzelne ausgebildeten und so wenig noch vielseitig bestimmbaren Volkscharakteren stattfinden kann, wie viel mehr wird dasselbe als möglich angenommen werden können bei Urvölkern, denen wir doch eine viel weitergehende Bestimmbarkeit zuerkennen müssen, weil sich aus ihnen so sehr Verschiedenes wirklich entwikkelt hat. Man braucht nur die Möglichkeit eines Widerstreits sittlicher Ideen zuzugestehen, welche mit gleichem Recht ihre Ansprüche geltend machen, und die doch in dem Leben, wie es einmal ist, nicht in gleicher Weise zur Geltung kommen können und dadurch vielfach in Konflikt geraten. Beruht doch im Grunde genommen alles echt Tragische auf dem Konflikt sittlicher Ideen, und unsere Teilnahme daran entspringt dem Bewußtsein einer dem unterliegenden und dem siegenden Prinzip gleicherweise zuzuerkennenden Berechtigung, zu deren gleichmäßiger Geltendmachung doch das Leben nun einmal nicht geartet ist, vielmehr ein höheres Gesetz als waltendes Schicksal durchblicken läßt, welches, wie Schiller sagt, den Menschen erhebt, wenn es den Menschen zermalmt. Warum sollte nun nicht der einheitliche oder einheitlich scheinende sittliche Gemeinbesitz eines Urvolks Elemente in sich schließen, die nicht gleichmäßig zur Geltung kommen können, und die sich ihre Herrschaft über die Menschenbrust streitig machen? Man kann sich denken, daß in der Brust eines jugendlichen Urvolks ein kreisend All sittlicher Triebfedern und verschiedener Lebensideale sich umtrieb und in gärender Bewegung begriffen war, daß aber bei fortschreitender Ausbildung des Volkscharakters mit der Notwendigkeit einer bestimmteren Begrenzung des sittlichen Lebensideals zugleich die Notwendigkeit der Trennung des einen von dem andern sich fühlbar machte. Die auseinandertretenden Gegensätze mußten sich bald entfremdet fühlen und sich unverständlich werden, was eine Art Sprachverwirrung erzeugte, wie solche auch in dem an den babylonischen Turmbau geknüpften Mythus als das Motiv der Völkerscheidung dargestellt wird. Tritt nun zu dieser schon angebahnten innern Trennung auch noch eine äußere durch Auswanderung hinzu, so werden durch den Einfluß verschiedener Naturumgebungen die Unterschiede der getrennten Volksbestandteile nur noch mehr anwachsen, und so wird es begreiflich werden, daß aus einem Urvolk Stämme hervorgehen, welche in ihrem äußeren und zugleich in ihrem innern Leben so sehr voneinander abweichen. Wie weit sich der Geltungsbereich der inneren und äußeren Ursachen der eintretenden Verschiedenheit erstreckt, wird wohl nicht anzugeben sein, nur daß wir bei den Verschiedenheiten, wie sie faktisch vorliegen in den Schößlingen eines Urvolks, der inneren Scheidungsgründe wohl niemals werden entraten können.

Was wir nun hier in der Geschichte der Menschheit als Tatsache vor uns liegen sehen, ein Hervorgehen einer Vielheit aus einem Einheitlichen, das wird auch in der Naturentwicklung nicht zu den Unmöglichkeiten gehören. Bei einer genaueren Betrachtung der paläontologischen Tatsachen läßt es sich kaum verkennen, daß in der Naturentwicklung ein entsprechendes Verhalten stattfindet. Nehmen wir eine in eine Mannigfaltigkeit von Arten entwickelte Familie oder Ordnung des Tierreichs und blicken wir auf die vorhergehende geologische Periode zurück, so sehen wir, daß die Natur keineswegs mit dieser Mannigfaltigkeit von Arten dieser Ordnung angefangen hat. Wir treffen vielmehr auf Bildungen, welche zwar die unterscheidenden anatomischen Kennzeichen, durch welche die Arten der betreffenden Ordnung verbunden sind, an sich tragen und deswegen als Repräsentanten dieser Ordnung angesehen werden müssen, welche aber doch nur geringe Unterschiede ihrer Körperbildung hervortreten lassen. Diese Unterschiede machen überhaupt mehr den Eindruck von bloßen Schwankungen eines in sich noch unsicheren Typus, als von gut charakterisierten Gruppierungen. Da in diesen Bildungen noch manches zusammengefaßt erscheint, was in den späteren Repräsentanten der Ordnung an verschiedene Gattungen verteilt erscheint, so hat man sie *Kollektivwesen* genannt. Den scharf ausgeprägten Charakteren der späteren Arten gegenüber macht ihre Körperform, soweit wir sie ungefähr herstellen können, den Eindruck von etwas noch Eingehülltem oder Verschwommenem. Wir nehmen nun als unbestreitbar an, daß eine Mannigfaltigkeit von Gattungen oder Arten hervorgehen kann aus einer Stammform, in welcher zwar die wesentlichen Züge der daraus hervorgehenden Ordnung oder Familie von Geschöpfen angelegt sind, welche aber für die weitere Entwicklung nach verschiedenen Richtungen noch Spielraum offenläßt. Man wird in betreff des Umfangs des in ihnen potentiell Enthaltenen und des aus ihnen real Hervorgehenden Stammformen von verschiedenen Graden unterscheiden können. Während man das Anchitherium[47] als Stammform für Pferde, Esel, Zebra, überhaupt für Einhufer betrachtet, kann man auch zu einer höheren, umfassenderen Stammform hinaufsteigen, welche außer Pferden auch Tapire, Rhinozerosse u. dgl. zu ihren Nachkommen zählt. Und ebenso kann man von einer die Hirsche, Moschustiere und Giraffen umfassenden Stammform zu einer höheren aufsteigen, welche außer diesen Tieren auch Antilopen, Ziegen, Schafe, Rinder zu ihren Nachkommen zählt. Über diesen Punkt, nämlich das Hervorgehen einer Mannigfaltigkeit von Bildungen aus einer Stammform, ist wohl, was das Allgemeine dieser Vorstellung betrifft, allgemeine Übereinstimmung unter den Anhängern der Deszendenztheorie vorhanden. Über die Ursachen dieses Vorgangs kann man wohl verschiedener Meinung sein. Man kann auch hier entweder nur äußere Ursachen als wirksam und zugleich als zureichend denken, indem die bei der geographischen Verbreitung eintretenden Einflüsse der neuen Naturumgebung auf einen noch sehr verschieden bestimmbaren Typus ihre Wirkung äußern; oder man kann auch innere Ursachen als wirksam denken, indem man etwa nach Art der Kantschen Vorstellung schlummernde Keime, in denen verschiedene Bildungen veranlagt sind, annimmt, die auf eintretende äußere Anregungen und Reize in Wirksamkeit treten. In dem ersten Falle würden die Reize auf ein innerlich Leeres und nur überhaupt Bestimmbares wirken, in dem zweiten Falle käme eine schon vorhandene innere Veranlagung den äußeren Reizen entgegen. Beide Vorstellungen können wir vorläufig als möglich gelten lassen, obgleich nur die letztere, von einer zu vielem fähigen innern unentwickelten Veranlagung, eine nähere Analogie hat mit den in der Entwicklung der Menschheit angenommenen und als Urvölker bezeichneten Stammformen. Derjenige, welcher die Naturentwicklung und die Entwicklung der Menschheit in der Geschichte durch ein Band gemeinsamer Gesetze verbunden denkt, wird natürlich der letzteren Ansicht den Vorzug geben.

Suchen wir nun das bis jetzt über die allgemeinen Gesetze der Deszendenztheorie und über die Vorfahrenreihen Vorgebrachte zu einem Resultate zusammenzufassen und einen Schluß daraus zu ziehen. Die Vorstellung von den getrennt nebeneinander herlaufenden Vorfahrenreihen zahlloser Tiergeschlechter lassen wir als unannehmbar ganz zur Seite liegen. Nach Abweisung derselben ziehen wir das Übrige zu einem Schluß zusammen.

Dreierlei ist es, was wir ins Auge zu fassen und zusammenzunehmen haben zu dem beabsichtigten Schlusse. Erstens, daß ein Stamm in getrennte Zweige sich spalten kann oder daß mehrere nach verschiedenen Seiten bestimmte individualisierte Stämme aus einem noch mehrseitig bestimmbaren und unbestimmten Urstamme hervorgehen können. Zweitens, daß durch den Eintritt in ein bestimmtes Organisationsprinzip, unbeschadet aller innerhalb desselben möglichen Entwicklung, Grenzen und Schranken gezogen werden, die in keiner folgenden Entwicklung überschritten werden können. Drittens, daß in dem geologischen Verlaufe der Entwicklung der gesamten Lebewelt, abgesehen von begreiflichen Rückschritten innerhalb der einzelnen Klassen von Geschöpfen, doch im Großen und Ganzen ein Fortschritt stattfindet insofern, als einerseits höhere Organisationsprinzipien sukzessiv zutage treten und anderseits innerhalb eines jeden Prinzips mehrere Stadien von minder Entwickeltem zu vollständiger Entwickeltem durchlaufen werden, und zwar bis zu dem Punkte, bei welchem die diesem Organisationsprinzip mögliche Bildungshöhe erreicht ist.

Wir nehmen zuerst den Gedanken der für ganze Klassen von Geschöpfen getrennt bestehenden Vorfahrenreihen und der für diese Klassen besonders geschaffenen Urkeime auf und ziehen aus demselben die Konsequenzen. Wir können denselben nicht umgehen, weil er von vielen Anhängern der Deszendenztheorie als zulässig erkannt wird. *Darwin* selbst läßt es unentschieden, ob, wie er sagt, der Schöpfer ursprünglich nur ein lebendes Wesen ins Dasein gerufen, welches sich zum Stammvater der ganzen irdischen Lebewelt gemacht hat, oder ob er mehrere voneinander unabhängige Urwesen ins Dasein gerufen. Den letzteren Gedanken läßt er gelten für den Fall, daß es sich zuletzt doch als unbegreiflich oder als unannehmbar herausstellen sollte, daß so ungeheuer Verschiedenes, wie die Welt zeigt, aus einer einzigen Stammform hervorgegangen sei und daß es geboten erscheinen könnte, wenigstens für die streng geschiedenen Hauptklassen der Geschöpfe besondere Stammformen anzunehmen. Einer jeden solchen Stammform wäre dann *nur* die Möglichkeit, sich zu dieser bestimmten Klasse von Geschöpfen zu entwickeln, gelassen, zugleich aber auch die besondere Fähigkeit zu dieser Entwicklung mitgeteilt. Es ist üblich geworden, diese Ansichten von einer oder mehreren Stammformen als die *monophyletische* und als die *polyphyletische* zu unterscheiden. Wir wollen jetzt vorläufig einmal die letztere Ansicht vom polyphyletischen Ursprung der Lebewelt gelten lassen.

Dieser Ansicht gemäß wäre etwa ein Urwesen geschaffen oder entstanden, welches in der Arthropodenform das Ziel und zugleich auch die unüberschreitbare Schranke seiner Entwicklung gehabt, ein anderes, welches Ziel und Schranke seiner Entwicklung in der Molluskenform, ein drittes, welches Ziel und Schranke seiner Entwicklung in der Wirbeltierform gehabt hätte, oder was man sonst noch für Urgeschöpfe setzen wollte. Halten wir uns nun an dasjenige Urgeschöpf, aus welchem sich der Wirbeltiertypus entwickelt hat und welches, da der Mensch den Wirbeltiertypus an sich trägt, jedenfalls der allerälteste Stammvater des Menschen gewesen sein muß. Was dieses Geschöpf in der langen Zeit, welche der erkennbaren Ausprägung des Wirbeltiertypus vorausgegangen ist, für Bildungszustände durchlaufen hat, wissen wir nicht. Nur das können oder vielmehr müssen wir annehmen, daß es in der der Wirbeltierausprägung vorangehenden Zeit nicht in Abzweigungen auseinandergegangen sei, weil es ja der Voraussetzung nach zur Entwicklung des Wirbeltiertypus speziell befähigt gewesen sein soll und zu keinem andern. Mit der erreichten Ausprägung des Wirbeltiertypus wird dann die Zerspaltung des Urstamms in besondere abgeleitete Stämme begonnen haben. Dieser Urstamm muß die Fähigkeit gehabt haben, sowohl den Menschen aus sich zu entwickeln als außerdem eine ungezählte Menge von Arten, Gattungen, Familien und Ordnungen von Wirbeltieren. Unter diesen aus dem Urstamm hervorgegangenen Geschöpfen werden ganze große durch Abstammung verbundene Reihen von Geschöpfen oder ganze Stämme sich finden, in denen die Fähigkeit zur Menschwerdung, die dem Urstamm inwohnte, unwiederbringlich verloren ist. So gut jetzt lebende Geschöpfe als absolut unfähig zur Menschwerdung angesehen werden, so gut gilt das auch von den vorweltlichen. Vorweltlichen Knochenfischen, vorweltlichen Schildkröten und Krokodilen, vorweltlichen Huftieren und vorweltlichen Bären und Hyänen wird die Fähigkeit, sich zu Menschen zu entwickeln, so vollständig abgesprochen werden müssen wie den lebenden Bären und Hyänen. Neben diesen muß notwendig eine andere, durch Abstammung verbundene Reihe von Geschöpfen existiert haben, in welcher die Fähigkeit der Menschwerdung immer unversehrt erhalten war, weil es sonst überhaupt nicht zur Bildung des Menschen gekommen wäre. Während die ersteren Reihen sämtlich abschließen mit Geschöpfen, die mit ihren Fähigkeiten, Trieben, Instinkten, Bedürfnissen und mit ihrem gesamten Bewußtseinsinhalt nur eine eng begrenzte sinnliche Außenwelt umspannen und in derselben ihr Genügen finden, mündet die andere Reihe aus in ein Geschöpf, dem keine Außenwelt genügt als die unendliche in Gott und Natur, das mit allen seinen Fähigkeiten, mit all seinem Dichten und Trachten, ein Innewerden des Unendlichen darstellt, und mit seiner Erkenntnis und seinen Phantasieschöpfungen, mit seinem Wollen und Hoffen, mit seinem Gewissen und seinem Gefühl über die sinnliche Gegenwart weit hinaus greift, in einen jenseits der Sinnenwelt liegenden Boden seine Wurzeln schlägt und aus demselben seine Nahrung zieht.

Ich kann mir denken, oder ich weiß vielmehr, daß manche Anstoß nehmen an dem Gedanken, daß das aus demselben Boden Hervorgegangene teilweise zur Niedrigkeit heruntersinken, teilweise auf einer Höhe sich halten oder auch noch weiter auf derselben hinaufsteigen soll. Ihr Gerechtigkeitsgefühl widersetzt sich diesem Gedanken. Aber diesem Gefühl bleibt eine

Verletzung ohnedies nicht erspart beim Hinblick auf andere Gebiete, wo ganz Entsprechendes sich findet. Richten wir den Blick auf die uns umgebende Menschenwelt. Sehen wir da nicht, daß von dem aus demselben Boden der Menschennatur Hervorgegangenen ein Teil in seinem ganzen Sein und Tun durch den Geist der höheren Menschenwürde geadelt erscheint und ein anderer Teil zu Niedrigkeit der Gesinnung, zu Roheit des Gefühls, zu verhärtetem Eigennutz, zu Vermessenheit und Frevelmut und schließlich zu einem lasterhaften oder verbrecherischen Leben heruntersinkt? Kann sich nicht auch hier ein Gefühl regen, welches in seiner Beunruhigung fragt: warum? Man wird vielleicht einwerfen: Ja, in der Menschenwelt ist es etwas anderes, da macht die Freiheit und die Möglichkeit einer Verschuldung diese Unterschiede begreiflich; aber die Natur folgt ewigen, notwendigen Gesetzen, in welchen kein Raum bleiben kann für eine Verletzung des Gefühls. Ich bezweifle, daß die Natur in dieser Rücksicht einen Vorzug vor der Menschenwelt hat. Der Ausspruch: »Die Welt ist vollkommen überall, wo der Mensch nicht hinkommt mit seiner Qual«, dieser Ausspruch kann nur in einem sehr beschränkten Sinne einen Kern von Wahrheit enthalten. Von dem Schicksal, welches diese niederschlagenden Unterschiede über die Menschenwelt verhängt, ist die Natur nicht befreit. Ein großes Gesetz der Entwicklung geht durch beide. Man mache die Welt erst anders, wie sie ist, und so, wie man sie wünscht, und man mag ein Recht haben, unausweichlichen Gedanken auf Grund eines Gefühls entgegenzutreten.

Die mit dem Urstamm des Wirbeltiertypus schon beginnende Reihe von Geschöpfen, in denen die Fähigkeit der Menschwerdung unverloren bleibt, ist nun gar nicht notwendig so zu denken, als verfolgte diese Reihe von dem Urstamm an ihren abgesonderten Lauf. Im Gegenteil; so wie der Urstamm als erstes Glied dieser Reihe außer den Geschöpfen, welche die Fähigkeit der Menschwerdung sich erhalten, zugleich auch andere Geschöpfe von sich ausgehen läßt, welche, die nächste sinnliche Gegenwart lebensfrisch und energisch ergreifend, in einem niederen Lebensideal und einem beschränkten Lebenshorizont ihr Genüge finden, so wird auch in jedem folgenden Gliede dieser Reihe in bezug auf seine Nachkommenschaft noch die doppelte Möglichkeit vorhanden sein, daß die Nachkommen einerseits den edlen Keim und gesunden Trieb des zur inneren Universalität heranreifenden Lebens hegen und schützen, anderseits, wer weiß aus welchen Motiven, etwa unter den Anreizungen der sinnlichen Außenwelt, in Verbindung vielleicht mit einer weniger gesunden höheren Triebkraft, diesen Keim verkümmern und ersticken lassen. Über diesen wichtigen Punkt, der uns später noch in einem andern Sinne beschäftigen wird, mag es hier an der Andeutung einer etwaigen Möglichkeit genügen. Genug, das Nebeneinanderhergehen der Erhaltung des Vernunftkeimes und des Verlustes desselben ist gar nicht abzuweisen, sobald man nicht ganz getrennt laufende Vorfahrenreihen annimmt, sondern ein Hervorgehen des Vielen aus Einem. Man schließe nur so: Einerseits gibt es doch Geschöpfe und hat es immer gegeben, welche die Fähigkeit, sich zum Menschen zu entwickeln, absolut nicht haben, und anderseits muß doch in *allen* Vorfahren des Menschen die Fähigkeit der Menschwerdung ganz und vollständig vorhanden gewesen sein, und beide Reihen von Geschöpfen, die für die Menschwerdung verlorenen und die für dieselbe geretteten, sollen Sprossen eines gemeinschaftlichen Stammes sein, und zwar so, daß sie sich nicht bloß in einem entfernten Punkte eines gemeinsamen Stammes berühren, sondern daß für alle Punkte in der fortschreitenden Vorfahrenreihe des Menschen die Möglichkeit der nach der Beschränkung hinneigenden Abzweigung besteht. Also muß durch die Reihen der übrigen Geschöpfe eine zur Menschwerdung befähigte Reihe sich so hindurchziehen, daß sie allerwärts durch Blutsverwandtschaft mit jenen andern aufs engste verbunden ist. Und trotz dieser Blutsverwandtschaft muß sie jenen andern innerlich absolut entfremdet und von ihnen getrennt sein, da sie im Besitz einer Fähigkeit von unermeßlicher Bedeutung ist, welche jenen andern gänzlich abzusprechen ist.

Fassen wir das eben Gesagte nochmals in einem andern Ausdruck zusammen. Der Urstamm der Wirbeltiere muß unter seinen Nachkommen außer andern auch notwendig solche gehabt haben, in welchen die Fähigkeit, sich zum Menschen zu entwikkeln, vollständig erhalten war; die mit dieser Fähigkeit ausgerüsteten Nachkommen müssen auch ihrerseits unter ihren Nachkommen wieder solche gehabt haben, denen dieselbe ungeschwächt überliefert worden ist, und so weiter in jeder folgenden Nachkommenschaft, weil es ja ohne diesen Vererbungsgang zur Bildung des Menschen nie gekommen wäre, und dadurch werden wir geführt auf die Vorstellung eines *Grundstammes,* welcher als eine einheitliche und innerlich verbundene Wesenkette sich durch die nach allen Seiten auseinanderfahrenden Geschöpfesreihen hindurchzieht und dieselben als seine Abzweigungen aus sich entläßt. Diese Abzweigungen werden dann je nach der von dem Grundstamme erstiegenen Ausbildungshöhe mit einem Erbschaftsanteil von verschiedenem Wert ausgestattet sein können. Jede Abzweigung kann für sich noch eine fortlaufende Entwicklung und eine mannigfach gegliederte Nachkommenschaft haben, welche ganze Entwicklung aber auf einen in irgendeiner Beschränkung sich befriedigenden Lebenshorizont hinarbeitet und, außer durch eine mitgebrachte Veranlagung, hauptsächlich wohl durch äußere Anreize und durch Anpassung an gegebene Lebensbedingungen in ihrem Verlauf bestimmt wird. Der Grundstamm dagegen hat eine vorgeschriebene Bahn, indem alle seine Bildungsphasen nur sukzessiv erstiegene Stufen der Menschwerdung sind. Es ist klar, daß der Grundstamm nichts anderes darstellt als die Vorfahrenreihe des Menschen; ebenso klar, daß er trotz aller Blutsverwandtschaft in einem kontradiktorischen Gegensatze zur übrigen Lebewelt sich befindet, indem ihm eine Fähigkeit zuerkannt wird, welche allen andern Geschöpfen aberkannt wird. Da der supponierte Urstamm des Wirbeltiertypus mit zu den Gliedern des Grundstammes gehört und erst seine Nachkommen sich in Glieder des Grundstammes und Abzweigungen spalten und dasselbe sich ebenso wiederholt in den folgenden Bildungsphasen des Grundstammes, so sieht man, daß wenigstens im Wirbeltierstamm das mit der Fähigkeit der Menschwerdung Ausgestattete überall das Prius und das Vorhergehende, und das hier dieser Fähigkeit Entbehrende oder Verlustiggegangene das Nachfolgende und Spätere ist; und daß man, statt das Menschliche aus dem Tierischen hervorgehen zu lassen, viel eher umgekehrt das Tierische als aus dem Menschlichen hervorgegangenen betrachten könnte. Doch überlassen wir die bestimmtere Ausführung dieser Gedanken dem Folgenden.

Wir haben uns in dem Bisherigen die Annahme gefallen lassen, daß ursprünglich verschiedene Urwesen ins Dasein gerufen worden seien und daß unter diesen Urwesen auch eines gewesen sei, welches zur Ausprägung des Wirbeltiertypus speziell befähigt war. Wir haben uns diese Voraussetzung gefallen lassen, nicht weil wir sie für wohlbegründet oder überhaupt für annehmbar gehalten haben, sondern nur um den verschiedenen möglichen Voraussetzungen gerecht zu werden und um zu zeigen, daß wir auch bei verschiedenen Voraussetzungen im wesentlichen immer auf dasjenige Resultat kommen, um welches es uns vor allen Dingen zu tun ist, nämlich auf die Entgegensetzung eines in der obigen Weise charakterisierten Grundstammes und seiner Abzweigungen. Solange wir aber ein zur Wirbeltierbildung speziell befähigtes Urwesen annahmen, legten wir uns in bezug auf den Gegensatz von Grundstamm und Abzweigungen eine Beschränkung auf. Denn dieser Gegensatz konnte in diesem Falle erst auftreten mit der erreichten Ausprägung des Wirbeltiertypus. In allen dieser wirklichen Ausprägung vorausgehenden Entwicklungsstufen des supponierten Urwesens konnten keine von der Ausbildung des Wirbeltiertypus abführenden Abzweigungen stattfinden, sondern nur ein in sich geschlossener Bildungsverlauf, weil ja der Annahme nach jenes Urwesen nur zur Wirbeltierbildung und nicht auch zu andern Bildungen befähigt gewesen sein soll. Wir hätten in jenem Urwesen die Erscheinung, daß es lange Zeit in einem ganz getrennten Faden seine Entwicklung verfolgte und von einem bestimmten Punkte aus in eine Mannigfaltigkeit von Geschöpfen sich ausbreitete und den Gegensatz von Grundstamm und Abzweigungen hervortreten ließ. Der Grundstamm wäre dann nicht ein die ganze irdische Lebewelt, sondern nur ein die Wirbeltiere durchziehender, und die ganze reiche Welt der wirbellosen Tiere wäre eine ohne alles innere Band hier- und dorthinaus geworfene zerfahrene Masse.

Gehen wir nun zu der zweiten von *Darwin* als zulässig gesetzten Annahme, zu der Annahme, daß ursprünglich nur ein Geschöpf von dem Schöpfer ins Dasein gerufen worden sei, welches sich zum Stammvater der gesamten irdischen Lebewelt gemacht habe. Wenn jemand Anstoß nehmen sollte an der von Darwin gebrauchten Redeweise von einem Schöpfer und einem Ins-Dasein-Rufen, wie das jetzt so häufig geschieht und im Namen der Vernunft und Wissenschaft diese Redeweise abhorresziert, so kostet es mich nichts, an die Stelle eines vom Schöpfer hervorgerufenen Wesens ein von der Natur durch immanente Naturkräfte produziertes Wesen zu setzen. Wenn ich wüßte, daß ich mit dieser zweiten Ausdruckweise jemand einen Gefallen tun könnte, – recht gern. Denn darauf kommt zunächst gar nichts an. Dies alles trägt nichts bei zu der Sache, von welcher hier die Rede ist, zu dem monophyletischen oder polyphyletischen Ursprung der Lebewelt. Setzen wir also jetzt einen *monophyletischen* Ursprung voraus. Es ist leicht zu sehen, daß dadurch an der ganzen Vorstellung, um die es sich hier handelt, nämlich an der Vorstellung eines in dem obigen Sinne genommenen Grundstammes und seiner Abzweigungen, im wesentlichen gar nichts geändert wird, nur daß der Grundstamm eine weitere Ausdehnung erhält. Auch bei dieser Annahme muß es eine bis in den Uranfang zurückreichende Reihe von Geschöpfen geben, welche in der Abfolge ihrer Generationen alle Stufen der minderen oder größeren organischen Vollkommenheit bis zum Menschen durchlaufen hat, und deren sämtliche Glieder die Fähigkeit der Menschwerdung besessen haben, während in zahllosen andern Reihen von Geschöpfen diese Fähigkeit nicht vorhanden war. Und da dem ersten Urwesen die Fähigkeit, in seinen Nachkommen Menschen zu entwickeln, notwendig innegewohnt hat und unter seinen nächsten Nachkommen außer andern Geschöpfen auch solche mit derselben Fähigkeit ausgestattete gewesen sein müssen und es unter den Nachkommen dieser letzteren wieder an einem zur Menschwerdung befähigten Sproß nicht gefehlt haben darf und so weiter, so sieht man, daß die zur Menschwerdung befähigte Reihe von Geschöpfen durch das vielfach verschlungene Gewebe der Kreaturen sich wie ein goldner Faden hindurchziehen muß und daß diese durch das innere Band einer gemeinschaftlichen Fähigkeit verbundene Reihe eben den besagten Grundstamm der Schöpfung bildet, der alles andere aus den schon oben angegebenen Gründen als Abzweigungen aus sich entlassen hat. Der Unterschied des aus dem monophyletischen Ursprung abgeleiteten Grundstammes von dem bei der obigen polyphyletischen Annahme abgeleiteten Grundstamme ist nur der, daß der erstere auch das ganze Reich der wirbellosen Tiere durchzieht und dasselbe als seine Ausstrahlungen von sich entsendet, während der letztere diese Stellung und Bedeutung nur für die Wirbeltiere hat. Daß auch dieser auf alles Lebendige bezogene Grundstamm mit der Vorfahrenreihe des Menschen zusammenfällt, versteht sich von selbst; denn die Definition desselben sagt, daß seine Glieder, und sie allein, die Fähigkeit haben, zur Menschenbildung aufzusteigen. Alle Glieder des Grundstammes sind unter sich verbunden durch ein Entwicklungsziel, oder, wenn man dem Begriff des Zieles keine Anwendbarkeit auf die Natur gestatten will, sind verbunden durch einen immer in demselben Sinne verfolgten Weg der Entwicklung. Die Abzweigungen hingegen haben so viele auseinandergehende Entwicklungswege als es Beschränkungen gibt, und deren Zahl ist Legion. Der Grundstamm kann von den Abzweigungen nichts geerbt haben, weil dann eine Abzweigung wieder in den Grundstamm zurückkehren müßte, was der Voraussetzung nach unmöglich ist. Der Grundstamm muß also alle seine sukzessiven Bildungsschritte selbstschöpferisch hervorgebracht und in sich erzeugt haben, während die Abzweigungen überall sehr vieles je nach der vom Grundstamm erreichten Bildungshöhe von demselben ererbt haben können. Der Grundstamm steht zu den Abzweigungen in einem kontradiktorischen Gegensatze, weil er eine Fähigkeit hat, welche die Abzweigungen nicht haben.

Dadurch ist die ganze Vorfahrenschaft des Menschen bis zum Uranfang hinauf etwas von allen anderen Naturwesen vollkommen Geschiedenes, trotz der innigsten Blutsverwandtschaft. Durch diese seine ganze Herkunft begleitende Eigenstellung des Menschen wird es ersichtlich, daß man ein Recht hat, dem Menschen nicht bloß den höchsten, sondern einen ganz besonderen Platz in der Natur anzuweisen. Ich erinnere hier an den früher zitierten Ausspruch von *St. Hilaire*[48], welcher jede naturwissenschaftliche Lehre von der Stellung des Menschen in der Natur als nichtssagend und unbefriedigend bezeichnet, wenn sie nicht begreiflich zu machen weiß, daß der Mensch nicht bloß den höchsten, sondern einen ganz besonderen Platz in der Natur einnimmt. Es hängt damit auch das früher schon Hervorgehobene zusammen, daß die unbefangene Natur- und Weltanschauung den Bestrebungen, die für die Tierwelt geltenden Einteilungsbegriffe und Vollkommenheitsmaßstäbe auf den Menschen anwenden, niemals einen verständlichen Sinn und ein Interesse hat abgewinnen können. Solange man den Menschen als fertig gegebenes Produkt betrachtet, ist es nie gelungen und wird es nie gelingen, der Idee von der Oberhoheit des Menschen eine naturwissenschaftliche Grundlage zu geben. Nur die richtig verstandene Deszendenztheorie, welche den Menschen in das beherrschende Zentrum der Natur stellt, gibt der Ansicht von der königlichen Würde des Menschen auch eine naturwissenschaftliche Grundlage. Auf diese Weise kann die unbefangene Natur- und Weltanschauung wieder die Hand der Wissenschaft ergreifen, welche sie so lange von sich gewiesen hat. Wie vielfältig hat man geglaubt, die Deszendenztheorie bekämpfen zu müssen, weil sie der Idee der höheren Menschenwürde Tod und Verderben bringe, und hat nicht geahnt, daß gerade von der Deszendenztheorie dieser Idee Hilfe und Rettung kommen soll, soweit sie solche überhaupt in der Naturwissenschaft zu suchen hat!

Ich habe bisher immer nur von einer dem Grundstamm zuzuerkennenden Fähigkeit gesprochen, ohne mit einem Wort zu sagen, worin denn diese Fähigkeit bestehen soll oder vielmehr welcher weitere Inhalt mit ihr gesetzt ist. Dies habe ich absichtlich vermieden, weil wir dadurch auf ein Gebiet von philosophischen Begriffen geführt würden, welches nicht so unanfechtbar ist als das an den bloß formalen Begriff der Fähigkeit angeknüpfte Raisonnement. Wir werden freilich den mit diesem formalen Begriffe zu verbindenden Inhalt in dem Folgenden genauer zu betrachten haben; aber die Bündigkeit der an diese Begriffe von Fähigkeit und Unfähigkeit geknüpften Schlußfolgerungen leidet durch den Ausschluß dieses Inhalts gar nicht; und auf diese Schlußfolgerungen allein kam es uns zunächst an.

Fassen wir das, was die Voraussetzung zu unseren Schlußfolgerungen gebildet, noch einmal zusammen, so ist es kurz Folgendes. Die Variabilität der Organismen ist keine allseitig unbegrenzte; vielmehr werden in einem jeden Stamme, in welchem noch eine vielseitige Bestimmbarkeit und die Fähigkeit zur Entwicklung von Mannigfaltigem vorhanden ist, durch bestimmt und einseitig gerichtete Bildungsschritte Schranken für die weiteren Veränderungen gesetzt, und zwar so, daß durch die Verwirklichung einer der in dem vorausgesetzten Stamme vorhandenen Fähigkeiten die Möglichkeit der Verwirklichung der andern Fähigkeiten des Urstamms ausgeschlossen wird und daß wir ein Recht haben, von dem Verlust einer Fähigkeit in einigen Nachkommen eines Stammes zu sprechen, während in andern Nachkommen dieselbe erhalten ist und weitere Verwirklichungsschritte verfolgt. Wenn wir hiermit den an sich selbstverständlichen Satz verbinden, daß in allen Gliedern der Vorfahrenschaft eines Geschöpfs die Fähigkeit, sich zu diesem Geschöpf zu entwickeln, vollständig erhalten sein muß, so haben wir alles, worauf unsere Schlußfolgerungen sich stützten.

Ich habe, ausgehend von diesen Gedanken, vor längerer Zeit die Ansicht von einem Grundstamme der Lebewelt ausgesprochen und dargelegt.[49] Von einem solchen Grundstamme, der im anatomisch-physiologischen Sinne jetzt allgemein angenommen ist, war vorher, soviel mir bekannt, niemals die Rede gewesen. Ich habe dort meine Ansicht vom Grundstamme in der besonderen Beziehung auf die Oberhoheit des Menschen zu erläutern gesucht durch das Bild einer Majoratsherrschaft. Wenn ein Majoratsherr seinen Stammbaum rückwärts verfolgt, so trifft er auf lauter Majoratsherrn. Wenn aber ein früherer Majoratsherr seine nach Generationen vorhandenen späteren Nachkommen übersehen könnte, so würde er unter denselben außer einigen Majoratsherrn auch viele finden, die in bescheideneren Glücksumständen leben oder auch wohl ganz heruntergekommen sind. Der Mensch ist der Majoratsherr in der Schöpfung. Verfolgt er seinen Stammbaum rückwärts, so trifft er auf lauter Geschöpfe, in welchen die Fähigkeit einer bis zur innern Universalität des Vernunftgeschlechts aufsteigenden Entwicklung immer ungebrochen erhalten war und die demnach sämtlich dem Grundstamm angehörten. Wenn aber eine weit zurückliegende frühere Generation des Grundstamms ihre jetzt lebende Nachkommenschaft überblicken könnte, so würde sie unter derselben außer Menschen auch viele Geschöpfe finden, welche in allen Graden tierischer Beschränkung dahinleben.

In einem bloß anatomisch-physiologischen Sinne genommen, sagte ich, ist die Idee eines Grundstammes der Lebewelt jetzt allgemein angenommen. In bezug auf den in den geologischen Epochen bemerkbaren Fortschritt der Organisation gibt man allgemein zu, daß die Entwicklung der Wirbellosen zu Wirbeltieren sich nicht durch Echinodermen, Crustaceen, Insekten oder Mollusken vollzogen haben könne, und man betrachtet also gegenüber der zur Wirbeltierbildung fortschreitenden Reihe von Geschöpfen die genannten Klassen als Abzweigungen, welchen trotz aller ihrer sonst noch möglichen Variabilität der Fortgang zu Wirbeltieren verschlossen war. Ebenso nimmt man an, daß nach erreichter Wirbeltierform der Fortgang zu den später auftretenden Säugetieren sich nicht durch Knochenfische und nicht durch vollständig entwickelte Reptilien oder Amphibien vollzogen haben könne und daß auch hier wieder diese Klassen der zur Säugetierbildung befähigten Reihe gegenüber als Abzweigungen zu betrachten sind, zwischen welchen die genannte Reihe als Grundstamm sich hindurchzieht. Endlich statuiert niemand, daß unter den Säugetieren Pachydermen, Huftiere und Hornvieh aller Art auserlesen gewesen sei, sich zum Menschen zu erheben, sondern man erachtet diese Typen schon in ihren frühesten, noch wenig entwickelten Formen als verloren für den Fortschritt zum Menschen. In diesem allgemeinen Sinne ist die Idee des Grundstammes jetzt eine allgemein angenommene. Dieser Grundstamm fällt nicht notwendig ganz zusammen mit der Vorfahrenschaft des Menschen, da es nicht ausgemacht ist, ob nicht ein bestimmter Fortschritt, zum Beispiel der zu den Placentaltieren, sich in mehreren Reihen unabhängig voneinander vollzogen haben könnte. Und wenn man diesen Gedanken höher hinauf auf den Fortschritt zu den Säugetieren ausdehnte, so könnte sich dieser Fortschritt auch vollzogen haben in Reihen von Geschöpfen, von denen einige nicht zu den Vorfahren des Menschen gehören.

Näher noch, wenn auch nicht der Tendenz nach, so doch der äußeren Begrenzung nach, fällt mit unserer Vorstellung des Grundstamms dasjenige zusammen, was man in der sogenannten Anthropogenie als die Vorfahrenreihe des Menschen zusammengestellt hat. Da es nur ein sehr schmaler Weg ist, auf welchem die Anthropogenie die ganze Vorfahrenreihe des Menschen sich bewegen läßt, so sieht man, daß sie alles außerhalb dieses Weges Liegende als zur Menschwerdung unfähig anerkennt, wenn sie es auch nicht ausdrücklich als Abzweigungen aus der Vorfahrenreihe des Menschen erklärt. Ein ins einzelne ausgemaltes Bild dieser Vorfahrenreihe hat deswegen mit so großen

Schwierigkeiten zu kämpfen, weil man sich dabei auf jetzt Lebendes eigentlich nicht berufen kann, indem unter demselben keines ist, das nicht himmelweit von der Fähigkeit der Menschwerdung entfernt wäre, und man doch anderseits zum Zwecke der Veranschaulichung des Bildes diese Berufung nicht vermeiden kann.

Eigentlich müßte man, um mit Sicherheit die Metamorphosen der Vorfahrenreihe des Menschen verfolgen zu können, durch die Physiologie und Psychologie über den Zusammenhang der körperlichen Organe und der geistigen Funktionen soweit belehrt sein, daß man anzugeben wüßte, welche organische Bildungsschritte den Weg zur geistigen Universalität des Menschen offen lassen und welche ihn verschließen.[50] Daran fehlt aber bis jetzt nicht weniger als alles. Es wird also, wenn überhaupt der Versuch einer anschaulichen Ausmalung der Vorfahrenreihe gemacht werden soll, vorläufig nicht viel anderes übrig bleiben, als unter den Wirbellosen auf diejenigen Bildungen hinzuweisen, welche am wenigsten zu einer allzusehr differenzierten Bildung hinneigen, und unter den Wirbeltieren sich an diejenigen Bildungen zu halten, welche sich sukzessive am deutlichsten der Menschengestalt nähern. Der Gewinn, der für die Erkenntnis der geistigen Natur des Menschen aus dieser bloß morphologischen Kennzeichnung seiner Vorfahrenreihe herausspringt, ist freilich auf keine Weise ersichtlich. Man hat es der morphologischen Anthropogenie oft zum Vorwurf gemacht, daß sie in der Vorfahrenreihe des Menschen auch Geschöpfe aufführt, deren Existenz weder in der Vorwelt noch in der jetzigen Lebewelt nachweisbar ist. Ich meinerseits möchte ihr das am wenigsten zum Vorwurf machen. Denn wer davon eine Vorstellung hat, in welcher Entfernung von der uns anschaulich bekannten Tierheit alle Glieder des Grundstammes gedacht werden müssen, der wird auch von der Unvermeidlichkeit solcher Fingierung von Geschöpfen überzeugt sein, – immer vorausgesetzt, daß überhaupt der Versuch gemacht werden soll, so weit ins einzelne zu gehen bei dieser Frage. Wo die Rückführung auf Bekanntes in offenbaren Unsinn ausgeht, da muß man sich am Unbekannten und Hypothetischen genügen lassen und kann nicht verlangen, daß alle Wesen ausgeschlossen werden, deren Annahme sich nur dadurch rechtfertigt, daß sie ein Postulat sind.

Lassen wir nun die anatomisch-morphologische Beschreibung des Grundstammes und seiner Glieder auf sich beruhen, und gehen wir über zu einigen Folgerungen, welche wir aus der Vorstellung des zwischen dem Grundstamme und seinen Abzweigungen bestehenden Gegensatzes ziehen können. Diese Konsequenzen müssen sich vorläufig beschränken auf diejenigen, welche sich aus der inhaltlich noch ganz unbestimmt gelassenen Vorstellung des Grundstammes ableiten lassen. Denn wir dürfen nicht vergessen, daß wir den Grundstamm eigentlich nur formal, durch eine leere Fähigkeit, keineswegs aber durch einen realen Inhalt bestimmt haben. Ich habe nichts dagegen, wenn man sagt, diese von bloßer Fähigkeit oder Unfähigkeit hergenommene Weisheit wird geschenkt, da doch das, woraus sich etwas entwickelt hat, auch die Fähigkeit zu dieser Entwicklung gehabt haben muß. Ja wohl. Aber den Vorwurf, Selbstverständliches vorzubringen und zu urgieren, kann man sich schon gefallen lassen, wenn man dieses Selbstverständliche nach seinem Gewicht und seiner Bedeutung so wenig erkannt und beachtet sieht, daß anstatt der aus ihm wahrhaft sich ergebenden Folgerungen ganz entgegengesetzte daraus gezogen worden sind.

Nennen wir nun alles dasjenige, in welchem während des langen Entwicklungsganges der Lebewelt die Fähigkeit zur Entwicklung des Vernunftsgeschlechts vollständig erhalten war, das *Menschliche*, und alles dasjenige, in welchem diese Fähigkeit erloschen war, das *Tierische*, so sehen wir, daß das Menschliche und Tierische vom Urbeginn der Schöpfung an und in dem ganzen Entwicklungslaufe derselben einerseits durch Blutsverwandtschaft verbunden und anderseits innerlich durchaus und bestimmt geschieden sind. Hier muß ich nun gleich einen Anstoß wegräumen, den man allzugewöhnlich an dieser Bestimmung des Menschlichen nimmt. Das Leben auf der Erde hat doch, sagt man, seinen Anfang genommen mit äußerst unentwickelten Formen und mit den denkbar niedrigsten Stufen der Organisation; in denselben können wir doch nur das allerdumpfeste und beschränkteste tierische Leben wohnend denken; wie kann es nun auch ein Träger des Menschlichen genannt werden? Man vergißt dabei, daß wir auf einem andern verwandten Gebiete gar keine Schwierigkeit dabei finden, dem Allerunvollkommensten eine Tragfähigkeit für das Menschliche zuzuschreiben. Hat der menschliche Embryo nicht zuerst die Form eines Keimbläschens, und geht er nicht durch die Form der Morula und andere höchst unvollkommen organisierte Formen hindurch, ohne das Geringste von dem Charakter des Menschlichen einzubüßen? Wie vieles von dem innern Wesen des Menschen in das Bewußtsein eingetreten ist und wie vieles davon in den dunkelsten Tiefen noch unbewußt schlummert, das hängt freilich von der erreichten Ausbildungshöhe der Organisation ab; aber die innere Substanz, aus der die ganze Entwicklung des Embryo quillt, ist immer dieselbe und unabhängig von den gradweis erstiegenen Stufen der Entwicklung. Die tierischen Embryonen, welche in ihren ersten Entwickungsstadien den menschlichen zum Verwechseln ähnlich sind, werden ebenso durchaus nur Träger des tierischen Lebens sein. Auf die in unsere Sinne fallende Form der Erscheinung kommt es eben nicht an, sondern auf etwas ganz Unsichtbares, auf die innere Fähigkeit zu dem einen oder dem andern. So gut nun der menschliche Embryo in seinen ganz unentwickelten Zuständen Träger des Menschlichen ist, so gut können die Glieder des Grundstammes in ihren ganz unentwickelten Formen Träger des Menschlichen gewesen sein, *natürlich eines in die unbewußten Tiefen der Naturprozesse versenkten Menschlichen.* Wie groß auch sonst die innern Unterschiede in der Entwicklung des Individuums und der Entwicklung des Geschlechts sein mögen – insbesondere macht der Begriff der Vererbung eine genaue Unterscheidung nötig –, so sieht man doch soviel, daß die Unentwickeltheit als solche kein Hindernis sein kann für das Dasein des Vollkommenen. Übrigens sollten gegen den von den Embryonen auf die Vorfahren der Gattung gezogenen Schluß diejenigen am wenigsten etwas einzuwenden haben, welche Anhänger und Verfechter des sogenannten »biogenetischen Gesetzes« sind, worunter man versteht, daß die sukzessiven Formen der Embryonalentwicklung eine kurz zusammengefaßte Geschichte der Formenfolge darstellen, welche in der geologischen Entwicklung der Gattung stattgefunden hat. Obgleich, wie wir später sehen werden, das biogenetische Gesetz in der Form, in welcher es gewöhnlich ausgesprochen zu werden pflegt, nicht haltbar ist, so ist in demselben doch genug Wahrheitskern enthalten, um die obige Zusammenstellung zu rechtfertigen. Bei der uns beschäftigenden Frage hat man sich vor allen Dingen davor zu hüten, das *Unentwikkelte* mit dem *Unvollkommenen* zu verwechseln. Das Unentwickelte kann ein hoch und niedrig Beanlagtes sein. Es kommt überall nur auf die im Verborgenen wohnenden Triebkräfte an. Auch das in der höchsten Vollkommenheit sich Darstellende hat Zustände der gänzlichen Unentwickeltheit durchgemacht, und zwar in doppelter Weise, einmal in den Anfangszuständen der Entwicklung des Individuums und außerdem in den Anfangszuständen der Entwicklung des Geschlechts. Aber trotz dieser Zustände war es dem Unvollkommenen nur für die Sinne gleich, die sich an der Oberfläche stoßen, innerlich aber von demselben durchaus verschieden. Auch diese Verwechslung des Unentwikkelten mit dem Unvollkommenen hat ein gut Teil dazu beigetragen, daß man das Hervorgehen der Menschennatur aus der dumpfesten Tierheit für eine so ausgemachte Sache hielt, daß man alle Mühe sparte, darüber nachzudenken und es zu rechtfertigen und zu begründen.

Kehren wir zurück zu unserer obigen Unterscheidung des Menschlichen und Tierischen, vermöge welcher wir menschlich das genannt haben, in welchem die Fähigkeit zur Menschwerdung erhalten war, und tierisch, in welchem diese Fähigkeit unwiederbringlich verloren war. Hiernach ist das Menschliche nicht etwas spät Auftretendes, was auf ein längst vorhandenes und vollständig entwickeltes tierisches Leben aufgepfropft wäre, sondern es ist so ursprünglich als das Leben selbst. Eine vieltausendjährige Nacht der Tierheit, von keinem Schimmer des Menschlichen erleuchtet, hat es nie gegeben in diesem Erdenleben. Aber das Menschliche ist nicht bloß so alt als das Leben selbst, sondern es ist, wie leicht zu sehen, sogar das *Prius* der ganzen irdischen Lebewelt. Nehmen wir einen monophyletischen Ursprung des Lebens an, also nehmen wir an, daß das Leben aus einem gemeinschaftlichen Lebensborn gequollen sei – und nicht in getrennt hervorbrechenden Quellen oder gar in zahllosen getrennten Strahlen wie aus einer Gießkanne sich ergossen habe – also unter Annahme des monophyletischen Ursprungs ist das Urleben der Erde, als zur Menschwerdung befähigt, selbst dem Grundstamm der Schöpfung zuzuzählen; und da erst in dem Fortgange dieses Lebens die Scheidung in das für die Menschwerdung Erhaltene und das für dieselbe Verlorene eintreten kann, so sieht man, daß das Menschliche, in dem von uns angegebenen Sinne genommen, das Ursprüngliche, alles Übrige aus sich Entlassende sein muß. Wenn man die plumpe Frage stellte: ist der Mensch aus den Tieren hervorgegangen oder die Tiere aus dem Menschen? – so erscheint der zweite Teil dieser Alternative allerdings verrückt, wenn man dabei an den fertig ausgebildeten Menschen denkt. Wenn man aber zurückgeht auf die allmähliche Entwicklung der gesamten Lebewelt und fragt: ist das zur Menschwerdung Fähige und schließlich in der geistigen Universalität eines Vernunftgeschlechts Gipfelnde, also kurz das Menschliche, aus dem in dem Bann der stärksten Beschränkung liegenden Tierischen hervorgegangen, oder ist umgekehrt aus dem zur geistigen Universalität heranreifenden Menschlichen das Tierische durch Beschränkung hervorgegangen? – so zaudern wir keinen Augenblick zu sagen: das Beschränkte ist aus dem universell Angelegten, das Tierische ist aus dem Menschlichen hervorgegangen. Hier haben Sie in zwei Worten das Unterscheidende, wodurch ich mich zu allen Vertretern der Deszendenztheorie, wie sie auch heißen mögen, in dem entschiedensten Gegensatze befinde. Es gibt nur diese Alternative; hier ist der Scheideweg, und jeder hat sich zu entscheiden. Wer auf dem von uns eingeschlagenen Wege nicht folgen will, der greife die Voraussetzungen unseres Schlusses oder diesen selbst an. Nun sind aber die Voraussetzungen, von denen wir ausgehen, solche, welche, wie schon mehrfach hervorgehoben, von allen Gegnern rückhaltlos zugestanden werden. Es bleibt also nichts übrig, als den Schluß anzugreifen und zu zeigen, daß in der Schlußkette schwache Stellen sind, welche der spannenden Kraft einer strengen Prüfung nicht widerstehen und abreißen. Gegen diese Prüfung haben wir nichts einzuwenden.

Will man den tierischen Ursprung des Menschen festhalten, so muß man vor allen Dingen die von uns gegebene Definition des Menschlichen und Tierischen angreifen. Nun schafft man zwar den Unterschied von Geschöpfen, welchen der Fortgang zur höchsten Entwicklungsstufe verschlossen ist, und andern, welchen er offen ist, damit nicht aus der Welt, aber man zieht es vor, ihm kein Gewicht beizulegen und ihn nicht zu benutzen zur Unterscheidung des Menschlichen und Tierischen. Es bleibt also nichts übrig als die Begriffe »menschlich« und »tierisch«, in solcher in das gesamte Erdleben zurückgreifenden Allgemeinheit genommen, gar nicht gelten zu lassen und den Begriffen »Mensch« und »menschlich« erst von einem bestimmten Punkte der Entwicklung der Lebewelt an eine Bedeutung beizulegen und sie als etwas Fremdartiges und Neues in die Welt hereinfallen zu lassen. Und dann kann man ja wohl, wenn es sonst beliebt, diejenigen Geschöpfe, welche die Entwicklungsfähigkeit zum Menschen haben, und diejenigen, welche sie nicht haben, trotz dieses unermeßlichen Unterschieds mit dem gemeinschaftlichen Namen *Tiere* benennen. Und so gehen denn die Menschen aus den Tieren hervor. – Nun stellt sich aber eine andere Schwierigkeit heraus. Da nach den Lehren der Deszendenztheorie und insbesondere des Darwinismus alle Veränderungen der Organismen in der Abfolge der Generationen in minimalen Unterschieden sich vollziehen, so sieht man sich in die Notwendigkeit versetzt, mit dem Eintritte irgendeiner Kleinigkeit das Tier aufhören und den Menschen anfangen zu lassen. An irgendeinem Punkte und bei irgendeiner eingetretenen winzigen Veränderung, über welche beide nur die reinste Willkür entscheiden kann, muß man sagen »Mensch«, wo man vorher sagte »Tier«. Wie man sieht, wiederholt sich hier die Geschichte des alten Sophismus vom Kahlkopf. Der Sophist sagt: Antworte mir auf meine Fragen mit Ja und Nein. Wenn ich Dir ein Haar ausziehe, bist Du dann schon ein Kahlkopf? Nein. Noch eins, nein, ein drittes, nein, und so weiter. Da nun aber der Arme doch jedenfalls ein Kahlkopf wird, ehe alle Haare ausgezogen sind, so muß er nach dem Ausziehen noch eines Haares sich plötzlich für einen Kahlkopf erklären, während er vorher im Besitz dieses Haares behauptete, daß er keiner sei. Also macht ein Haar mehr oder weniger den Kahlkopf. So wird es auch dort gehen, wo eine Kleinigkeit mehr oder weniger den Menschen oder das Tier macht. Solange man die Menschennatur oder das Menschliche nicht in die Naturentwicklung zurückreichen, sondern den Menschen in irgendeinem Momente in die Welt hineinschneien läßt, wird man über die reinste Willkür in der Festsetzung dieses Momentes nicht wegkommen und selbst nach einer solchen Feststellung auf jede aus dieser Entstehung sich ergebende Charakterisierung der Menschennatur sowie auf jede Definition von Mench und Tier verzichten müssen und überhaupt allen wesentlichen Unterschied des Menschen vom Tier der Erfahrung ins Gesicht hinein leugnen müssen.

Doch lassen wir dies fremdartige Hereinfallen des Menschen in die Welt und seine an einem beliebigen Zeitpunkt erfolgende Aufpfropfung auf ein Tierisches beiseite. Der Mensch konnte nicht entstehen und herauswachsen aus Vorstufen, in welchen keine Spur des Menschenwesens enthalten war und welche ihrem Grund und Wesen nach nicht irgendwie schon als menschlich angesehen werden müßten. Da gibt es nur eine sukzessive Entfaltung, und in derselben mag man von Stufen, die zeitlich aufeinandergefolgt sind, reden, aber einen Zeitpunkt der Entstehung des Menschenwesens gibt es nicht. Wenn man von dem Alter des Menschengeschlechts auf Erden redet, so kann das keinen andern Sinn haben, als die geologische Epoche zu bestimmen, in welcher das heranreifende Vernunftgeschlecht die jetzige Körperbildung erreicht hatte.

Wir haben schon in dem Obigen ausgesprochen, daß das Menschliche nicht bloß so weit zurückreicht als das Leben selbst, sondern daß es das Prius alles Lebens ist. Ich habe in meiner schon erwähnten Schrift über die Schöpfung des Menschen dies so ausgedrückt, daß ich sagte: die erste in den fruchtbaren Erdenschoß ergossene Lebensfülle war der Vernunftkeim, d. h. die Anlage dessen, was schließlich als das Ziel sich herausstellt, eines Vernunftgeschlechts. Dies ist dasselbe, was wir oben behauptet haben, nur daß das Wort Keim noch näher auf eine eigentliche Anlage hindeutet, als das von uns bisher gebrauchte Wort Fähigkeit, welchem wir den Vorzug gegeben haben, weil es trotz seiner Inhaltsleere für unsern Zweck hinreichte und in seiner Unbestimmtheit weniger anfechtbar ist. Der Ausspruch, daß die erste Lebensregung auf der Erde zu bezeichnen sei als Vernunftkeim, war bei der Kürze der dort herangezogenen Vermittlungen, welche dem Nachdenken des Lesers vieles überließ, nicht hinlänglich gesichert vor falschen Auffassungen und ist auch von denen, welche dieses Nachdenken nicht anwenden wollten, als ein bloßer Einfall betrachtet worden, den man sich wohl so zu äußern erlaubt. In der Tat aber beruhte jener Ausspruch auf denselben Gründen, welche in dem Obigen uns zu dem Schlusse nötigten, daß das Urleben auf der Erde die erste Manifestation des Grundstammes, d. h. des zur Entwicklung des Vernunftgeschlechts Befähigten gewesen sei und daß dieses Urleben *die in den unergründlichen Tiefen des Unbewußten schlummernde Vernunft* in sich geborgen habe. Nur von einem in dem flüssigen Element der Erde sich regenden Urleben von solchem Gehalt kann man, ohne der Würde der Sache Eintrag zu tun, sagen: der Geist Gottes schwebte über den Wassern.

Nach allem Vorhergehenden ist der in allen Phasen seiner Entwicklung zusammengefaßte Grundstamm, d.h. kurz das *Menschliche* oder das *Menschenwesen,* welches seinem innern Gehalte nach zu bestimmen dem Folgenden überlassen bleibt, der Ausgangspunkt und das Endziel der ganzen irdischen Lebewelt.

Der Mensch ist das A und O aller Kreatürlichkeit. In dem Sinne, in welchem Christus von sich sagen konnte: Ehe denn Abraham war, war ich, in demselben Sinne könnte der Mensch von sich sagen: Ehe denn irgendwelche Kreatur und alles Getier auf Erden war, war ich. Ich sagte: in demselben Sinne, und meine: in dem Sinne einer über die gemeine Wirklichkeit des Gewordenen hinausgehenden Vertiefung in die innern bewegenden Mächte des Werdens. Der Sinn von Christi Ausspruch, den die Hörer eine harte Rede nannten, konnte doch unmöglich der sein, daß er als in Zeit und Raum erscheinender Mensch dem Abraham vorausgegangen wäre. Indem er sich aber als die Erfüllung der welthistorischen Mission des Judentums betrachtete, als das Organ, durch welches dasjenige, was von Anfang an als die beseelende Kraft in dem jüdischen Volksgenius gearbeitet hatte, zu einer die Schranken der Nationalität durchbrechenden Wirksamkeit und Ausbreitung in der Welt kommen sollte, konnte er wohl sagen: Ehe denn Abraham war, war ich. Dieses Ich ist dann nicht mehr zeitlich-räumliches Individuum, sondern in den Rang einer Idee erhoben. Wenn solche die gemeine Wirklichkeit überfliegende Blicke in die innerste Werkstätte des Weltlebens nicht auf dem Wege einer begrifflichen Vermittlung, sondern einer kontemplativen Intuition, wenn man will, einer Offenbarung, entstehen, so können sie nur in Form von erhabenen Paradoxien zum Ausdruck kommen, für welche es an Beispielen in den Evangelien bekanntlich nicht fehlt.

Es würde nicht schwer sein, in den Mythologien der Völker manche unserer Idee von der Menschwerdung verwandte, in phantastischen Ausmalungen sich versteckende Ideen zu finden. Doch lassen wir dies hier beiseite. Nur das eine will ich noch erwähnen, daß in den dunklen, aber tiefsinnigen Spekulationen der *Kabbala* der als Schlußstein der Schöpfung Dastehende und der die gesamte Lebewelt aus sich Erzeugende beide »Mensch« genannt werden, nämlich beide *Adam.* Der ausgebildete Mensch, der Mensch im gewöhnlichen Sinne, heißt Adam schlechthin, und der der gesamten Lebewelt zugrunde liegende Mensch heißt *Adam Kadmon.* Der letztere wird dargestellt als ein Menschenwesen, das zahllose Strahlen und Ströme des Lebens von sich aussendet. Das Wesentliche hierbei ist, daß der Mensch gedacht wird als werdend aus etwas, was, wenn auch nicht seiner Erscheinung nach, so doch dem Wesen nach bereits Mensch ist, daß das Menschliche der Ausgangspunkt, die beherrschende Mitte und das Ziel des Erdlebens ist und daß die Kabbalisten das Schaffende, Beseelende und zur Entwicklung Forttreibende in der Natur sich nicht anders denken konnten als unter dem Begriffe »Mensch«. Wir können die Idee des Adam Kadmon adoptieren, nur sagen wir statt Adam Kadmon »Grundstamm«. Statt der unbeholfenen Begriffe, mit welchen die Lehre vom Adam Kadmon sich abquält, setzen wir die der Erfahrung gut angepaßten Begriffe des Grundstammes.

Der berühmte englische Paläontologe *Richard Owen*[51] hat den Ausspruch getan, daß der Mensch der Idee nach immer vorhanden gewesen sei. Es ist nicht zu zweifeln, daß dieser Ausspruch zu seinem Hintergrunde einen Gedanken hat, welcher dem unsrigen nahe verwandt ist. In dieser Form jedoch ausgedrückt, fehlt es dem Ausspruch an einer handgreiflichen und faßbaren Bedeutung. Man muß doch wissen, wo und wie diese immer vorhandene Idee des Menschen eine Stätte ihres Daseins und Wirkens hat. Nun ja, sie hat diese Stätte in dem Grundstamm und den Triebfedern seiner fortschreitenden Entwicklung.

Alle diese noch dunklen Aussprüche, welche mit der ihnen zugrunde liegenden Idee sich in der Erfahrungswelt nicht zurechtzufinden wissen und denen noch viele verwandte Aussprüche teils poetischen, teils mystischen Ursprungs sich anschließen

ließen, haben zur Grundlage ein gemeinschaftliches Interesse, nämlich das Interesse nicht bloß des philosophischen, sondern des menschlichen Denkens überhaupt, überall da, wo man eine Entwicklung vor sich zu haben glaubt, den Ausgangspunkt mit dem erreichten Ziel durch eine Gemeinschaft der Tendenzen und Anlagen verbunden zu denken. Wo in dem Laufe der Veränderungen den früheren Zuständen andere sich anhängend und fremdartig hinzutretend erscheinen, da werden wir keine Entwicklung, sondern ein in dem Strudel der Begebenheiten und der äußeren Einflüsse Hin- und Hergeworfenes vor uns zu haben glauben. *Eduard v. Hartmann*[52] sagt in dieser Beziehung: Es zweifelt wohl niemand, daß bei jeder Art von Entwicklung in dem Anfangszustande dasjenige implizite enthalten gewesen sein muß, was in dem Endzustande explizite zum Vorschein kommt. Dieser Forderung dürfen wir glauben, durch unsere Ansicht von der Ausbildung der irdischen Lebewelt vollkommen genügt zu haben. Es mag auffallend erscheinen, daß Hartmann diesen Grundsatz nicht auf die Deszendenztheorie angewandt hat, wenigstens nicht in dem Sinne, daß das Menschliche das Prius des Erdenlebens ist. Er läßt vielmehr ganz unbesehen das Menschliche aus dem Tierischen hervorgehen und ist in diesem Punkte in der glücklichen Lage, zu denken, wie alle Welt denkt. Dies Glück ist ihm übrigens um so eher zu gönnen, als er sonst in manchen andern Punkten mit der Welt in argem Konflikt steht. Das Auffallende in dem Verhalten Hartmanns zu der Deszendenztheorie wird verschwinden, wenn man bedenkt, welche Rolle bei ihm das *Unbewußte* spielt und welche Macht und Bedeutung demselben beigelegt wird. Von unübersteiglichen Schranken, welche durch gewisse Bildungsschritte gezogen werden, weiß er nichts. In seiner Allmacht ist es allen harten Notwendigkeiten der Wirklichkeit enthoben. Wie man sagt: Bei Gott ist kein Ding unmöglich, so möchte man sagen: Bei dem Unbewußten ist kein Ding unmöglich, auch nicht die Durchbrechung von Schranken, die so fest gefügt sind wie die Pforten der Unterwelt.

III

Wenden wir uns nun nach diesen allgemeinen Betrachtungen zu einigen Erscheinungen, welche geeignet sind, die Anwendung zu zeigen, die wir von der von uns aufgestellten Idee des Grundstammes machen können zur Orientierung in der uns erfahrungsmäßig vorliegenden Entwicklung des Erdlebens und durch welche wir die bis jetzt mehr allgemein und abstrakt gehaltenen Lehren dem Boden der Erfahrung näherrücken. Es ist schon oben nachgewiesen worden, daß der Grundstamm nichts von andern Stämmen geerbt haben kann, sondern daß er alle Fortschritte in sich selbstschöpferisch vollziehen muß. Diese Fortschritte können alle nur in der Richtung der Menschwerdung erfolgen. Es wird deswegen nicht auffallend erscheinen, daß die Annäherung an die Menschengestalt so früh auftritt in den geologischen Stadien des Erdlebens. Wir können natürlich hier nur von den Wirbeltieren reden, da uns bei den Wirbellosen alle Anknüpfung an die Menschengestalt fehlt. Da außerdem alle inneren Organe der vorweltlichen Wirbeltiere vernichtet sind und wir von denselben keine Kenntnis haben, so können wir nur von den umschließenden festen Hüllen, wo solche vorhanden gewesen sind, etwas wissen, sowie von den einem ganz äußeren Gebrauche dienenden Organen, welche nicht Hüllen eines unbekannten Inhalts sind, und das sind vor allen Dingen die Extremitäten.

Hier finden wir nun das Bemerkenswerte, daß die allerältesten luftatmenden Wirbeltiere sämtlich *fünf Finger* und *fünf Zehen* haben wie der Mensch.[53] Alles weiter von der menschlichen Extremitätenbildung Abweichende bei den luftatmenden Wirbeltieren ist viel späteren Ursprungs und größtenteils erst Folge eines allmählichen Hineinlebens in besondere, bestimmte Lebensbedingungen und einer fortschreitenden Anpassung an dieselben. Eine so allgemein und so prononciert auftretende Tatsache sollte man doch nicht so leicht und gleichgültig hinnehmen; sie sollte doch die Frage anregen, worum es eigentlich der Natur zu tun ist in den Entwicklungen. Auch unter denjenigen Geschöpfen, in welchen der Fortschritt zu dem höher organisierten Typus der Säugetiere sich zuerst vollzogen hat, unter den *Beuteltieren*, begegnen wir gleich einer erhöhten Annäherung an die menschliche Extremitätenbildung, indem die sogenannten Handbeutler ihre vorderen Extremitäten nicht mehr bloß zur Stütze bei der Fortbewegung brauchen, zu welchem Zweck dieselben überhaupt recht ungeschickt sind, sondern sich diese Extremitäten zu den mannigfaltigsten Verrichtungen freihalten. Statt dieser in den ältesten Repräsentanten des Säugetiertypus vorhandenen Annäherung an die menschliche Extremitätenbildung finden wir in den meisten späteren Geschlechtern der Säugetiere eine viel bedeutendere Abweichung von derselben. Denn alles weiter von der menschlichen Extremitätenbildung Abweichende unter den Säugetieren ist doch bekanntlich viel späteren Ursprungs als die Beuteltiere. – Aber die Menschenähnlichkeit der ältesten Landwirbeltiere erstreckt sich nicht bloß auf die *Anzahl* der Finger und Zehen, sondern auch auf die *Form* der zu den Extremitäten gehörigen Knochen.

Hierbei muß ich etwas historisch Merkwürdiges erwähnen. Als im Anfang des vorigen Jahrhunderts der schweizerische Naturforscher *Scheuchzer* in einer tertiären Erdschicht Knochen fand, welche mehr Ähnlichkeit mit Menschenknochen hatten als die Knochen aller ihm bekannten Tiere, hielt er dieselben für Menschenknochen und schrieb ein viel Aufsehen erregendes Buch unter dem Titel: homo diluvii testis. Die Frage, ob man hier Menschenknochen vor sich habe, blieb lange unentschieden.[54] Als endlich *Cuvier* mit seinem so außerordentlich geschärften Auge diese Knochen sich besah, sprach er seine Meinung dahin aus, daß diese Knochen einem vorweltlichen mannsgroßen Salamander gehört haben müßten. Da man bis dahin nur die Knochen von ganz kleinen Salamandern gesehen hatte, so schien der Ausspruch Cuviers sehr gewagt, und man ließ ihn auf sich beruhen. Als aber einige Zeit nachher in einer abgelegenen

Ecke der Welt, in den japanischen Gewässern, ein lebender drei Fuß langer Salamander gefunden wurde, überzeugte man sich bald, wie richtig Cuvier gesehen hatte, und wie scharf er in den kleinen Knöchelchen der ihm bekannten Salamander das Charakteristische des Salamanders überhaupt aufgefaßt hatte. Man bedenke nun, daß die Zeit der Ausbildung dieser großen Salamander, allen paläontologischen Tatsachen nach zu schließen, dieselbe gewesen sein muß wie die Blütezeit der großen Froschsaurier, oder eine nur wenig spätere, und man wird zugeben, wie frühzeitig die organisierende Natur den Weg zur Menschenbildung eingeschlagen hat. Der Scheuchzersche Salamander war ein in die spätere Zeit der tertiären Periode hinübergeretteter, in welcher Zeit der ganze Akzent des Fortschrittes und der Neubildung bekanntlich auf die Säugetiere fiel, während bei den Amphibien von einem Fortschritt und einer Neubildung längst nicht mehr die Rede sein konnte, und die Menschenähnlichkeit des Salamanders also ein sehr altes Erbstück sein mußte.

Der erwähnte japanische *Salamander* ist uns auch noch in anderer Beziehung merkwürdig und lehrreich und verdient es, ihm hier ein paar Worte zu widmen. Wir können annehmen, daß derselbe ein durch besonders günstige lokale Umstände erhaltenes und aus der Blütezeit der Amphibien ziemlich unverändert herübergerettetes Geschöpf sei. Im allgemeinen finden wir, daß von einem Organisationstypus, welcher in einer früheren Zeit den Höhepunkt der ihm möglichen Ausbildung erreicht hatte, in den späteren Zeiten, nach Veränderung aller Naturumgebungen, sich nur kleine und schwächliche Repräsentanten erhalten haben oder ganz isoliert an einigen Orten sich noch Repräsentanten finden, die den früheren mächtiger entwickelten nahe stehen; man denke nur an die vorweltlichen Saurier und die jetzigen, oder an die vorweltlichen Crustaceen oder Nautiliden und die jetzigen. Weil kleinere Tiere ihr Nahrungsbedürfnis leichter befriedigen und kein großes Revier brauchen, weil sie sich leichter verkriechen und Schutz gegen die Ungunst des Klimas und gegen Feinde finden können, so ist es erklärlich, daß von einem

Typus, der in ganz andern Naturverhältnissen mächtig und üppig sich entwickeln konnte, in späteren, schlechteren Zeiten im allgemeinen nur kleine und ärmliche Repräsentanten übrig bleiben und daß nur an einzelnen Orten und unter besonders günstigen Umständen sich noch einige den früheren näherstehende Geschöpfe erhalten. Dies ist nun auch der Fall mit dem Geschlechte der Salamander überhaupt und mit unserm japanischen Salamander insbesondere. Derselbe ist schon nach Europa gebracht worden und in Amsterdam sowie in den Aquarien von Hamburg und Frankfurt zu sehen gewesen. Er veranschaulicht uns manches, was wir als notwendig für die früheren Kollektivgeschöpfe postuliert haben, ohne in der Gegenwart genau Entsprechendes nachweisen zu können, nämlich die große Akkommodationsfähigkeit, Nachgiebigkeit und Unbestimmtheit ihres organischen Baues. Auf dem Lande zu laufen oder zu schwimmen oder unten auf dem Grunde des Wassers herumzulaufen, das ist ihm alles einerlei; er ist in allen Sätteln gerecht. Das Merkwürdigste aber ist die Veränderlichkeit seiner Kopf- und Gesichtsbildung. Wenn er mit der Schnauze einen festen Körper berührt und sich an ihn andrückt, so erscheint Kopf und Gesicht breit und kurz wie bei einem Frosch. Wenn er aber schnuppernd, wie es scheint, umhergeht, so erscheint Kopf und Gesicht langgestreckt und bekommt das Ansehen von manchen kleinen Raubtieren. Diese Verschiebbarkeit aller Gesichtsknochen und diese Formgeschmeidigkeit gibt uns den Anblick einer noch unbestimmten Bildung, eines Unentschiedenen und Unfertigen und eines Geschöpfs, aus welchem durch Fixierung nach der einen oder andern Richtung noch Verschiedenes hervorgehen könnte, wenn sonst nicht die Zeit seiner schöpferischen Triebkräfte und der für dieselben nötigen äußeren Anregungen längst vorüber wäre und es nicht ein ganz verlorener Posten wäre. Ich behaupte natürlich nicht, daß dieser Ursalamander, den Scheuchzer, nach seinen Extremitätenknochen zu urteilen, für einen Menschen erklärte, ein Glied des Grundstammes oder ein Vorfahre des Menschen gewesen sei. Aber das muß man behaupten, daß, wenn die in dem Ursalamander sich darstellende Abzweigung von dem Grundstamm schon so viel Menschenähnlichkeit zeigt, der Grundstamm selbst diese Stufe der Annäherung an die Menschengestalt um so eher schon erreicht haben mußte in jener sehr frühen Urzeit.

Einen weiteren Fortschritt zur menschlichen Extremitätenbildung finden wir in den Fußabdrücken des dem Anfang der sekundären Periode angehörigen sogenannten Chirotheriums oder Handtieres[55]. Die Fußabdrücke dieses Geschöpfs sehen aus wie der Abdruck einer mit einem dicken Handschuh überzogenen Menschenhand. Der Daumen ist deutlich von den übrigen Fingern abgesetzt, und diese vorderen Extremitäten machen den Eindruck, als wenn zu ihrer Bildung die Funktion des Gehens weit weniger bestimmend gewirkt habe, als die Funktion handlicher Verrichtungen. Wie jener griechische Philosoph, welcher beim Anblick von mathematischen Figuren, die er auf einer für unbewohnt gehaltenen Insel in den Sand gezeichnet fand, ausrief: »vestigia hominis!«, so haben auch manche beim Anblick dieser Fußspuren des Chirotheriums sich versucht gefühlt zu sagen: »vestigia hominis«[56]. Das ist nun freilich mehr gesagt, als man verantworten kann. Aber wenn auch das Chirotherium kein Glied des Grundstammes gewesen ist, sondern, wie wahrscheinlich, eine noch junge und noch nicht zu weit entfernte Abzweigung desselben, so beweist es doch, daß der Grundstamm in jener frühen Zeit, welche der Säugetierbildung vorausging, in seiner Extremitätenbildung schon so weit sich der Menschenbildung genähert hatte, als es bei dem Chirotherium zutage tritt. Vielleicht hat dasselbe auf der Übergangsstufe von amphibiosen Tieren zu Beuteltieren gestanden und zeigt uns den Fortschritt, welcher mit den Ansätzen zur Säugetierbildung verbunden war.

Werfen wir noch einen Blick auf die menschenähnlichsten unter den uns bekannten Geschöpfen, auf die *Affen*, so finden wir ein entsprechendes Verhalten. Wer von dem oberflächlichen und täppischen Gedanken eines allgemeinen Fortschritts ausgeht und zugleich von der Erhebung des Tieres zum Menschen, der wird etwa annehmen, daß die zuerst entstandenen Affen zu den niedrigststehenden, ganz tierisch aussehenden Affen gehört haben und daß dieselben im Lauf vieler Generationen sich allmählich vermenschlicht haben, bis eines schönen Tages die Humanität ihr ganzes Wesen verklärt hat und Gedanken des Unendlichen und Ewigen auf die entwölkte Stirn getreten sind. Diesen Vorstellungen gemäß wäre zu erwarten, daß die Affen, welche man in den am meisten zurückliegenden geologischen Schichten findet, die auffallendsten Züge tierischer Roheit an sich erkennen ließen. Nun gerade im Gegenteil erklärt *Oswald Heer*[57] einen in den mittleren Tertiärschichten gefundenen Affen für menschenähnlicher als alle lebenden anthropoiden Affen. In jener so weit zurückliegenden Zeit ist also der Grundstamm schon mehr der Menschengestalt genähert gewesen als die heutigen sogenannten anthropoiden Affen, da er einer solchen Abzweigung, wie jener alte Affe darstellt, fähig gewesen ist. Es mag jener Affe dem damaligen Ausbildungszustande des Grundstammes sehr nahe gestanden haben, indem er eine noch ziemlich frisch aus demselben hervorsprossende Abzweigung dargestellt hat. Hat derselbe eine bis in die Gegenwart reichende Nachkommenschaft gehabt, so wird dieselbe durch immer zweckmäßigere Anpassung an besondere gegebene Lebensbedingungen der Außenwelt und gleichzeitig erfolgende Verengerung ihrer Innenwelt sich vom Menschen mehr und mehr entfernt und dasjenige tierische Gebaren angenommen haben, welches wir bei allen Affen finden.

Betrachten wir die lebenden anthropoiden Affen, so ist es nicht uninteressant zu bemerken, daß von den einzelnen Arten derselben jede in einer bestimmten Beziehung die Menschenähnlichkeit stärker zeigt und wieder nach bestimmten Richtungen hin weiter vom Menschen abweicht. So zeigt der *Gorilla* die meiste Menschenähnlichkeit in der Extremitätenbildung, der *Orang* in der Schädelbildung und der *Schimpanse* in der Gesichtsbildung und dem Gesamthabitus. Das sieht doch wirklich aus, um an eine oben gebrauchte Wendung zu erinnern, wie »disjecti membra hominis«. Wer den Menschen aus dem Affen hervorgehen läßt, der muß entweder annehmen, daß der Mensch diese verschiedenen Züge seiner Bildung aus den Affen zusammengebettelt hat, oder, da dies doch allzusehr mit dem Makel des Unglaublichen behaftet ist, daß der vorweltliche Affe, aus welchem der Mensch hervorgegangen sein soll, diese Züge im Wesentlichen schon in sich vereinigt hatte und daß die Affenarten, in welchen diese Züge nur vereinzelt vorkommen, den Affenvater des Menschen auch zu ihrem Vater gehabt haben und sich nur nach verschiedenen Richtungen weiter von demselben entfernt haben als *der* Sprößling desselben, den wir Mensch nennen. Heißt das nicht: die Affen sind Abzweigungen von einem Stamme, welcher mehr menschenähnlich war als sie selbst? Und worin besteht nun noch der Unterschied von unserer Ansicht? Nur noch in dem Worte, an das man sich anklammert, ohne irgendeinen verständlichen Sinn damit verbinden zu können, in dem Worte »Affe«.

Alle die soeben aufgeführten morphologischen Tatsachen sind so, wie sie zu erwarten standen, wenn ein stetig zur Menschwerdung hinarbeitender Grundstamm überall vorausgeht und fortwährend Abzweigungen aus sich entläßt. Es möchte sehr schwer sein, zu zeigen, wie alle diese Tatsachen ohne eine von Haus aus festgehaltene Tendenz zur Menschwerdung aus einer in allen Zufällen der natürlichen Zuchtwahl und des Kampfes ums Dasein herumtaumelnden Variabilität sich naturgemäß ergeben.

Ich will noch auf einige andere Tatsachen aufmerksam machen, welche die Priorität, mit welcher die Menschenbildung den Abzweigungen des Grundstamms entgegensteht, erkennen lassen. Es ist eine allgemeine Annahme, daß in den Jugendzuständen der Geschöpfe Anklänge an ihre Vorfahrenschaft häufig bemerkt werden. So schließt *Darwin* daraus, daß an den Füßen der neugeborenen Pferde öfters Querstreifen bemerkt werden, daß die Pferde einen Stammvater gehabt haben, welcher wie das

Zebra mit Querstreifen versehen war. Das mag richtig sein. Aber warum vergißt man denn diese Regel gänzlich, wenn man bemerkt, daß das Junge des Orang-Utan dem menschlichen Kinde so sehr ähnlich sieht[58] und außer der Ähnlichkeit in seiner körperlichen Erscheinung auch Züge von Fügsamkeit, Sanftheit und Gelehrigkeit durchblicken läßt und daß bei weiterem Wachstum das Tierische immer mehr hervortritt, bis endlich die plumpe, mürrische und zornige Bestie fertig ist? Der obigen Regel gemäß müßte man doch schließen, daß in den Vorfahren des Orang die menschliche Körperbildung und die dem Menschlichen verwandten Seelenzustände das Vorherrschende gewesen seien. Und wenn man den nächsten Vorfahren des Menschen einen Affen nennt und dabei auch noch urgiert, daß er ein echter Affe gewesen sei, sollte man da derselben Regel gemäß nicht erwarten, daß das menschliche Kind physische und geistige Züge der Affennatur bemerken ließe? Nun wahrlich! Vergleiche doch den tiefsinnigen Blick der Unschuld mit dem unsichern, fahrigen und stechenden Blick des Affen und suche mir einen größeren Gegensatz! Statt das Bild des Affen in dem menschlichen Kinde zu erkennen, entnehmen wir ihm das Bild der Engel, weil wir von einer den unausweichlichen Härten der Wirklichkeit enthobenen Idealität uns nicht anders eine Anschauung bilden können als durch das in der Knospe verhüllte Menschliche.

Eine andere, sehr allgemein in der Natur zu bemerkende Tatsache, welche auf einen höher veranlagten Ursprung vieler Geschöpfe deutet, ist diejenige, daß so oft die Bildung eines Organs den Gebrauch desselben weit überragt oder daß man, nach der Bildung des Organs zu schließen, einen viel besseren und höheren Gebrauch von demselben erwarten sollte. Man nimmt an, daß die Organe ihre volle Ausbildung erlangt haben gerade durch den der Bildung entsprechenden Gebrauch und durch die Anpassung an die erstrebte und von den Bedürfnissen gebotene Funktion derselben. Dieser Grundsatz wird in unzähligen Fällen richtig sein und gilt, wenn man außer den äußeren Bedürfnissen auch die innern in Anschlag bringt, von dem

Grundstamme sicherlich unbedingt. Aber wie zahlreich sind die Fälle, wo aus dem mit dem Organ gemachten Gebrauche die Bildung des Organs gar nicht begreiflich wird, weil diese Bildung, bezogen auf den Gebrauch, eine ungeheure Verschwendung von edlen Mitteln erkennen läßt. Man betrachte die Hand des Gorilla. Sie hat alle Knochen, Muskeln und Bänder der menschlichen Hand, und in ganz ähnlicher Lage und Anordnung dieser Teile. Diese Hand würde, ihrem Baue nach betrachtet, besonders bei Übung in der Jugend, allenfalls hinreichen zum Klavierspielen. Aber wie sieht es mit den innern Erfordernissen zum Klavierspielen bei ihm aus, und welchen Gebrauch macht er wirklich von seinen Händen? Er zerreißt seine Nahrung damit, bricht Baumäste ab, schlägt mit Prügeln um sich. Glaubt jemand, daß die Anpassung an diesen elenden Gebrauch bestimmend gewesen sei für die verschwenderische Ausbildung dieser Hand? Nein. Auf diesem Boden ist diese Hand nicht gewachsen. Der Gorilla hat sie geerbt von einem Stammvater, welcher jedenfalls einen der Bildung derselben mehr entsprechenden Gebrauch von ihr gemacht hat, und der Gorilla hat dieses edle und fruchtbringende Erbgut nebst so manchem anderen verwildern lassen, bis sie zur vollkommenen Wüste wurden.

Um noch ein zweites, über einen größeren Kreis von Geschöpfen sich ausdehnendes Beispiel zu geben von der Unangemessenheit der Organe zu ihrem Gebrauch, so will ich erwähnen, daß die Bildung der Stimmorgane aller plazentalen Säugetiere im höchsten Grade ähnlich ist der Bildung des menschlichen Stimmorgans. Der Anatom *Rudolphi*[59] behauptet sogar, daß kein Unterschied zwischen beiden zu entdecken sei. Jedenfalls ist der Bau ihrer Stimmorgane von der Art, daß ein Hindernis zur Hervorbringung artikulierter Laute in ihm nicht zu erkennen ist. Es hat auch einmal jemand durch ausdauernde und seltene Erziehungskünste einen Pudel dahin gebracht, einzelne Worte auszusprechen und sogar ein viersilbiges Wort, das Wort »Schokolade«. Es wird nun niemand bestreiten wollen, daß dieses dem menschlichen Stimmorgan so ähnliche der Säugetiere zur Hervorbringung der bei ihnen vernehmbaren Laute und Töne ganz überflüssig künstlich gebaut ist, und es wird deswegen auch niemand behaupten wollen, daß unter den Übungen dieses erbärmlichen Gebrauchs und durch das Bestreben zu einem solchen Gebrauch dieses vollkommene Organ sich entwickelt habe. Vielmehr hat dieses Organ unter dem Bedürfnis und dem Drange der Mitteilung durch artikulierte Laute und unter der Übung dieser Mitteilung sich entwickelt, das heißt in Geschöpfen, welche von diesem Organ einen seiner Einrichtung entsprechenden Gebrauch gemacht, welche die Sprache ausgebildet haben, also welche menschlich angelegte und zum Menschen heranreifende Geschöpfe gewesen sind. Und von diesen, d. h. von dem Grundstamm, haben die Säugetiere ihr Stimmorgan geerbt, können es aber nicht selbstschöpferisch erzeugt haben. Dasselbe kann nur auf einem Boden gewachsen sein, in welchem die Triebkraft zu einem angemessenen Gebrauch desselben arbeitete. Die Darwinisten kommen mit ihren eigenen Grundsätzen über den Einfluß des Gebrauchs und Nichtgebrauchs auf Entwicklung oder Verkümmerung der Organe in Konflikt, wenn sie ein solches Organ, wie das Stimmorgan, ohne alle Mitwirkung des angemessenen Gebrauchs, aus, ich weiß nicht was, entstehen und in das Dasein hervorzaubern lassen. Vollends fabelhaft wird, wie dies Organ sich dadurch entwickelt haben kann, daß es im Kampf ums Dasein von Vorteil gewesen ist, wenn man doch niemals einen angemessenen Gebrauch davon gemacht hat. Da man ferner die Sprache als das eigentlich charakteristisch Unterscheidende des Menschen vom Tiere ansieht, so glaubt man mit einem noch sprachlosen Menschen eine Art Mittelstufe zwischen Mensch und Tier herzustellen. Man denkt sich unter den sprachlosen Menschen allseitig fertig ausgebildete und natürlich auch mit dem ganz ausgebildeten Stimmorgane versehene Menschen. Später fällt ihnen ein, dies Stimmorgan, was ihnen ohne Arbeit geschenkt ist, auch zu gebrauchen und den körperlich längst fertigen Menschen auch geistig fertig zu machen, und so Körper und Geist stückweise zusammenzusetzen.

Auch hier müssen wir sagen: Alle die hier aneinandergereihten morphologischen Tatsachen sind so, wie sie zu erwarten standen, wenn ein stetig zur Menschwerdung hinarbeitender Grundstamm überall vorausgeht und auf jedem Punkte seiner Ausbildung Abzweigungen aus sich entläßt; es möchte schwer sein, zu zeigen, wie alle diese Tatsachen ohne eine von Haus aus feststehende Tendenz zur Menschwerdung durch eine in allen Zufällen der natürlichen Zuchtwahl im Kampf ums Dasein herumtaumelnde Variabilität sich naturgemäß ergeben. Es wird durch diese mitgeteilten Tatsachen, wie sich hoffe, auch manches, was in den früheren, allgemeiner gehaltenen Betrachtungen weniger faßlich und der anschaulichen Vorstellung entrückt erschien, eine Handhabe erhalten haben, mittelst welcher man die Vorstellungen vom Grundstamm und von der Priorität des Menschlichen sicherer anfassen und in der Erfahrungswelt verwenden kann.

Betrachten wir noch kurz, wie der in der Deszendenztheorie so wichtige Begriff der *Vererbung* sich stellt zu der Annahme von einem Grundstamm und seinen Abzweigungen. Zunächst ergab sich, daß der Grundstamm nie irgend etwas ererbt haben kann von den abgezweigten Stämmen, weil sonst ein abgezweigter Stamm in den Grundstamm zurückgekehrt sein müßte, wozu einer jeden Abzweigung, der Definition derselben gemäß, die Fähigkeit absolut abgesprochen wird. Umgekehrt können die Abzweigungen gar manches und verschiedenes vom Grundstamm ererbt und aus demselben in ihre weitere Entwicklung mit hinübergenommen haben. Je weniger der Grundstamm selbst in seiner Organisation fortgeschritten war, je geringer also auch und unbedeutender die Mitgift desselben sein konnte, desto mehr war den Abzweigungen Spielraum gelassen zu den mannigfachsten Ausweichungen nach allen Seiten. Je mehr aber der Grundstamm selbst schon zu bestimmter Ausbildung fortgeschritten war, desto größer mußte die Mitgift ausfallen und desto mehr müssen auch die Abzweigungen durch eine größere

Summe des Gemeinsamen zusammengehalten erscheinen. Es folgt daraus, daß in den untersten Stufen der Organisation die Summe des Gemeinsamen ein Minimum ist, die Unterschiede aber zahllos. Verlangte man zur Festsetzung einer Klasse eine gewisse Summe von gemeinschaftlichen Merkmalen, so müßte man, falls man diejenigen Strahltiere, welche so viel gemeinsame Merkmale haben als etwa die Wirbeltiere, in eine Klasse vereinigen wollte, sicherlich mehrere hundert Klassen von Strahltieren unterscheiden. Es würde dann das, was wir bei ihnen Art oder Gattung nennen, in den Rang einer Klasse treten. Die später auftretenden höheren Organisationsprinzipien zeigen eine viel größere Summe des Gemeinsamen, bis endlich in den Wirbeltieren und am meisten in dem zuletzt auftretenden Typus der Säugetiere am vollständigsten das erreicht ist, was man die *Einheit des Typus* nennt, und zwar hier die Einheit eines durch die größte Summe von Merkmalen bestimmten Typus. Dies alles deutet nicht bloß auf gemeinschaftliche Abstammung des durch so viele Merkmale Verbundenen, sondern auch darauf, daß die aufeinanderfolgenden höheren Organisationsprinzipien nicht auf verschiedenen Wegen unabhängig voneinander mehrmals entstanden sein können. Und da in dem Grundstamm jedenfalls die sukzessiven höheren Organisationsprinzipien selbstschöpferisch erzeugt sind, so deutet es auf den Grundstamm als die zusammenhaltende Einheit. Wenn wir annehmen, daß *nur* der Grundstamm die höheren Organisationsprinzipien in sich selbstschöpferisch erzeugt habe und die Abzweigungen dieselben nur in ihren kleinen Kram hinübergenommen haben, so erscheint der schon früher zitierte Ausspruch von *Schiller:* Der Mensch ist Schöpfer und die Tiere sind Geschöpfe, von naturwissenschaftlicher Seite betrachtet, nicht mehr so sehr paradox.

Die unermeßliche Fülle der von Cuvier als Strahltiere bezeichneten Geschöpfe hat sich offenbar abgezweigt und nach allen Seiten entwickelt, ehe der Grundstamm die bilaterale Form in sich entwickelt und befestigt hatte. Mit der Ausbildung dieser Form ist dieselbe auch vererbt worden, und der Weg zur

Abzweigung der sämtlichen bilateralen Wirbellosen war eröffnet. Mit der Erreichung der Wirbeltierform und vollends der Säugetierform trat der größte Reichtum des Ererbten und zugleich nicht mehr Aufzugebenden ein.

Man hat, geblendet von der Einheit des Typus bei den Wirbeltieren, dieselbe zu verallgemeinern und auch auf die Wirbellosen zu übertragen gesucht. Aber alle dahin zielenden Versuche sind erfolglos geblieben und scheinen auch aufgegeben zu sein. Nach der soeben gemachten Bemerkung über den verschiedenen Umfang des vom Grundstamm Ererbten ist auch gar kein Grund vorhanden, eine größere Einheit des Typus zu erwarten, als sie sich findet. Die durch die ganze Lebewelt hindurchgehende Einheit, die man gern nachweisen wollte, ist auch wirklich vorhanden, aber nicht in der Einheit eines sichtbaren äußeren Typus, sondern in der innern Einheit des Grundstammes.

Von seiten derer, welche vermöge einer philosophisch gerichteten Naturanschauung zur Deszendenztheorie hinneigten, aber angesichts mächtiger und gefürchteter Gegner dieselbe bestimmt zu bekennen sich scheuten – in welchem Falle bekanntlich *Goethe* war, also von seiten dieser zurückhaltenden und schüchternen Anhänger der Deszendenztheorie hat man immer sehr großen Wert auf die Lehre von der Einheit des Typus gelegt und um deren Ausbildung sich eifrig bemüht. So hatte Goethe ja eine unmäßige Freude, als er glaubte nachweisen zu können, daß das einzige Kennzeichen, durch welches man anatomisch einen Unterschied des Menschen von den Tieren festzustellen pflegte, nämlich das Fehlen des Zwischenkieferknochens bei dem Menschen, unhaltbar sei und daß auch in diesem Punkte die Einheit des Typus völlig herzustellen sei.[60] – Das große Interesse dieser Männer an der Lehre von der Einheit des Typus gründete sich darauf, daß die Einheit des Typus ihre ungezwungenste Erklärung in der Deszendenztheorie fand; denn somit erhielt durch jede neue Einsicht in die Einheit des Typus ihre verschwiegene Liebe zur Deszendenztheorie eine Aufmunterung. Auch die Versuche, die Einheit des Typus über die Grenzen ihrer augenfälligen Gültigkeit auszudehnen, stammen von diesen Männern. Für uns und unsern bisher entwickelten Standpunkt wird die Lehre von der Einheit des Typus noch besonders wichtig, wenn wir betrachten, von welchem Punkte der Orientierung man ausgeht bei der Darlegung der Einheit des Typus. Man geht dabei allgemein vom Menschen aus, weil man sieht, daß Licht und Ordnung in diese Lehre am leichtesten dadurch gebracht wird, daß man den Menschen in die Mitte stellt und die Säugetiere um ihn gruppiert und nun nachweist, wie die Tiergestalten als durch mannigfache Verlängerungen, Verkürzungen, Verschiebungen und Verwachsungen entstandene Modifikationen der Menschengestalt erscheinen. Dadurch ist die zentrale Stellung des Menschen stillschweigend vorausgesetzt und der Mensch als das Verständnis Gebende, als der Schlüssel der Kreaturen betrachtet und verwendet. Und nun scheint der Schritt von dem als Ausgangspunkt der Ableitung zu Verwendenden zu dem als Ausgangspunkt der Abstammung zu Denkenden in der Tat nicht allzu groß. Man denke sich einmal, man ginge bei der Nachweisung der Einheit des Typus etwa vom Pferd oder vom Walfisch als Orientierungspunkten aus, wem könnte dies einfallen und was würde dabei herauskommen? Wir sehen also, daß die Einheit des Typus nicht bloß dazu zu verwenden ist, wozu sie gewöhnlich nur verwendet wird, nämlich zur Bestätigung der Deszendenztheorie im allgemeinen und zum Hervorgehen vieler Geschlechter aus einem Stammgeschlecht, sondern daß sie uns auch über dieses Stammgeschlecht nicht im Dunkeln läßt. Wir werden doch am naturgemäßesten dasjenige als das Stammgeschlecht annehmen, welches sich so in den Mittelpunkt der Gestalten stellt, daß von ihm eine Ableitung derselben sich am ungezwungensten ergibt. Das die Ableitung der Gestalten Beherrschende wird auch am naturgemäßesten als das denselben zugrunde Liegende und sie Bestimmende gedacht werden. Was hier auf geistigem Gebiet sich als Ableitung darstellt, wird auf physischem Gebiete als Abstammung zu erfassen sein.

Wir wollen jetzt nicht fortfahren in der Aufzählung von Tatsachen, welche zur Bestätigung und Erläuterung der Ansicht von dem Gegensatze des Grundstammes und seiner Abzweigungen und von der Priorität des Grundstammes oder des Menschlichen dienen können. Wir haben nur solche Tatsachen erwähnt, welche mit einer weiteren inhaltlichen Bestimmung des Grundstammes nichts zu tun haben und welche auch ohne solche Bestimmung ihre Beweiskraft behalten für das, was allein bewiesen werden sollte, nämlich für den kontradiktorischen Gegensatz des Grundstammes und seiner Abzweigungen und für die Priorität desselben. Weitere Tatsachen, welche diesen Gegensatz erläutern, welche sich aber nicht bloß auf den abstrakten leeren Gegensatz, sondern auch auf den Inhalt des Grundstammes beziehen, werden wir später in einem andern Zusammenhange vorbringen.

Wir sind angekommen an einem Resultat, durch welches die Ansicht von der Stellung des Menschen in der Natur, wie sie sich bei Annahme der Deszendenztheorie gewöhnlich zuerst und wie von selbst darbietet, gewissermaßen auf den Kopf gestellt wird. Zugleich wissen wir uns dabei im Gegensatze zu allen über diese Sache herrschenden Vorstellungen. Endlich wollen wir nicht in Abrede stellen, daß unsere Ansicht noch keineswegs so weit ausgebildet ist, daß sie auf alle Fragen, zu welchen man sich hingedrängt sieht, eine ganz befriedigende und jedes Dunkel zerstreuende Antwort geben kann. In vielen Punkten herrscht noch Dunkelheit darüber, wie man sich die Sachen des näheren zu denken habe. Unter diesen Umständen wird es sehr natürlich und auch geraten erscheinen, nochmals zu fragen, wie sind wir denn eigentlich hierher gekommen, wo wir stehen? Wenn wir den Weg, auf dem wir vorgegangen sind, überall sicher und unausweichlich vorgezeichnet finden, so haben wir wenigstens das gewonnen, daß wir einen festen Punkt der Orientierung vor uns haben, den wir als richtunggebend immer im Auge behalten können bei allem Schwanken und Schaukeln auf dem Meer der Unsicherheit, auf welches man sich mit der Annahme der Deszendenztheorie begibt. Es ist ja nicht zu leugnen und auch nicht zu verwundern, daß die meisten neugebildeten Begriffe, welche wir bei einer so neuen und zugleich so großen Aufgabe wie die Deszendenztheorie in Anwendung setzen, noch recht ungeleckte Bären sind, ja daß mancher von diesen Begriffen ein wahrer Wechselbalg ist, der uns bald dies bald jenes vorgaukelt. Es wird deswegen von großer Wichtigkeit sein, einen festen Punkt der Orientierung vor Augen zu haben.

Als einen solchen betrachte ich die Lehre von dem *Grundstamm* als der Gesamtvorfahrenschaft des Menschen und seinen Abzweigungen und die damit zugleich sich ergebende Lehre von der Sonderstellung des Menschen der ganzen Tierwelt gegenüber. Und da diese Lehre bei allen, welche die herrschenden Vorstellungen in sich aufgenommen haben, sehr gegen den Mann geht, so scheint es mir am Platze zu sein, jetzt, wo wir im Begriffe stehen, zu andern Dingen überzugehen, den Gedankengang, der uns zu dieser Lehre geführt hat, nochmals kurz zu rekapitulieren und zuzusehen, ob man den gezogenen Schlüssen ausweichen kann. Fassen Sie also nochmals Folgendes ins Auge.

Es ist allgemein zugestanden, daß es unter den Wirbellosen ganze Klassen von Geschöpfen gibt, deren organischer Bauplan ihnen die Entwicklung zum Wirbeltiertypus unmöglich macht. Ebenso zweifelt niemand daran, daß es unter den Wirbeltieren ganze Klassen von Geschöpfen gibt, denen die Entwicklung zu dem höheren Typus des Säugetieres unmöglich ist. Schließlich besteht kein Zweifel, daß es unter den Säugetieren große Reihen von Geschöpfen gibt, denen der Weg zur Menschwerdung ein für allemal verschlossen ist. Folglich muß allen den Reihen von Geschöpfen, in welchen auf einer einmal erreichten Organisationsstufe die Fähigkeit zur Ersteigung der nächst höheren Organisationsstufe erloschen war, eine andere Reihe von Geschöpfen gegenübergestanden haben, in welchen diese Fähigkeit fortwährend erhalten blieb und in welcher immer die Ersteigung der nächst höheren Organisationsstufe sich vollzogen hat. Unter denjenigen Geschöpfen, welche eine nächst höhere Stufe der

Organisation erstiegen hatten, trat dann ein Unterschied ein zwischen solchen, welche in der erreichten Organisationshöhe, befriedigt mit den Mitteln dieser Organisation, sich zweckmäßig einrichteten in der ihnen dargebotenen Außenwelt, und solchen, in welchen die immer wach bleibenden Triebkräfte einer höheren Organisation es nicht zu einer solchen zweckmäßigen Einrichtung in der dargebotenen beschränkten Außenwelt kommen ließen und in denen ein mächtiges inneres Gebot sich der vollen Hingabe an eine beschränkte Außenwelt widersetzte. Die Reihe von solchen Geschöpfen, welche auf keiner erreichten Organisationsstufe sich bequem betteten, sondern dem Trieb und Drang zur Ausgebärung einer höheren Organisationsstufe folgten, diese Reihe haben wir den *Grundstamm* der Schöpfung genannt. Dieselbe ist durch die auf jeder Stufe erhaltene und neubelebte Fähigkeit des Fortschritts zu einer höheren Stufe kontradiktorisch allem dem entgegengesetzt, was auf irgendeiner Stufe Halt macht und sich in die von allen Seiten offenstehenden Gefilde des sinnlichen Genusses verbreitet. Daß diese Reihe auch der Fähigkeit zur Menschwerdung niemals verlustig gegangen ist, davon ist der Beweis einfach das Vorhandensein des Menschen. In dieser Reihe liegt die ganze Vorfahrenschaft des Menschen, und der Mensch ist der Schlußstein dieser Reihe. Wenn man den inneren Gehalt, durch welchen diese Reihe zu allen den sukzessiven Fortschritten, die zuletzt im Menschen gipfeln, befähigt und getrieben ist, das *Menschliche* nennen will, so ist doch offenbar dagegen nichts zu sagen. Es ist doch einmal der Gegensatz vorhanden zwischen demjenigen, was in stetiger sukzessiver Entwicklung zur geistigen Universalität des Menschen fortschreitet, und demjenigen, was in der Sphäre einer beschränkten sinnlichen Außenwelt den Schauplatz seiner Triebe und Bedürfnisse findet, und warum sollte derselbe nicht auch in der Entwicklung des Erdlebens mit denselben Worten bezeichnet werden, mit denen wir im abgeschlossenen Erdleben ihn als *Menschenwelt* und *Tierwelt* unterscheiden?

Hiernach nimmt der Mensch in seiner ganzen Vorfahrenschaft

eine Sonderstellung ein gegen die gesamte Tierwelt, weil diese Vorfahrenschaft auf keiner erreichten Stufe der Organisation ausruhte, wie sehr auch die Außenwelt ihr die Polster dazu zurechtlegte, sondern durch die Triebkräfte einer höheren Stufe über die jedesmal erreichte hinausstrebte, weil ein inneres Gebot sich allen Anreizungen zur Hingabe an eine beschränkte Außenwelt widersetzte. Nur so wird die Sonderstellung begreiflich, welche der Mensch in der uns jetzt umgebenden Natur der Tierwelt gegenüber ohne allen Widerstreit einnimmt. Diese Sonderstellung der Vorfahrenschaft des Menschen ist, wie leicht zu sehen, ganz unabhängig von jeder Hypothese über den monophyletischen oder polyphyletischen Ursprung der Lebewelt. Der Unterschied ist nur der, daß bei dem monophyletischen Ursprung der Gegensatz von Grundstamm und Abzweigungen sich durch die ganze Entwicklung der irdischen Lebewelt hindurchzieht, und bei der polyphyletischen erst mit der Herstellung desjenigen Organisationstypus beginnt, für welchen ein Urwesen mit besonderer Veranlagung geschaffen ist. In dem letzteren Falle ist die vor der Herstellung dieses Organisationstypus vorausgehende Entwicklung ohnedies eine abgesonderte und von allen andern verschiedene, sie ist aber zugleich, möchte man sagen, eine verdienstlose, weil sie ohne die Möglichkeit einer Abzweigung fortgeht und dem Urwesen in seiner Veranlagung ein- für allemal mitgeteilt ist. Der letztere Fall würde für die ganze Vorfahrenschaft des Menschen eintreten, wenn man für alle Gattungen von Geschöpfen besonders veranlagte Urwesen geschaffen denkt. Eine Sonderstellung würde dann der Mensch auch haben, aber freilich alle übrigen Geschöpfe in ihrer Art nicht weniger. Und jede Gattung von Geschöpfen mit Einschluß des Menschen verdankte ihre Sonderstellung ausschließlich der ihrem besonderen Urkeime mit auf den Weg gegebenen Anlage und wäre außerdem vor aller Blutsverwandtschaft mit andern Gattungen bewahrt.

Nun, darum gerade aber hat es sich gehandelt für uns, die trotz aller Blutsverwandtschaft mit den Tieren vorhandene Sonderstellung des Menschen und seiner ganzen Vorfahrenschaft nachzuweisen und festzustellen. Bekanntlich ist der auf der Deszendenz fußenden herrschenden Anthropologie die Blutsverwandtschaft des Menschen mit den Tieren ein vollkommen zureichender Grund gewesen zu der Behauptung, daß der Mensch jeden Anspruch auf eine besondere höhere Natur aufzugeben habe, daß in allen seinen Vorzügen, soweit es deren überhaupt gebe, nichts weiter zu sehen sei als Steigerungen tierischer Fähigkeiten und Instinkte, welche durch eine Reihe glücklicher und unverdienter Zufälle hervorgerufen und an das tierische Wesen angesetzt seien; oder, mit dem beliebten kurzen Wort, daß der Mensch Staub sei. Dies stellt die herrschende Anthropologie als ihren Kern- und Grundgedanken hin, aus welchem sie schon eine neue, höhere Ära des Menschheitslebens gewaltig in die Zeit hereinbrechen sieht. Alle Versuche, etwas von den Eigenschaften, Fähigkeiten und Bestrebungen des Menschen, wie er nun einmal ist, zu erklären, alle diese Versuche, wenn sie überhaupt gemacht werden, laufen darauf hinaus, zu zeigen, daß dies alles auch bei den Tieren sich schon finde und bei dem Menschen nur in einer vermehrten und verbesserten Auflage erscheine.

Wie Sie aus dem Vorhergehenden entnommen haben, ist der Ansicht von der Sonderstellung des Menschen gar nicht auszuweichen, wenn man zugibt, daß durch gewisse Bildungsschritte der Eingang zu einem höheren Organisationstypus vollkommen verschlossen werden kann, und wenn man auf die Fähigkeit oder Unfähigkeit des Fortschritts den Unterschied des Grundstamms und seiner Abzweigungen gründet. Nun macht zwar die Deszendenztheorie gegenwärtig überall das Zugeständnis des Gegensatzes von Grundstamm und Abzweigungen. Aber die herrschende Anthropologie der Deszendenz hatte ihren hohen Aufflug schon genommen, ehe überhaupt von dem Gegensatze des Grundstamms und seiner Abzweigungen die Rede war. Sie hat die Konsequenzen, welche dieses Zugeständnis mit sich bringt, für die Ansicht von der Stellung des Menschen nicht gezogen, sei es aus Unbedachtsamkeit oder weil sie durch ihren entschieden tendenziösen Charakter, der ihr von Anfang an anhing, an der unbefangenen Erwägung von Gründen verhindert war. Nachdem aber die herrschende Anthropologie der Deszendenz dieses Zugeständnis einmal gemacht hat, hilft ihr alles weitere Leugnen nichts. Jeder Untersuchungsrichter erkennt darin nur leere Ausflüchte. Dies erste Geständnis bricht ihr den Hals, so wenig sie sich dessen dabei auch anfangs versehen haben mag.

IV

Wir sind nun so weit gekommen, daß wir einen festen Ausgangspunkt für die weitere Verfolgung unseres Weges gewonnen haben, indem wir dem Menschengeschlechte mit Einschluß seiner ganzen Vorfahrenschaft einen besonderen Platz gegenüber der gesamten Tierwelt angewiesen haben, welcher ihm unbestritten bleiben muß. Ich bin nun der Meinung, daß unser Fortschritt am besten eingeleitet wird durch eine *Darstellung und Kritik der Lehre Darwins,* weil uns dieselbe direkt hineinführt in einen der Gegenstände, welche zunächst in Untersuchung genommen werden müssen, nämlich die *Mittel und Wege,* welche der Natur und insbesondere dem Grundstamm zu Gebote stehen für die Umgestaltung und Höherentwicklung der Lebewelt im Fortgange der Deszendenz. Durch die Betrachtung des Darwinismus wird unser Blick hingelenkt auf diese innere Werkstätte der Natur, wobei wir dann auch noch andere Werkzeuge und Kräfte in Tätigkeit sehen werden als diejenigen, von welchen Darwin geglaubt hat, daß sie allein zur Anwendung kommen. Übrigens versteht man auch von den Untersuchungen und Streitigkeiten, welche die Welt bezüglich der Deszendenztheorie beschäftigen, nichts recht, wenn man sich die Lehre Darwins nicht genau angesehen hat. Die Deszendenztheorie ist mit der Selektionstheorie des Darwin verschmolzen erst zur allgemeinen Anerkennung gelangt. Diese Vermischung, in welcher sowohl die Gegner als die Anhänger der Deszendenztheorie lange befangen geblieben sind, hat große Verwirrung in den meisten Köpfen angerichtet. Weil Darwin die Deszendenztheorie in glanzvoller Weise erneuert und zur Anerkennung gebracht hat, verwechselt man *seine* Weise ihrer Einführung mit der Sache selbst. Sie, diese Theorie als solche, hätte sich gleich gut vertragen mit materialistischen und idealistischen, mit pantheistischen und theistischen, mit mechanistischen und organisch-evolutionistischen Anschauungen. Aber dies wurde verkannt in der Gesellschaft von *mechanistisch-kausalen* Begriffen, in welcher sich die Deszendenztheorie fortwährend befand. –

Die *Darstellung* des Darwinismus anlangend, können wir uns in Anbetracht, daß dieselbe schon tausendmal geschehen ist, in der Hauptsache bei den Zügen dieser Lehre genügen lassen, welche unsrer Kritik zur Anknüpfung dienen, und erinnern deshalb hier in bezug auf den allgemeinen Grundgedanken nur kurz daran, daß Darwin die jederzeit vorkommenden kleinen Abweichungen der jüngeren Generation von der sie erzeugenden dazu benutzt hat, um zunächst die Entstehung bleibender Varietäten und endlich bleibender, mehr oder weniger sich voneinander trennender Gattungen und Arten daraus zu erklären, indem die vorteilhafteren Abweichungen bessere Aussicht auf Bestand und deshalb auch auf Fortpflanzung und Vererbung haben. Darwin nennt bekanntlich dieses Überleben und Dominieren des vorteilhafter Organisierten die *natürliche Auslese* (Selektion) oder *Zuchtwahl im Kampf ums Dasein.*

Wenn man fragt, wodurch jene den letzten Grund aller Verschiedenheiten der Geschöpfe enthaltenden kleinen Abweichungen entstehen sollen, so ist die Antwort Darwins sehr kurz und bestimmt. Er sagt: sie entstehen durch *Zufall.* Das soll natürlich nicht heißen: sie entstehen ohne zureichende Ursachen, was kein Vernünftiger unter Zufall verstehen kann, sondern es soll nur heißen, daß diese Veränderungen und Abweichungen vom elterlichen Organismus nicht erfolgen durch ein in den Geschöpfen liegendes Entwicklungsgesetz, das im Verlaufe der Generationen die Bildung allmählich verändert, sondern durch äußere Einflüsse, welche mit dem Artcharakter des Geschöpfes nichts zu tun haben und ebenso gut wegbleiben könnten. Hiernach folgt der Organismus bei seiner Fortpflanzung unter den gewöhnlichen Umständen eigentlich nur dem Gesetz der Vererbung. Ungewöhnliche, zufällige Umstände und Einflüsse können dieses Gesetz in einigem Grade durchbrechen, und jene hierdurch entstehenden kleinen Abweichungen eines Jungen vom Gattungscharakter der Eltern sind demnach eigentlich als kleine Monstrositäten zu betrachten. So beruht die ganze Ausbildung und schließliche Gestaltung der gesamten Lebewelt hier in letzter Instanz auf lauter derartigen kleinen Zufällen. Ein irgendwie gearteter Schöpfungsplan ist von vornherein ein für allemal ausgeschlossen. Darwin unterläßt es auch nicht, auf ein Ausschauen nach einem Schöpfungsplan einige spöttische Seitenblicke zu werfen.

Umstände, welche in Darwins Sinne eine »natürliche Auslese« ermöglichen, scheinen nun allerdings vorhanden zu sein. Als wichtigsten Faktor in denselben hat man zunächst zu betrachten die ungeheure Verschwendung, welche die Natur ausnahmslos auf allen Stufen der Organisation mit den Lebenskeimen treibt. Diese Keime treten alle mit dem Anspruche zu leben auf und die Natur kann diese Ansprüche nur zum allerkleinsten Teil befriedigen, indem sie demjenigen, was sie ins Leben gerufen hat, die Bedingungen zum Leben nicht verschaffen kann. Im allgemeinen ist auf den niederen Stufen der Organisation diese Verschwendung von Lebenskeimen viel größer als auf den höheren. Aber auch auf den höheren Stufen fehlt viel zur Möglichkeit, die geborenen Geschöpfe sämtlich zu ihrem natürlichen Lebensziele gelangen zu lassen und ihren Anspruch ans Leben zu befriedigen. Darwin hat nachgerechnet, daß dasjenige Geschöpf, welches unter allen Geschöpfen der Natur am wenigsten verschwenderisch umgeht mit der Erzeugung von Jungen, nämlich der Elefant, doch immer noch so viel Junge hervorbringt, daß, wenn dieselben alle ihr natürliches Lebensziel erreichen sollten, schon nach 500 Jahren die ganze Erdoberfläche nicht hinreichen würde, dieselben zu ernähren, selbst wenn diese ganze Oberfläche mit Nährpflanzen des Elefanten angebaut wäre. Gehen wir aber zu niederen Organisationen herunter, so geht die Verschwendung in den meisten Fällen fast ins Grenzenlose. Wenn der Stör zwei bis drei Millionen Eier jedes Jahr produziert, so kann er von Glück sagen, wenn von diesen Millionen Eiern ein einziges sich durch alle Gefahren durchschlägt und zum erwachsenen Stör heranreift. Aber selbst dieses Glück wäre überschwenglich. Denn wenn unter den Nachkommen eines Störs sich jedes Jahr nur *eines* befände, dem es beschieden wäre, zum erwachsenen Stör heranzureifen, so müßte die Anzahl der erwachsenen Störe, den jährlichen Abgang durch den natürlichen Tod eingerechnet, doch alle drei Jahre sich verdoppeln, und man weiß, wohin das führt. Man sieht, daß, um den Bestand der Familie der Störe unverändert zu erhalten, es hinreicht, wenn von allen während seines ganzen Lebens produzierten Eiern eines Störs überhaupt zwei ihr natürliches Lebensziel erreichen. Mehr oder weniger Ähnliches zeigt sich auf allen Gebieten des Tier- und Pflanzenlebens. Genug, was in dieser unserer irdischen Welt die Straße des Lebens antritt, das tritt die Straße der Gefahren an. Feindliche Mächte aller Art, Hitze und Frost, Nässe und Dürre, Hunger und Durst, Krankheit und Siechtum und zahllose lebendige Feinde, zielen alle nach dem armen Leben, das meist wehrlos diesen Mächten erliegt. Überall schafft die Natur Leben und schafft nicht die Mittel zu seiner Erhaltung. Mit der so oft besungenen gütigen Mutter Natur hat es doch so seine eigne Bewandtnis. Von den zahllosen Pflanzenkeimen sind es nur äußerst wenige, denen die Natur einen Boden zu ihrer Entwicklung zu bieten hat. Auf dem ungünstigsten Boden findet man immer noch verkümmerte und halb verhungerte Exemplare verschiedener Pflanzenarten, welche sich dieses elende Fleckchen Erde streitig machen. Hier haben wir soziales Elend im reichen Maße. Das soziale Elend bei Pflanzen rührt uns freilich nicht, weil wir ihnen keine Empfindung zutrauen. Ob aber nicht mit einem schlecht befriedigten Ernährungsbedürfnis ein inneres Unbehagen verbunden ist, sowie anderseits mit einem im besten Gedeihen verlaufenden Lebensprozeß eine Art Behagen, das wissen wir nicht. Daß ein mit fortwährenden Hemmnissen kämpfender Trieb des normalen Wachstums eine Art Unbehagen erzeugen könne, ist so unwahrscheinlich nicht. Wenn wir sagen, daß das soziale Elend in der sich selbst überlassenen Natur grenzenlos ist, so dürfen wir freilich nicht an unsere wohlbestellten Gärten und Felder denken, wo dicke Kohlköpfe und massige Rüben sich äußerst wohl befinden, weil wir alle andern, ebenso lebensbegierigen Pflanzen als Unkraut unbarmherzig ausrotten, wenn diese letzteren nicht etwa schon durch die übermächtig gedeihenden Günstlinge in ihren Lebenstrieben erstickt werden. Oder man sehe nicht nach der stolzen Pracht der Bäume in einem wohlgepflegten Walde, wo alles unnütze Gestrüpp längst ausgerottet ist, sondern man sehe auf einen Urwald; in dieser sich selbst überlassenen Natur drängt alles in wilder Unordnung sich durcheinander und sucht zu retten, was zu retten ist an Boden, Luft und Licht: ein Zustand, von welchem Buffon ein so schönes Gemälde in glänzenden Farben entworfen hat. Was hier von der Pflanzenwelt gesagt ist, das gilt in zwar anderer Weise, aber in demselben Umfange, auch von der Tierwelt.

So entsteht das, was man in einem allgemeineren Sinne genannt hat den *Kampf ums Dasein*, was aber in dem hier erläuterten Sinne heißen soll der Kampf um die Lebensbedingungen, welche sich allerwärts als unzureichend erweisen im Verhältnis zu der aus der Zeugungskraft der Natur hervordringenden Lebensfülle. Man dehnt aber den Kampf ums Dasein zum Zweck des von diesem Begriffe zu machenden Gebrauchs noch weiter aus und rechnet dazu auch dies, daß ein Geschöpf dem andern nicht die Lebensbedingungen, sondern das Leben selbst entzieht und das Leben des andern zu einem bloßen Mittel seines Lebens heruntersetzt. Das Leben des einen wird von einem andern behandelt wie eine ihm zur Verfügung gestellte brauchbare Sache. Diese Art des Kampfes ums Dasein wird hauptsächlich und fast ausschließlich von den Tieren geübt. Endlich rechnet man zum Kampf ums Dasein auch den mehr oder weniger erfolgreichen Widerstand, welchen die Geschöpfe den bedrohlich werdenden klimatischen, physikalischen oder elementaren Mächten entgegensetzen müssen. In diesem allgemeinen Sinne genommen ist der Kampf ums Dasein ein Kampf oder eine Verteidigung gegen alle dem Leben feindlichen Mächte, und der Sieg in diesem Kampf ist entweder ein glückliches Erobern der nötigen Lebensbedürfnisse oder ein glückliches Entrinnen aus tausendfältigen Gefahren.

Sogleich hieran konnte nun eine Schlußfolgerung von allgemeiner Bedeutung und Tragweite geknüpft werden. Nur eine solche Organisation kann in den soeben geschilderten Verhältnissen Anspruch auf Bestand und Dauer haben, welche sich auf einen Vorteil im Kampf ums Dasein stützt, das will heißen: welche dem Zwecke der Erhaltung des Lebens besser dient unter den gegebenen Lebensbedingungen. In dem Fortgange der Veränderungen muß sich also eine immer größere *Zweckmäßigkeit* der Einrichtungen der Organisation herausstellen. Dieser Fortschritt wird aber nicht dadurch hervorgebracht, daß nur zweckmäßige Variationen entstehen, sondern dadurch, daß von allen möglichen zufälligen und auf nichts berechneten Variationen nur diejenigen sich halten und Bestand gewinnen, welche den Organismus zweckmäßiger ausstatten für die Erwerbung seiner Lebensbedürfnisse und denselben den Lebensbedingungen fügsamer anpassen. Auf diese Weise entsteht Zweckmäßigkeit ohne alle und jede darauf gerichtete Absicht oder Veranstaltung, durch lauter Zufälle, allein dadurch, daß nur die zweckmäßigen Zufälle auf Bestand zu rechnen haben. Hierdurch wurde zum ersten Male die Möglichkeit klargestellt, Zweckmäßigkeit als *Resultat* zu haben, ohne daß Zweckmäßigkeit als *Prinzip* angenommen wird. Dies ist natürlich von allen denen mit Jubel und Begeisterung aufgenommen und feurig verkündigt worden, welche in allen Erscheinungen der Natur nur die Erfolge von blind wirkenden Kräften sehen möchten, ohne alle bewußt oder unbewußt wirkende, auf einen Zweck gerichtete Tätigkeit; man glaubte, daß damit jeder Art von Teleologie der Garaus gemacht sei. Dies wird gewöhnlich so ausgedrückt, daß man sagt: Durch den Darwinismus ist alles *mechanisch-kausal* erklärt, wobei man glaubt, daß als das Gegenteil des mechanisch-kausalen Naturverlaufes nichts weiter gedacht werden könne als das unmittelbare Handanlegen eines Schöpfers an eine in allen ihren Kräften schon abgeschlossene Natur. Mit dem Worte »mechanisch« darf man es dabei nicht sehr genau nehmen. Denn von den Begriffen, welche den Gegenstand und den Inhalt der Mechanik bilden, und den in dieser Wissenschaft geltenden Methoden der Ableitung ist in dem Darwinschen Raisonnement auch nicht die geringste Spur zu finden. Wahrscheinlich hat man dieses Wort gewählt, weil man durch die Mechanik allein eine Anschauung und Vorstellung gewinnt von Erfolgen, welche unter Voraussetzung von bestimmten Kräften und einmal gegebenen Lagen und Geschwindigkeiten der Körper mit unabänderlicher Notwendigkeit sich herstellen. Man will so mit dem Worte »mechanisch« wohl nur sagen, daß alles durch blind wirkende Naturkräfte sich herstellt, ohne allen Bezug auf einen bestimmten Erfolg, und findet in der Mechanik das deutlichste Vorbild solcher Vorgänge.

Den Übergang von diesen Grundgedanken des Darwinismus zu einer Kritik derselben, ja einen guten Teil dieser Kritik schon selbst, gewinnen wir durch gewisse *auxiliäre Prinzipien,* welche Darwin teils ersonnen, teils von andern aufgenommen und seinem Hauptprinzip beigefügt hat, weil dasselbe in einigen Beziehungen unzureichend erschien. Das erste derselben betrifft die sogenannte *Anpassung.*

Man bezeichnet den Hergang, durch welchen die den Naturumgebungen, den Lebensbedingungen und den Lebensbedürfnissen entsprechende organische Ausstattung der Geschöpfe erreicht wird, mit dem Wort Anpassung. Bei genauerem Zusehen bemerkt man aber bald, daß dasselbe in zwei ganz verschiedenen Bedeutungen genommen wird. Bei der durch natürliche Zuchtwahl im Kampf ums Dasein erreichten Anpassung ist das mit diesem Worte Bezeichnete nur ein Angepaßtsein, als bloßes Resultat genommen, ohne alle auf die Anpassung gerichtete Tätigkeit der Organismen. Denn die Variationen der Organismen erfolgen nach allen beliebigen Richtungen, ohne alle Rücksicht auf ihre Nützlichkeit oder auf ihr Geeignetsein zu einer besseren Anpassung an die Lebensbedingungen. Nur indem diejenigen, welche zufällig mit einer besser passenden Variation ausgerüstet sind, in den nachfolgenden Generationen die vorherrschenden werden und zuletzt die allein übrig bleibenden sind, entsteht ein Angepaßtsein als Resultat. Nun hat man aber längst bemerkt, daß Anpassung auch auf ganz andere Weise entstehen kann als durch die alleinige Überlebung des mit einer passenden Variation Ausgestatteten. Wenn ein Geschöpf in ungewöhnliche neue Umgebungen kommt, so wird dasselbe, wenn es darin sein Leben fristen will, auch oft ungewöhnliche Leistungen zu machen haben. Die zu solcher Leistung nötigen besonderen Anstrengungen einzelner Organe werden ihre Spuren in der Beschaffenheit dieser Organe zurücklassen. Ungewöhnliche Anstrengungen in den Körperbewegungen, ungewöhnliche Nahrungsmittel, ungewöhnliche Luftbeschaffenheit werden von den Muskeln, an den Verdauungsorganen, an den Atmungsorganen nicht spurlos vorübergehen. Die auf diese Weise entstandenen Eigentümlichkeiten nennt man *erworbene* im Gegensatz zu den *angeborenen*. Die Zweckmäßigkeit wird hier hervorgebracht durch eine direkt auf Herstellung derselben gerichtete Tätigkeit des Organismus. Man hat also hier wahrhaft eine, wenn auch unbewußte *Zwecktätigkeit*, ein Begriff, der so häufig als ein völliger Nonsens über Bord geworfen wird. Diese Zweckmäßigkeit ist freilich nicht eine von außen an den Organismus herantretende und in seine Bildung eingreifende, sondern eine solche, die den einzigen Ort ihres Daseins in dem Organismus selbst hat. Verglichen mit den ungeheuren Umwegen, auf welchen durch alleinige Überlebung des vorteilhafter Ausgestatteten und durch das Verschwinden des minder gut Ausgestatteten die Zweckmäßigkeit erreicht wird im Darwinismus, erscheint dieser zweite Weg der Anpassung, der der *aktiven Anpassung*, als ein sehr direkter und bequemer. Freilich geht bei demselben die Lieblingsidee des Darwinismus, die durch lauter blinde Zufälle, bei dem Mangel jeder Art von Zwecktätigkeit, erreichte Zweckmäßigkeit, in die Brüche. Denn bei der aktiven Anpassung ist es doch der Zweck der Selbsterhaltung, der sich in der Darstellung des Zweckmäßigen betätigt.

Die aktive Anpassung in Verbindung mit dem Einfluß des *Gebrauchs und Nichtgebrauchs der Organe* ist es fast ausschließlich, welche dem *Lamarck* als das mächtige, der Natur zu Gebote stehende Mittel der Umbildung und der Herstellung des Zweckmäßigen vorschwebte.[61] Lamarck und Darwin, beide sind Vertreter der Deszendenztheorie; beide behandeln dieselbe im Interesse der Naturgeschichte und im Anschluß an die die Naturforscher zunächst beschäftigenden Probleme. Aber in der Ansicht von den Mitteln, welche die Natur anwendet zur Umbildung und zur Trennung in Arten, weichen sie voneinander ab. Man kann sie beide bequem und zutreffend unterscheiden, wenn man unter Lamarckianismus das System versteht, dessen Prinzip die aktive Anpassung ist, und unter Darwinismus das System, dessen Prinzip die passive Anpassung ist, d. h. eine Anpassung, die jeder auf ihre Herstellung gerichteten Tätigkeit des Organismus ermangelt und als bloßes Resultat derjenigen Variationen hervortritt, welche sich im Kampfe ums Dasein nützlich erweisen.

Die aktive Anpassung wird nur dadurch beträchtliche Umänderungen der Organismen hervorzubringen imstande sein, daß die erworbenen Eigentümlichkeiten sich vererben und daß die Nachkommen, die den neuen Umständen zunächst noch unvollkommen angepaßt sind, durch eine in demselben Sinne gerichtete Anstrengung die erworbenen Eigentümlichkeiten steigern. Daß die erworbenen Eigentümlichkeiten sich vererben, nicht minder als die angeborenen, ist allgemeine Annahme und durch die Erfahrung bestätigt. Die Erfahrung zeigt sogar, daß man bei den erworbenen Eigentümlichkeiten viel sicherer auf die Vererbung rechnen kann, als bei den angeborenen. Es ist eigentlich zu wenig gesagt, wenn man sagt, die erworbenen Eigentümlichkeiten vererben sich; denn die Veränderungen, welche durch das Bestreben der Anpassung an veränderte Verhältnisse eintreten bei schon erwachsenen Tieren, sind meist gering und kaum zu bemerken, und dennoch zeigen sich ihre Nachkommen den Verhältnissen weit besser angepaßt, durch bedeutendere Umänderungen ihrer organischen Konstitution, als ihre Eltern sie besessen haben. Sie haben also die schon erworbenen Eigentümlichkeiten nicht bloß einfach geerbt, sondern die nicht von Erfolg gekrönten Anstrengungen der erwachsenen Individuen sind nicht erfolglos für die Bildung und Gestaltung der Nachkommen. Man versetze Tiere mit kurzer dünner Behaarung aus einem wärmeren Klima in ein kälteres. Sie werden von der Kälte zu leiden haben. Indessen werden sie selbst als erwachsene und fertig ausgebildete Individuen kaum eine Spur von Veränderungen in ihrem Pelz bemerken lassen. Aber ihre Jungen zeigen sich gleich zur Entwicklung eines dichteren Pelzes veranlagt, welchen Pelz sie denn auch wirklich entwickeln, wobei die Herstellung desselben in den folgenden Generationen sich noch vervollkommnet. Da die ersten in eine kältere Region versetzten Elternpaare gar keine Veränderung ihres Pelzes erfahren haben, so könnten, wenn nur *wirklich* erworbene Eigentümlichkeiten sich vererbten, die Nachkommen auch keine Veränderung des Pelzes zeigen. Aber das Bedürfnis eines dichteren Pelzes und die mit der Reaktion gegen die Kälte verbundenen Anstrengungen in den organischen Verrichtungen wirken auf das noch bildsamere Leben des Embryo und bringen die diesen Anstrengungen und Bedürfnissen entsprechende körperliche Ausstattung in ihm hervor. Es handelt sich also hier nicht um die einfache Vererbung einer körperlichen Beschaffenheit, sondern um die Umsetzung eines nur in Gestalt von gefühlten Bedürfnissen und inneren Anstrengungen und Trieben Vorhandenen in entsprechende materielle Mittel und Ausrüstungen. Von dieser Seite angesehen, kann die *aktive Anpassung* eine weit größere und auch interessantere Rolle in der Umbildung der Organismen spielen, als ihr der Darwinismus zugestehen möchte, und die Tragweite derselben ist kaum hoch genug zu veranschlagen.

Ich will diesen wichtigen Punkt noch durch ein zweites Beispiel erläutern. Wenn man ein paar wilde Katzen nimmt und ihnen etwas Pflanzenkost unter ihre Nahrung mischt, so werden sie zwar der dadurch entstehenden Last der Verdauung nicht erliegen, aber die Verdauung wird ihnen als reinen Fleischfressern, die mit einem kurzen Darm begabt sind, nicht unbedeutende Anstrengung verursachen. Indessen verlängert sich trotz dieser Anstrengung ihr Darm nicht, obgleich sie einen längeren Darm recht gut brauchen könnten. Aber die von ihnen erzeugten Jungen lassen einen etwas verlängerten Darm bemerken, welche Veränderung in den folgenden Generationen sich noch steigert bei fortgesetzter Beimischung von vegetabilischer Nahrung. Freilich werden sie keinen so langen Darm bekommen wie Schafe oder Ziegen, aber ihre Darmlänge wird sich doch der von Allfressern, wie Hund, Bär oder Schwein, bedeutend nähern. Auch hier bringt die fortgesetzte Anstrengung der erwachsenen Geschöpfe in ihnen selbst keine Umbildung des Organs zustande, aber diese Anstrengung bewirkt in der noch bildsameren Organisation des Jungen die erstrebte Umbildung. Was in den Eltern eine durch ungewohnte Arbeit und Unbehaglichkeit herbeigeführte Umstimmung des Lebensgefühles ist, das wird in den Jungen eine der ungewohnten Arbeit Rechnung tragende organische Umbildung.

Um noch ein drittes kurzes Beispiel zu geben, so will ich erwähnen, daß Engländer, welche auf dem Plateau von Mexiko mit ihren Windhunden zu jagen versuchten, ihren Zweck wegen der schnell eintretenden Ermüdung der Hunde nicht erreichen konnten. Als sie aber von den auf dem Plateau lebenden Hunden Junge erhielten, so zeigten sich dieselben vollkommen tauglich zum Jagen. Es ist leicht einzusehen, von welcher Art die in den Jungen eingetretene Umbildung war. Bekanntlich werden die Gelenkflächen der Glieder fest aneinander gedrückt, aber nicht durch die stramme Anziehung der Gelenkkapseln, was jede leichte Bewegung unmöglich machen würde, sondern durch den Luftdruck. Die Breite der Gelenkflächen ist so abgepaßt, daß der gewöhnliche Luftdruck gerade hinreicht, die an dem Gelenk wirkende Last zu tragen. Kommt man nun auf Bergen in eine dünnere Luft, so kann es eintreten, daß der Luftdruck nicht mehr die ganze Last tragen kann, sondern ein, wenn auch kleiner Teil dieser Arbeit von den Bändern der Gelenkkapseln übernommen werden muß. Dies verursacht eine schnell eintretende Ermüdung, welche auch Menschen, die nur in den Niederungen zu leben gewohnt sind, verspüren, sobald sie sich über die Höhe von 9- bis 10 tausend Fuß erheben. Die jungen, in der dünneren Luft aufwachsenden Windhunde erhalten nun etwas breitere, dem verminderten Luftdruck entsprechende Gelenkflächen, während die alten, in die dünnere Luft versetzten Hunde nichts mehr an sich korrigieren und sich den neuen Verhältnissen nicht mehr anpassen können. Dieser Fall von Anpassung ist vielleicht nicht ganz derselbe wie die früheren. Denn es ist auch denkbar, daß das bloße Aufwachsen in verdünnter Luft allein hinreicht, die bildende Tätigkeit der Natur dem geringeren Luftdruck entsprechend zu richten und zu leiten, ohne daß das in den Eltern empfundene Bedürfnis dabei wirksam gewesen ist. Alsdann würden wir eine äußeren Umständen folgende, ganz direkt zweckmäßig wirkende Naturtätigkeit vor uns haben, ohne die entsetzlichen Umwege der natürlichen Zuchtwahl im Kampfe ums Dasein. Mag nun diese gleich in der nächsten Generation eintretende vollkommene Anpassung mit oder ohne Einwirkung von Seiten der Eltern entstehen, so bleibt sie doch eine *aktive* Anpassung, welche auf einer unleugbaren, freilich unbewußten, organischen *Zwecktätigkeit* beruht.

Man sieht, daß mit dem Wort Anpassung, so allgemein und unbestimmt ausgesprochen, eigentlich nichts gesagt ist, und es ist nicht gestattet, so wie es meistens geschieht, von einem großen Prinzip der Anpassung im allgemeinen zu sprechen. Denn es sind zwei ganz verschiedene Dinge, welche man darunter begreift, das eine Mal ein durch lauter Zufälle erzeugtes Resultat des Angepaßtseins, ohne alle auf einen Lebenszweck gerichteten Triebkräfte, und das andere Mal eine durch die Aktion solcher Triebkräfte zustande gebrachte Anpassung.[62]

Es ist nunmehr des *zweiten* jener auxiliären Prinzipien zu gedenken, welche vom Darwinismus in Anwendung gebracht worden sind. Rufen wir uns nochmals zurück, worum es sich handelt in dem im gewöhnlichen Sinne genommenen Kampfe ums Dasein. Es handelt sich teils um die Mitbewerbung um die nirgends zureichenden Lebensmittel, teils um den besseren Schutz gegen Feinde und teils um die größere Widerstandsfähigkeit gegen die schädlichen Einflüsse der äußeren Natur. In diesem Kampfe wird, wie auch das Wort sagt, nur das bloße Dasein als solches akzentuiert. Es handelt sich nur darum, *daß* die Geschöpfe sind, nicht *was* sie sind. Es handelt sich nur um das arme nackte Leben. Aller Reichtum, Überfluß und Luxus kommt dabei nicht in Frage. Nun kann man sich aber doch der Bemerkung nicht verschließen, daß in unzähligen Fällen die Ausstattung der Geschöpfe von der Art ist, daß es sich nicht um das bloße Dasein und dessen Hilfsmittel, sondern auch um einen *Schmuck* des Daseins handelt. Was soll dem Pfauhahn der prächtige Schweif nutzen in dem Kampfe ums Dasein, in welchem es sich bloß ums Dasein als solches handelt? Wozu soll der üppige Federschmuck des Paradiesvogels helfen im Kampfe ums Dasein? Niemand kann es sagen und niemand will auch einen solchen Nutzen dieses Federschmucks behaupten. Weit eher könnte man einen daraus erwachsenden Nachteil im Kampfe erblicken. Wie kommt die Natur zu diesem Luxus? Auch auf dem Standpunkte der sogenannten Physikotheologie, auf welchem man es sich zum ausschließlichen Geschäft macht, gerade in den zweckmäßigen Einrichtungen die Weisheit Gottes nachzuweisen und zu bewundern, hat man hier zuweilen angestoßen und sich gefragt: wie konnte der Schöpfer die Kräfte der Natur verschwenden für etwas Überflüssiges und einen solchen Luxus treiben? Die von den Physikotheologen darauf gegebenen Antworten sind nicht viel besser als: warum sollte er nicht, seine Verhältnisse erlauben ihm das. Darwin beantwortet diese Frage, indem er neben der sogenannten natürlichen Auslese, welche sich in dem gemeinen Kampfe ums Dasein herstellt, noch eine zweite Auslese, die *geschlechtliche Auslese*, annimmt. Eine geschlechtliche Auslese kann dann eintreten, wenn entweder den Männchen eine Wahl gelassen ist in bezug auf die ihrer Gunst gewürdigten Weibchen, oder wenn den Weibchen eine Wahl gelassen ist in bezug auf mehrere sich bewerbende Männchen. Man kann dies erläutern gleich durch das Beispiel des oben erwähnten Paradiesvogels. Wenn der Trieb der Begattung sich anfängt zu regen, so sammelt sich eine Anzahl Weibchen auf einem Baume und auf einem benachbarten Baume eine Anzahl Männchen, gewöhnlich in größerer Zahl. Nun fangen die Männchen an, in allerlei Bewegungen und Manövern mit ihrem Federschmuck zu paradieren und ihn auf möglichst glänzende Weise zu entfalten. Die Weibchen folgen diesem Schauspiel mit vergnüglichen Sinnen und mit gespannter Aufmerksamkeit und nehmen dann des weitern die Gunstbezeigungen von denjenigen Männchen an, die ihnen am besten gefallen haben. Dies ist die geschlechtliche Auslese. Indem auf diese Weise vorzugsweise diejenigen Männchen zur Fortpflanzung kommen, welche nach dem Geschmack der Weibchen am schönsten geschmückt sind, so kann ein solcher Schmuck, falls er erblich ist, in der Folge der Generationen sich steigern und auf diese Weise ein immer reicherer Luxus der schönen oder für schön gehaltenen Ausstattung zustande gebracht werden. Wir haben hier auch einen Kampf in der Mitbewerbung, aber einen Kampf, bei welchem es sich nicht um das Dasein des Individuums handelt, sondern um das Dasein der Gattung, einen Kampf, bei welchem es sich nicht um Angriff und Verteidigung, nicht um Mord und Totschlag, sondern um Liebesgunst handelt. Man wird auch hier wieder sagen können, daß es ein Vorteil im Kampfe ist, welcher die größere Wahrscheinlichkeit der Fortpflanzung für sich hat, und wird dadurch diesen Hergang den allgemeinen Ideen Darwins einordnen können. Nur besteht dieser Vorteil in einem Schmucke, welcher in dem Kampfe ums Dasein des Individuums kein Vorteil, sondern eher ein Nachteil ist, welcher aber in dem Kampfe der Gunstbewerbung seine Dienste tut.

Darwin macht aber außerdem noch von seinen allgemeinen Grundsätzen eine Anwendung auf die geschlechtliche Zuchtwahl, welche entschieden zu beanstanden ist. Er ist der Meinung, daß auch ein solcher Schmuck, der bei den Gattungsgenossen die Empfindung des Schönen und ein Wohlgefallen erregt, seine Entstehung ganz zufälligen Variationen verdanke, – zufällig in dem schon früher angegebenen Sinne, daß diese Variationen auf keine Weise mit dem innern Bildungstriebe der Gattung zusammenhängen oder irgendwie durch denselben bestimmt werden. Nun sollen aber doch die Weibchen die eine Variation schön und unwiderstehlich finden und die andere nicht. Worauf beruht denn aber die Entscheidung für das eine oder das andere und die Möglichkeit der Empfindung des Schönen? Doch nicht auf einem objektiv Schönen, welches für alle beliebigen Kreaturen schlechthin schön ist. Ein Eulen- oder Adlerweibchen wird bei dem Anblicke des Paradieshahns nicht in Entzücken geraten. Jedes Geschöpf kann nur bei dem eine Empfindung des Schönen haben, worin ihm sein innerster Lebens- und Bildungstrieb und die sein Wesen konstituierende Idee verkörpert entgegentritt. Das allein ist imstande, sein Wohlgefallen zu erwecken. Mit diesem seinem innersten Lebens- und Bildungstriebe ist die Einbildungskraft eines jeden Wesens erfüllt, und die Einbildungskraft ist es, durch welche alle Empfindung des Schönen vermittelt wird. Es ist deswegen undenkbar, daß ein Geschöpf rein zufällige, außer allem Zusammenhang mit seinen Bildungstrieben stehende Variationen mit mehr oder minder Wohlgefallen betrachten sollte; denn wo sollte es den Maßstab der Beurteilung hernehmen, wenn nicht aus der eigenen Natur und dem eignen innern Wesen?*

* Wir wollen mit dieser Anknüpfung an das Subjektive nicht jeden objektiven Charakter des Schönen leugnen und gehen nicht so weit wie Voltaire, welcher sagt, wenn man eine Kröte fragte, welches Geschöpf das schönste in der Natur wäre, so würde sie antworten: die Bescheidenheit verböte ihr zwar, es zu sagen, aber um der Wahrheit die Ehre zu geben, müßte sie sagen, daß sie es wäre. Voltaire meint, daß diese Antwort gerade so viel wert wäre, wie jede andere vom subjektiven Standpunkte aus gegebene. Hiergegen muß ich bemerken, daß der objektive Charakter des Schönen und seine allgemeine und ewige Geltung sogleich gerettet ist, wenn es als solches empfunden wird von einem Geschöpf, dessen inneres Wesen selbst in den Rang des Allgemeinen und Ewigen erhoben ist.

Es ist bald gesagt, daß ein Geschöpf Schönes und Häßliches unterscheidet, aber es fragt sich, wie und wodurch das möglich ist. Wir werden hier unwillkürlich über den Darwinschen Ideenkreis hinaus in einen ganz anderen gedrängt. Lassen wir den letzteren vorerst auf sich beruhen, da wir später denselben eingehender zu behandeln haben; es mag hier genügen an der Bemerkung, daß die von Darwin zuerst hervorgehobene geschlechtliche Auslese allerdings eine wohlbegründete Sache ist und wahrscheinlich in der Natur eine nicht unbedeutende Rolle spielt, wenn dieselbe auch den *mechanistischen* Ideen Darwins und der Zufallsphilosophie desselben nichts weniger als günstig ist.

Ein *drittes* auxiliäres Prinzip nimmt Darwin noch hinzu zu seinem obersten Prinzip der natürlichen Zuchtwahl im Kampfe ums Dasein. Darwin nennt dasselbe das Gesetz der *Korrelation des Wachstums* und der *sympathischen Veränderungen.* Er gibt in seinem späteren Werke »Das Variieren der Tiere und Pflanzen im Zustande der Domestikation« eine reiche Auswahl von Beispielen, in welchen es sich zeigt, daß die Veränderung eines Organs nicht stattfinden kann, ohne Veränderungen in andern Organen nach sich zu ziehen, und dies heißt das Gesetz der Korrelation. Dasselbe tritt eigentlich fremdartig und, genau besehen, unverträglich zu dem aus der künstlichen Zuchtwahl stammenden Darwinschen Grundprinzip hinzu; denn nach diesem Grundprinzip ist ein Typus als ein mosaikartig zusammengesetztes Aggregat von Merkmalen aufzufassen, welche einzeln nacheinander durch Züchtung oder Gewöhnung erworben sind. Nun konnte es aber Darwin nicht entgehen, daß von den Eigenschaften, durch welche zwei durch Abstammung verbundene Arten sich unterscheiden, meistens eine allein ohne die andere von gar keinem ersichtlichen Nutzen sein kann. Wenn, um ein etwas grobes Beispiel zu nehmen, bei der Umbildung eines Reptils in einen Vogel unter den Reptilienschüppchen Federn hervorsprossen, was wir jetzt zuweilen an den Füßen der Vögel, die mit einer Reptilienhaut überzogen sind, geschehen sehen, – also wenn bei der Umbildung eines Reptils in einen Vogel auf der

Schuppenhaut des Reptils Federn hervorgesproßt wären, so wäre dieses Organ so lange nutzlos gewesen, als es nicht mit einer Umbildung der vorderen Extremitäten zu Flugorganen oder mit der durch die Federdecke geschützten Warmblütigkeit des Vogels verbunden ist. Wo also das Nacheinanderauftreten der Variationen von keinem Nutzen sein kann, da muß man sie als zugleich und im Zusammenhange auftretend annehmen, da muß man auf das Gesetz der Korrelation und der sympathischen Veränderungen rekurrieren. Man gibt damit zu, daß, wenn eine Spezies in eine andere sich umwandeln soll, der ganze gesetzmäßig verknüpfte Komplex sich ändern muß; die Änderung eines einzelnen Merkmals allein wird mehr oder weniger in das Gebiet der Monstrosität fallen. In den Fällen, in welchen die Unmöglichkeit der Umwandlung einer Spezies durch einzeln auftretende zufällige Variationen zu augenfällig ist, läßt Darwin die Reserve des Korrelationsgesetzes ins Feuer rücken. Das Korrelationsgesetz ist, wie *E. v. Hartmann* sagt, der allzeit bereite Hilfsarbeiter, welcher alle Restsachen aufarbeiten muß, die das Kollegium der wohlbestallten Räte hat unerledigt liegen lassen. Unter der Korrelation des Wachstums und der sympathischen Veränderung ist zu verstehen, daß alle Organe desselben Organismus in einer gewissen Solidarität des physiologischen Lebensprozesses stehen, dessen Ökonomie durch das Zurückbleiben oder das Überwuchern eines einzelnen Organs zum Nachteil aller gestört wird. Nun zeigt sich bei domestizierten Tieren allerdings oft ein einzelner Teil ziemlich auffallend verändert, ohne daß man an den anderen merkliche Veränderungen wahrnehmen kann, und bei einer strengen Inzucht kann durch Steigerung dieser Variation eine Art partieller Monstrosität erzeugt werden. Aber man weiß längst, wohin eine solche strenge Inzucht führt: zu Geschöpfen, die man sorgsam aufpäppeln, hegen und pflegen muß, die geringe Widerstandskraft und geringe Zeugungskraft besitzen, und die am allerwenigsten geeignet sein würden, sich selbst überlassen in dem Kampfe ums Dasein als Sieger hervorzugehen.

Hieraus ist zu ersehen, daß Darwin bei der Übertragung der künstlichen Zuchtwahl auf die natürliche etwas zu rasch vorgegangen ist. Was die künstliche Zuchtwahl allerdings zeigt, eine partielle Variation und die Steigerung dieser Variation, das kommt in der sich selbst überlassenen Natur gewiß nicht vor, weil dies nur durch eine strenge Inzucht und nicht ohne Verlust von Kraft und Gesundheit des Organismus zu erreichen ist. Die Natur arbeitet aus dem Ganzen und muß aus dem Ganzen arbeiten, wenn ein lebenskräftiger Organismus hervorgehen soll. Eine gesunde und lebenskräftige Veränderung, eben weil sie notwendig mehr oder weniger den ganzen Organismus ergreifen muß, muß zurückgreifen auf die geheime Werkstätte des Embryonallebens und sich in diesem flüssigen Element des Werdens vorbereiten und veranlagen. Durch äußeren Anhang oder äußeres Abschneiden an und von einem sonst fertigen Organismus geht es nun einmal nicht. Gilt doch dieses Gesetz der Korrelation der Teile nicht bloß von natürlichen Organismen, sondern auch von allen typisch festgefügten sozialen und geschichtlichen Organismen. Nur ein in dem flüssigen Element eines innern verborgenen Werdeprozesses vorbereiteter und harmonisch gefügter Neubau kann sich an die Stelle eines alten setzen, aber nicht ein durch einiges Abschneiden und Zusetzen korrigierter alter Typus. Ein lehrreiches Beispiel von dieser äußerlichen Abschneiderei, bei welcher alle Teile in kranke Mitleidenschaft gezogen werden, hat in unsern Tagen der sogenannte Altkatholizismus dargeboten. Alle Mühe, Pflege und Unterstützung, mit welcher die Reichsregierung denselben aufzupäppeln gesucht hat, ist ziemlich vergeblich gewesen. Sie hätte wohl getan und hätte viel Geld gespart, wenn sie das Gesetz der Korrelation der Teile etwas mehr vor Augen gehalten hätte.

Das Gesetz der Korrelation des Wachstums und der sympathischen Veränderungen, welches sich auf alles im Flusse des Werdens Begriffene erstreckt, ist wahrscheinlich unter allen Gesetzen, welche über die Entwicklungen aufgestellt worden sind, das wichtigste. Es fordert für jede Art einer gesunden

Umänderung und Fortbildung ein Zurückgreifen in die dunkle Werkstätte des Embryonallebens und schließt jede lebenskräftige Fortbildung durch äußerlich zutretende Anhänge aus. Es ist möglich, daß alle wirklich fortschreitende Entwicklung sich dadurch vollzieht, daß die Geschöpfe auf einem von ihnen erreichten Organisationsniveau im Laufe ihres Lebens nach Betätigungen und Funktionen hintendieren, zu deren Ausübung ihre Organisation nicht vollkommen geeignet ist und für welche dann in dem Embryonalleben der nächsten Generation eine bessere Grundlage geschaffen wird. Auf diese Weise würden Variabilität und Vererbung, von denen äußerlich betrachtet jedes als das Gegenteil des andern erscheint, zusammengehören, indem die veränderte Organisation, obgleich neu, doch zugleich ererbt ist insofern, als dasjenige, was in den Erzeugern nur als ein dunkler Drang vorhanden war, sich in dem Erzeugten die materielle Grundlage einer erfolgreichen Wirksamkeit geschaffen hat. Die Veränderungen wären somit gewissermaßen selbst ererbt, jedoch durch Verleiblichung eines nur *psychisch* Vorhandenen. Dadurch würden die fortschreitenden Entwicklungen zu durchaus *spontanen, von innen herausgehenden* und ständen somit im stärksten Gegensatze zu den Vorstellungen Darwins, welcher alle Organismen betrachtet wissen will als Prägstücke, welche ihr Gepräge nur von der Matrize der äußeren Umgebungen erhalten. Jedenfalls ist das Gesetz der Korrelation, welches ein Zurückgehen auf den Lebensherd und ein Arbeiten aus dem Ganzen erfordert, der Vorstellung von einem sich ausgestaltenden *inneren* Gehalt und von spontaner Veränderung verwandter als der Vorstellung von einem bloß äußerlich hervorgebrachten Abdruck. Es ist deswegen nicht zu verwundern, daß Darwin das Gesetz der Korrelation in die äußerste dunkle Ecke gestellt hat und es nur in seltenen Fällen einmal hervorsucht.

Nach dieser Aufzählung der Hilfsprinzipien, welche Darwin seinem Hauptprinzip, der natürlichen Zuchtwahl im Kampf ums Dasein, hinzugefügt hat, muß ich noch eine allgemeine Bemerkung über den Kampf ums Dasein machen. Wenn auch die Annahmen, welche man machen muß, um durch die drei Faktoren, Variabilität, Vererbung und Kampf ums Dasein, die Entstehung der Arten aus einem anders gearteten Stammgeschlecht zu erklären, sich nicht alle stichhaltig zeigen, so gibt es doch einen Punkt, in welchem der Kampf ums Dasein eine nicht zu unterschätzende Rolle unzweifelhaft spielt. Dies ist aber nicht die Umänderung der Arten, sondern umgekehrt die *Erhaltung* der Art in ihrer möglichen Vollkommenheit. In dem Haushalt der Natur hat nämlich der Kampf ums Dasein deswegen eine große und allgemeine Bedeutung, weil er dient zur Abwehr der Depravation der Rassen, welche durch die so vielfältig vorhandene mangelhafte Ernährung, durch Krankheiten und deren erbliche Folgen, durch Mißgeburten u. dgl. m. nur gar zu leicht herbeigeführt werden könnte. Bei dem herrschenden Kampf ums Dasein sind es nun aber überall zunächst die gesundesten und gegen Krankheiten am meisten widerstandsfähig sich erweisenden Individuen, welche am meisten Aussicht haben, zur Fortpflanzung zu gelangen. Nächst der Gesundheit ist aber auch Ausdauer in Ertragung von Hunger und Durst, von Hitze und Kälte, von Nässe und Dürre, sowie Kraft und Stärke, Gewandtheit, Schnelligkeit, je nach der Lebensweise der Tiere, von großer Wichtigkeit für das Überleben der mit diesen Eigenschaften ausgestatteten Individuen. Diese werden vorzugsweise zur Fortpflanzung kommen, und indem sich Gesundheit, Ausdauer in Beschwerden, Widerstandsfähigkeit gegen schädliche Einflüsse, Kraft, Stärke und Gewandtheit vererben, so ist fortwährend für Reinerhaltung und Vollkommenheit gesorgt, trotz der Gebrechlichkeit, welche das allgemeine Erbteil alles Lebens auf der Erde bildet. In dem Sinne also, daß dadurch die Rasse vor Degeneration gesichert ist, hat der Kampf ums Dasein gewiß eine bedeutende Wirksamkeit, und die Verschwendung von Lebenskeimen ist von einem begreiflichen Nutzen und unentbehrlich dazu, daß es niemals an neuem, jungem, gesundem Blut fehlt. Das ist auch der Eindruck, welchen die nicht domestizierte Tierwelt auf uns macht, und das ist der Zustand, über welchen Mephistopheles im

»Faust« klagt, wenn er sagt: Mit Wellen, Stürmen, Frost und Glut ist dem verdammten Zeug der Tier- und Menschenbrut nun einmal gar nichts anzuhaben; wie viele hab' ich schon begraben, und immer zirkuliert ein neues, frisches Blut. Solange die Naturumgebungen und die Lebensbedingungen konstant sind, wird jede Spezies von Geschöpfen sich vollständig sozusagen in einem Anpassungsgleichgewicht mit ihrer gesamten Außenwelt befinden. In diesem Falle kann eine Variation von keinem wesentlichen Nutzen sein, und der Kampf ums Dasein wird nur dazu dienen, dieselbe auszumerzen. Der Kampf ums Dasein dient dann nicht zur Hervorbringung neuer Arten, sondern im Gegenteil zur Befestigung der bestehenden. Da gegenwärtig die Naturverhältnisse in einem Zustande relativ großer Beständigkeit sich befinden, und, abgesehen von starken lokalen Eingriffen des Menschen, überall ein Gleichgewicht der Lebensbedingungen sich hergestellt hat, so haben wir keine Wirkungen der natürlichen Zuchtwahl zu erwarten, wie denn auch die Erfahrung nirgends welche zeigt. Von den Faktoren, welche bei der natürlichen Zuchtwahl zusammenwirken müssen, ist der eine, der Kampf ums Dasein, freilich vorhanden und wirksam, aber die beiden andern, die Variation und die Vererbung, versagen ihren Dienst.

Nach alldem bestätigt es sich, daß ein Teil der Kritik des Darwinismus schon in der Darstellung der drei Darwinschen Hilfsprinzipien enthalten ist, ohne welche der Kampf ums Dasein nicht leisten könnte, was er leisten soll, und welche doch über jede »mechanische« Erklärung hinausweisen. Die *aktive Anpassung* macht die ungeheuren Umwege, auf welchen die natürliche Zuchtwahl im Kampfe ums Dasein eine Veränderung allein zur herrschenden erheben könnte, ganz überflüssig. Die *geschlechtliche Auslese* kann nur dadurch in Wirksamkeit treten, daß die bei ihr bevorzugten Eigentümlichkeiten nicht den bloßen Zufällen äußerer Einflüsse ihr Entstehen verdanken, sondern einem innern, die Gattung belebenden und beseelenden Bildungstrieb oder Bildungsgesetz. Und das Gesetz der *Korrelation des*

Wachstums und der *sympathischen Veränderungen* widerstreitet der Vorstellung einer mosaikartigen Zusammensetzung des Organismus aus nacheinander auftretenden und sich vergrößernden Anhängen und Zusätzen, welche Vorstellung, aus der künstlichen Zuchtwahl ursprünglich entnommen, auf die natürliche mit Unrecht übertragen worden ist, weil bei der letzteren die schwächlichen Produkte der strengen Inzucht sich gar nicht halten können.

Es fehlt in ähnlichem und anderem Sinne auch nicht mehr an Angriffen auf den Darwinismus von seiten solcher Naturforscher, welche Anhänger der Deszendenztheorie sind, und bei welchen also die Verwechslung oder Vermischung von Darwinismus und Deszendenztheorie nicht zu fürchten ist. So hat sich der große Begründer und Meister der Embryologie *C. E. von Baer* gegen die von Darwin an die Spitze gestellte und in ihrer Wirkung maßlos überschätzte natürliche Zuchtwahl ausgesprochen und das Zurückgehen auf *innere* Entwicklungsgesetze und auf eine eigentlich organische Evolutionstheorie gefordert. Vor allem aber ist der von dem Botaniker *Nägeli* ausgegangene Einwurf deswegen wichtig, weil er von Darwin selbst als nicht gewichtlos anerkannt worden ist und demnach auch die große Masse seiner unbedingten Anhänger etwas in Verwirrung gesetzt hat.

Nägeli hat nämlich gegen Darwin eingewendet und an vielen schlagenden Beispielen nachgewiesen, daß im Kampfe ums Dasein nur die physiologisch adaptiven Organe einer Veränderung unterworfen sein können, nicht aber der morphologische Bau, welcher überall schon als gegebene Grundlage vorausgesetzt werden muß, wenn überhaupt von einer adaptiven physiologischen Veränderung die Rede sein soll. Der morphologische Bau kann um so weniger in dem Kampf ums Dasein und durch denselben hervorgerufen werden, als in demselben sich immer Gebilde finden, welche für den Kampf ums Dasein ganz indifferent sind und es immer gewesen sein müssen. Darwin hat das Gewicht dieses Einwurfs anerkannt und sich zu dem Geständnisse bewogen gefunden, daß er die Wirksamkeit und die Tragweite des Kampfes ums Dasein wohl überschätzt haben möge. Er gibt zu, daß es morphologische Bildungen gibt, welche keinen Vorteil im Kampfe ums Dasein gewähren können und welche weit davon entfernt sind, als verkümmerte und durch Nichtgebrauch rudimentär gewordene Organe angesehen werden zu können. Es mag auffallend erscheinen, daß Darwin diese fast allerwärts zu findende Tatsache nicht bemerkt hat. Es ist dies ein merkwürdiges Beispiel davon, daß derjenige, welchem ein großes und weitstrahlendes Licht aufgegangen ist, und ein solches ist in gewissem Sinne ohne Zweifel die natürliche Zuchtwahl im Kampfe ums Dasein, – also daß derjenige, dem ein solches Licht aufgegangen ist, durch dasselbe so geblendet wird, daß er oft das ganz Naheliegende nicht sieht.

Man hat oft, um sich von dem Allgenügenden der natürlichen Zuchtwahl überzeugt halten zu können, folgendes kurze Raisonnement für zureichend gehalten, ein Raisonnement, welches Darwin vielleicht auch vorgeschwebt und ihn zur Überschätzung seines Prinzips verleitet hat. Man sagt: Da in der ganzen Natur die Produktionen von Lebenskeimen viel weiter reichen als die Mittel zu ihrer Erhaltung und Ausbildung, so kann offenbar nur dasjenige überleben und erhalten bleiben, was vor seinen Artgenossen einen Vorteil im Kampfe ums Dasein gehabt hat, und das bloße Faktum, daß etwas existiert, ist der vollgültige Beweis, daß es einen solchen Vorteil gehabt hat. Es kann nun allerdings kein Zweifel darüber stattfinden, daß bei der nicht zu leugnenden Allgemeinheit des Kampfes ums Dasein jedes Überlebende einen Vorteil im Kampfe ums Dasein gehabt haben muß. Aber folgt daraus, daß es neben den Eigenschaften, welche ihm Vorteil gewährten und Sieg verschafften, nicht noch andere Eigenschaften gehabt haben könne, welche mit dem Kampfe ums Dasein nichts zu schaffen haben? Folgt daraus, daß die ersteren ihm unerläßlich sind, daß es *nur* diese gehabt haben kann? Ist nur für den Sieg im Kampf ums Dasein hinreichend gesorgt, so ist noch ein unbegrenztes Gebiet offen gelassen für die Entwicklung anderer Eigentümlichkeiten, welche dem niederen Utilitätsprinzip nicht dienen. Und hier können möglicherweise ganz andere und höhere Kräfte einsetzen.

Einen Haupteinwurf müssen wir gegen den Darwinismus erheben, und dieser besteht darin, daß aus seinen Prinzipien der Fortschritt von *niederen* Organisationsstufen zu *höheren* und die sukzessiv erstiegenen *Vollkommenheitsgrade* schlechterdings nicht zu erklären sind. Darwin sagt, und wir müssen dies urgieren, etwa so: Da in dem ununterbrochen fortdauernden Kampf ums Dasein diejenigen, welche sich durch irgendeine zufällige Variation den Umgebungen besser angepaßt finden, zuletzt immer die allein Überlebenden sind, und dadurch eine immer größere Zweckmäßigkeit der Organismen entsteht und da ferner, abgesehen von der Zweckmäßigkeit, in jeder Gattung die von der kräftigsten Konstitution und die Stärksten, Gewandtesten und Klügsten den Sieg davon tragen und die meiste Wahrscheinlichkeit für sich haben, zur Fortpflanzung zu gelangen und ihre Vorzüge zu vererben, so werden zuletzt immer vollkommenere Geschöpfe aus minder vollkommenen hervorgehen. Selbst für den Menschen, als das zugestandermaßen vollkommenste Geschöpf, müßte diese Prozedur der Entstehung des Vollkommenen hinreichen.

Es ist nicht schwer einzusehen, daß der Begriff der *Vollkommenheit,* und insbesondere der sich *steigernden* Vollkommenheit, dabei völlig erschlichen ist. Es ist zweierlei aufgeführt als Vehikel der zunehmenden Vollkommenheit, erstens das Überleben der Gesündesten, Kräftigsten und Klügsten, und zweitens die Zunahme der Zweckmäßigkeit. Was den ersten Punkt betrifft, so wird dadurch, wie schon oben gezeigt, nichts zustande gebracht, als daß die Gattung nicht degeneriert und die Rasse sich nicht verschlechtert und daß die Geschöpfe immer lebensfrisch, kräftig und normal aus der Natur hervorgehen. Dies alles wirkt zur Erhaltung, aber nicht zur Steigerung der einmal vorhandenen Vollkommenheit. Man könnte vielleicht einwerfen, daß das Überleben der Klügsten doch eine geistige Vervollkommnung im Gefolge haben könnte. Aber man vergesse nicht, daß die Klugheit hier nur in soweit in Betracht kommen kann, als sie in dem Kampf ums Dasein nützlich ist, das heißt, als sie nur im Dienste des engsten egoistischen Interesses geübt wird und sich auch nur auf den kleinen Kreis der in dieses Interesse fallenden Vorstellungen bezieht. Durch die Vererbung dieser Art von Klugheit, die ganz in den egoistischen Interessen des sinnlichen Einzellebens aufgeht, kann unmöglich eine Steigerung der geistigen Vollkommenheit überhaupt erreicht werden. Diese Klugheit wird aus dem Banne einer ganz engen Außenwelt nicht heraustreten und in den folgenden Generationen immer als dieselbe zum Vorschein kommen.

Man wird mit Grund nicht behaupten können, daß die Tiere keine Art von subjektiv uninteressierter geistiger Tätigkeit üben. Ihre Einbildungskraft mag sich in freier Produktion von Bildern ergehen, ihre Erinnerungen mögen sie beschäftigen, ihre Träume mögen ihnen mancherlei vorgaukeln, aber dies alles wird ihnen im Kampf ums Dasein nichts nützen, es wird ihnen keine Chance des Überlebens bieten, und die natürliche Zuchtwahl wird zu dessen Vervollkommnung ohnmächtig sein.

Was aber das zweite betrifft, was von Darwin als Faktor in der zunehmenden Vollkommenheit der Geschöpfe aufgeführt wird, die Zweckmäßigkeit in der Anpassung an die Außenwelt, so hat diese mit der Vollkommenheit gar nichts zu schaffen. Zweckmäßigkeit der organischen Einrichtungen, und zwar eine recht auffallende, kann, wie allerwärts zu sehen, bei allen Graden der Vollkommenheit vorkommen. Ja sie ist bei niederen Organisationen viel ausgesprochener als bei höheren. Die Zweckmäßigkeitsapostel haben ihre Beispiele immer vorzugsweise der niederen Tierwelt, besonders der Insektenwelt entlehnt. Da die Zweckmäßigkeit der Organismen immer um so auffallender erscheint, je mehr dieselben für ganz bestimmte einzelne Gegenstände der Außenwelt, als Mittel ihrer Ernährung und Fortpflanzung, sich eingerichtet haben, so wird der ganze Lebenshorizont um so mehr verengt erscheinen, je ausgesprochener die

Zweckmäßigkeit ist. Statt die Vollkommenheit mit der Zweckmäßigkeit steigen zu lassen, könnte man eher die recht speziell ausgebildete Zweckmäßigkeit mit einem Herabsteigen von der Vollkommenheit verbunden ansehen. Statt einer Erweiterung der *inneren* Welt des Geschöpfes, und diese allein kann doch nur wirklich Vollkommenheit heißen, wird vielmehr eine Verengerung derselben eintreten. Auch unter den höheren Tieren ist eine sehr ausgesprochene spezielle Zweckmäßigkeit ein sehr bedenkliches Geschenk. Was gibt es zweckmäßiger Eingerichtetes als den südamerikanischen Ameisenbären und seine Termitenhaufen? Und wo ist ein beschränkteres und dümmeres Vieh zu finden als dieser Ameisenbär? Endlich wo ist denn am Menschen eine speziell ausgesprochene Zweckmäßigkeit zu finden? Die menschliche Hand ist zweckmäßig. Ja! Aber wozu? Sie ist universell, sie ist zu allen Arbeiten tauglich und zu keiner speziell, und insbesondere ist sie geeignet, durch Schaffung und Führung von Werkzeugen ihre Leistungen tausendfältig zu spezialisieren und dadurch alles zu leisten, was irgend die allerspeziellsten, zweckmäßigsten Organe leisten könnten. Genug, die durch direkte Anpassung der Organismen an die einzelnen Lebensbedingungen der Außenwelt sich herstellende Zweckmäßigkeit, die meinetwegen größtenteils auf dem Wege der natürlichen Zucht erreicht sein mag, hat mit der Vollkommenheit nichts zu tun, und erklärt nichts von dem, was Darwin dadurch erklären will, nämlich den in der geschichtlichen Entwicklung des Erdenlebens vor Augen liegenden Fortschritt von unvollkommeneren Organisationsstufen zu vollkommeneren.

Endlich muß ich dem Darwinismus noch ein Bedenken entgegenstellen, welches gar nicht naturwissenschaftlicher, sondern *erkenntnistheoretischer* Natur ist, welches aber nach meiner Meinung allein schon hinreicht, dem Darwinismus als geschlossenem und allgenügendem System den Glauben zu versagen und ihm keine andere als nur eine untergeordnete Bedeutung beizulegen. Man muß nämlich jedes mit dem Anspruch der Allgemeingültigkeit auftretende Erklärungsprinzip ansehen auf die

Perspektive, welche es der Wissenschaft im Allgemeinen eröffnet.

Man denke nun, daß alle schließliche Gestalt und Bildung der gesamten irdischen Lebewelt erfolgen soll durch unzählige zufällige Variationen, welche unter gegebenen zufälligen Naturumgebungen von Vorteil gewesen sind im Kampfe ums Dasein. Nun sind natürlich die besonderen Umstände, unter welchen irgendeine Variation von Vorteil gewesen ist in dem Verlaufe der geologischen Epochen, für immer unbekannt, wie nicht weniger diese Variation selbst. Welche genaue Kenntnis der Lebensweise eines vorweltlichen Geschöpfes und zugleich der Beschaffenheiten vieler anderer gleichzeitiger Geschöpfe in Tier- und Pflanzenwelt, viel genauer als unsere Kenntnis der heutigen Geschöpfe, wäre nötig, um zu beurteilen, ob eine kleine Variation unter den gegebenen Umständen von Vorteil gewesen wäre, und um auf diese Weise auch nur von dem tatsächlichen Verlaufe der Veränderungen Kunde zu haben. In der Tat hat man das auch niemals zu zeigen versucht. Man ist zufrieden mit der Gewißheit, daß unter den für immer unbekannten Umständen irgendein Vorteil dabei herausgesprungen sein muß. Für die schließliche Gestaltung der uns umgebenden Lebewelt weiß man nicht bloß keine Gründe anzugeben, denn die sind von Haus aus ausgeschlossen aus der ganzen Betrachtung, sondern man weiß auch nichts von dem ursachlichen Verlauf, wie er wirklich stattgefunden hat. Man weiß nur, die Lebewelt ist so, wie sie einmal ist, durch einen Kausalverlauf entstanden, aber die tausend und abertausend Zufälle der Variation, welche diesem Verlauf dienen, sind ewig unbekannt, d.h. man nimmt die Welt, wie sie eben ist, und läßt es dabei bewenden. Darwin sagt, daß die Gegner der Deszendenztheorie die vorhandenen Geschöpfe ansehen wie nach dem Sprichwort die Kühe ein neues Tor. Ja, das ist wahr. Aber sehen nicht, wenn auch in anderem Sinne, die Darwinisten zuletzt auch die Geschöpfe und die ganze Gestaltung der Lebewelt an, wie die Kühe ein neues Tor? Der Unterschied ist nur der, daß die Gegner der Deszendenztheorie bei den lebenden Geschöpfen als schlechthin gegebenen stehen bleiben, und die Darwinisten sie aus Vorfahren herleiten, aber bei diesen Vorfahren sowohl als bei dem schließlich erreichten Resultat als einem schlechthin Gegebenen stehen bleiben. Von einem innern, das Ganze beherrschenden Entwicklungsgesetz ist bei ihnen nirgends die Rede, oder nur insofern, als es ein für allemal abgewiesen wird. Welche Zukunft tut sich auf für eine Wissenschaft der Natur, die über das tatsächlich Gegebene und das zufällig Entstandene hinauszukommen niemals die geringste Aussicht hat, die zu ihrem allgemeinen leeren Mechanismus des Geschehens allen realen Inhalt von außen nehmen muß? Ich glaube nicht an den Darwinismus als abschließendes System, einfach aus dem Grunde, weil ich an die *Wissenschaft* glaube, weil ich glaube an die Tiefe des Reichtums und der Erkenntnis, welche noch unaufgeschlossen in der menschlichen Vernunft ruht. Ich glaube ferner, daß die Entwicklung der Welt durch *Vernunft* beherrscht und bestimmt ist; ich glaube, nur verstehe man es recht, daß das Wirkliche vernünftig sei.

ANHANG

Karl Snell

Eine Lebensskizze*

Karl Snell wurde am 19. Januar 1806 in Dachsenhausen im Nassauischen geboren. Sein Vater und schon sein Großvater waren dort Pastoren. Er besuchte von 1817 bis 1823 das Gymnasium zu Wetzlar und studierte von 1823 bis 1829 in Halle, Gießen, Göttingen und Berlin, anfangs Philologie, später ausschließlich Mathematik, Naturwissenschaften und Philosophie. Ein Onkel von ihm scheint sein Interesse schon früh auf das philosophische Gebiet gelenkt zu haben. Nach seinem Doktorexamen ging Snell nach Dresden, wo er als Lehrer für Mathematik und Physik unter anderem am städtischen Gymnasium wirkte. Seine Vorstellungen über die Ziele der pädagogischen Arbeit fanden ihren Niederschlag in den beiden Publikationen »Skizze einer philo-

* Eine eingehende Biographie Karl Snells von zeitgenössischer Seite scheint zu fehlen. Unsere Darstellung stützt sich auf folgende Quellen: Allgemeine Deutsche Biographie, Bd. 34 (Leipzig 1892), S. 507 (Cantor); Günther, Lebensskizzen der Professoren der Universität Jena seit 1558 bis 1858; R. Seydel, dessen Einführung zu den Vorlesungen Karl Snells über die Abstammung des Menschen (Leipzig 1887) einige biographische Angaben enthält; F. Auerbach, Ernst Abbe. Sein Leben, sein Wirken, seine Persönlichkeit (Leipzig 1918, ²1927); G. Heberer (Hrsg.), Menschliche Abstammungslehre (Stuttgart 1968).
H. Koch, Die Vorfahren von Else Abbe, geb. Snell 1844–1914. In: Zeiß-Werkzeitung 1936, H. 1. Dort wird auch nachgewiesen, daß Karl Snell mit Goethe ein doppelter Ahnenzweig verbindet: die mütterlichen Linien seiner Großeltern reichen auf die Familie Lyncker (16. Jh.) zurück, von der auch Goethe mütterlicherseits abstammt.

sophischen Begründung des Gymnasialunterrichts« (1832) und »Über Zweck und Einrichtung eines Realgymnasiums« (1824). 1842 zog sich Snell aus dem Schuldienst zurück, um als Privatgelehrter mehr Zeit für eigene Interessen und Arbeiten zu finden.

Auf mathematischem Gebiet war 1831 bei Brockhaus sein »Lehrbuch der Geometrie« erschienen, das dann mehrere Auflagen erreichte. Eine ganz andere Seite seines Erkenntnisbemühens tritt in den »Philosophischen Betrachtungen der Natur« (1839) zutage. Die Kapitel über »Das Vorkommen und die Bedeutung des Giftes in der Natur« und »Grundlinien einer philosophischen Lehre von den Mineralien« führen in eine neue Art der Naturbetrachtung ein, wie sie eigentlich kaum jemand vor oder auch nach Snell in so eindrucksvoller Weise geübt hat. Von den Phänomenen ausgehend, bringt er die einzelnen Erscheinungen in einen inneren Zusammenhang und hebt sie in den ideellen Bereich, wobei ein wesenhaftes Bild von den Naturtatsachen entsteht, in welchem der Gegensatz von Natur und Geist aufgehoben ist. Die Methode und die Ergebnisse Snells lassen sich nicht in kurzem beschreiben; man muß sich, um mit ihnen vertraut zu werden, unmittelbar mit seinen Schriften befassen. In der Abhandlung »Über das Wesen und die Eigentümlichkeiten der nächtlichen Tiere« (1847) behandelt er in entsprechender Weise ein zoologisches Thema. Er führt aus, daß Gestalteigentümlichkeiten der Tiere in Analogie zu bestimmten seelischen Eigenschaften der Menschen stehen. Die mancherlei absurden Eigenschaften der nächtlichen Tiere (z.B. der Fledermäuse) erscheinen in Snells Darstellung als ein nach außen geworfenes Bild dessen, was sich beim Menschen in den nächtlichen Traumphantasmen seines Seelenlebens darstellt.

Das Privatgelehrtendasein währte nicht lange. 1844 wird Snell als ordentlicher Professor der Mathematik und der Physik an die Universität Jena berufen, wo er nun eine anstrengende doppelte Lehrtätigkeit ausübt. In Zusammenhang mit derselben entsteht die in zwei Bänden erscheinende »Einleitung in die Differential- und Integralrechnung« (1846 und 1851). Eine bleibende Bedeutung kommt der 1858 erschienenen Schrift »Zur Streitfrage des Materialismus« zu – und dann vor allem der hier wieder zum Abdruck gelangenden »Schöpfung des Menschen« (1863).

Snell konnte in Jena ein geräumiges Haus erwerben, in dessen Hof ein der Universität gehörendes schuppenartiges Gebäude, das »Laboratorium« stand. Im letzteren waren mancherlei physikalische Instrumente und Apparate untergebracht; auch diente es für physikalische Kurse.

Von den Schülern Snells hat einer in der Folgezeit große Berühmtheit erlangt: Ernst Abbe, der spätere Mitbegründer der Zeiss-Werke und der Begründer der Zeiss-Stiftung. Snell hat die besondere Begabung des Studenten früh erkannt und ihn, wo er konnte, gefördert. Auch war es Snell, der darauf drängte, daß Abbe nach abgeschlossenem Studium als Dozent und späterer Professor im Jahre 1863 an die Unversität Jena berufen wurde. Der Biograph Abbes schreibt, daß Snell auf den jungen Abbe »zweifelsohne den größten und nachhaltigsten Einfluß ausgeübt habe«. Im Lauf der Jahre bildete sich ein väterlich-freundliches Verhältnis von Snell zu Abbe aus. Im Jahre 1873 nahm Ernst Abbe Snells Tochter Elise, die jüngste der drei Snell-Töchter zur Frau, und das junge Paar zog zunächst in das geräumige Haus von Snell ein. Durch seine zahlreichen Entdeckungen auf optischem Gebiet, insbesondere aber durch die Begründung der Zeiss-Stiftung im Jahre 1891, die eine soziale Tat ersten Ranges war, ist Abbe zu einer weitberühmten Persönlichkeit geworden.

Im Jena der sechziger und siebziger Jahre gab es mehrere wissenschaftliche Zirkel: einen philosophischen in der Nachfolge Kants und Hegels, dem z.B. Kuno Fischer und Fortlage angehörten, einen naturphilosophischen, dessen Hauptvertreter Snell war, und einen naturwissenschaftlichen, in dem Haeckel und Gegenbaur führend waren. Der naturphilosophische Zirkel hatte etwas Vermittelndes und zog auch manche der jungen Naturwissenschaftler an. Die Zoologen Anton Dohrn und Nikolaus Kleinenberg waren zwar begeisterte Anhänger der

Entwicklungslehre, schlossen sich jedoch dem Kreise um Snell an, weil – wie F. Auerbach berichtet – bei Haeckel und Gegenbaur »auch in speziellen Fällen kein Widerspruch geduldet wurde«. Manche weitere junge Wissenschaftler, die später Bedeutendes leisteten, verkehrten ebenfalls im Hause Snell, so der Physiologe Wilhelm Preyer, der Botaniker Strassburger, die Gebrüder Hertwig, der Germanist Sievers u.a... In diesem Kreis wurde auch viel musiziert, wobei Snells Tochter Elise als gute Klavierspielerin in Erscheinung trat.

Es ist anzunehmen, daß in den Gesprächen und Diskussionen dieses Zirkels Snells Ideen zur Evolution des Menschen, ebenso auch seine Forderung, daß Empirie und Philosophie stets Hand in Hand arbeiten müßten, eine wesentliche Rolle gespielt haben. Offenbar fand sich aber niemand, dem es gegeben war, die von Snell ausgehenden Impulse und Keimgedanken weiterzuführen. Den Siegeszug, den der Materialismus in der Mitte des 19. Jahrhunderts antrat, schien nichts mehr aufhalten zu können.

Es bleibt zu vermerken, daß K. Snell im Jahre 1853 vom Großherzog von Sachsen-Weimar-Eisenach zum Hofrat, später zum Geheimen Hofrat ernannt worden ist.

Ab 1877 wurde durch zunehmende Kränklichkeit das öffentliche Wirken von Snell erschwert und sein Verkehr mit der wissenschaftlichen Umwelt immer mehr eingeschränkt. Am 12. August 1886 ist er im Alter von 81 Jahren verstorben. Die noch unabgeschlossenen Manuskripte seiner »Vorlesungen über die Abstammung des Menschen«, die er Weihnachten 1877 ebenfalls abbrechen mußte, wurden auf Wunsch des Verstorbenen an Rudolf Seydel zur Zusammenstellung und Herausgabe übergeben, der dieser Aufgabe bereits 1887 nachgekommen ist.

Verzeichnis der Schriften von Karl Snell

1. Skizze einer psychologischen Begründung des Gymnasialunterrichts. Rede. Dresden 1832.
2. Über Zweck und Einrichtung eines Realgymnasiums – Ein Programm. Dresden/Leipzig 1834.
3. Philosophische Betrachtungen der Natur. Dresden 1839.
4. Lehrbuch der Geometrie. Leipzig 1841, 3. Aufl. 1869.
5. Newton und die mechanische Naturwissenschaft. Zu Newtons Gedächtnis im zweiten Säcularjahre seiner Geburt. Dresden/Leipzig 1843, 2. Aufl. 1858.
6. De demonstrationibus gravitatis (Ad orationem qua professionem mathematices et physices ordinariam audituras est in auditorio academico audiendem invitat). Jena 1844.
7. Einleitung in die Differential- und Integralrechnung. 2 Teile. Leipzig 1846/51.
8. Über das Wesen und die Eigentümlichkeiten der nächtlichen Tiere; in: Minerva, März 1847, Jena.
9. Formula generalis refractionis simplicis luminis methodo elementaria demonstrata. Jena 1850.
10. Über den Calender. Aufsatz in: Deutsches Museum, Januar 1856, ed. Prutz.
11. Mozart. Gedenkrede, gehalten im Jahre 1856 in den akademischen Rosensälen zu Jena. Jena 1891.
12. Über das Prinzip der mechanischen Arbeit und seine Anwendung in der Naturwissenschaft (ca. 1858, erwähnt in: Die Streitfrage des Materialismus).
13. Die Streitfrage des Materialismus – Ein vermittelndes Wort. Jena 1858.
14. Die Schöpfung des Menschen. Leipzig 1863.

15. Über Galilei als Begründer der mechanischen Physik und über die Methode derselben. Jena 1864.
16. Rede in der Sitzung des Weimarischen Landtages vom 20. Juli 1866 (Tagesordnung der Sitzung: Das Bündnis mit Preußen). Jena 1866.
17. Nicolaus Copernicus. Rede, gehalten am 19. Februar 1873, dem vierhundertjährigen Geburtstag des Copernicus. Jena 1873.
18. Vorlesungen über die Abstammung des Menschen (aus dem handschriftl. Nachlaß herausgegeben von Prof. Dr. Rudolf Seydel). Leipzig 1887.

Rezensionen

19. Schlömilch: Handbuch der mathematischen Analysis (in: Neue Jenaische Literaturzeitung, 1846).
20. George: Die fünf Sinne (ebd. 1847).
21. Fechner: Einige Ideen zur Schöpfungs- und Entwicklungsgeschichte (in: Jenaische Literaturzeitung, hrsg. von Klette, 1. Jg., 1874).

Bildnachweis

Die Photographie des Frontispiz und die Portrait-Zeichnung auf Seite 210 stammen aus dem Universitätsarchiv der Friedrich-Schiller-Universität Jena, die Photographie auf Seite 214 aus der Biographie von F. Auerbach über Ernst Abbe (Leipzig 1918).

Familienwappen Snell: Im blauen Schild drei sechszackige goldsilberne Sterne. Decken: blaugold. Helm silbern, rot gefüttert. Helmzier: drei vierblättrige rote Rosen mit je vier grünen Kelchblättern (Original im Pfarramt Braubach a. Rb.).

Anmerkungen

Schöpfung des Menschen

1 Vermutungen über die Affenabstammung des Menschen gab es schon vor Darwin und Haeckel, jedoch nennt Snell diesbezüglich keine bestimmte Literaturstelle.

2 Strahltiere oder Radiaten (wegen ihres radiären Körperbaus) ist eine frühere, heute nicht mehr gebrauchte Bezeichnung für die Stachelhäuter (Echinodermen). Zu diesen gehören Seelilien, Seesterne, Schlangensterne, Seeigel und Seegurken.

3 Solche Änderungen liegen innerhalb der Reaktionsnorm der betreffenden Tierart oder -rasse. Es handelt sich nicht um echte Erbänderungen.

4 Strahltiere, s. Anm. 2.

5 In der Gruppe der Pachydermen (Dickhäuter) wurden früher die Elefanten, Nashörner, Tapire und Flußpferde zusammengefaßt. Diese Tiere sind jedoch nicht näher miteinander verwandt, weshalb die Gruppenbezeichnung Pachydermen längst aufgegeben wurde.

6 Labyrinthodonten (so genannt wegen der Schmelzfalten ihrer Zähne) sind die im Oberdevon auftretenden Panzerschädellurche (auch als Stegocephalen bezeichnet). Ihre Blütezeit ist das Karbon; Ende der Trias starben sie aus.

7 Condylus occipitalis ist die Bezeichnung für das Hinterhauptsgelenk des Schädels, an welches der erste Halswirbel anschließt. Die Amphibien (und auch die Säugetiere) haben einen doppelten, die Reptilien einen einfachen Condylus.

8 Georges Baron de Cuvier (1769–1832), französischer Zoologe und Paläontologe, Begründer der vergleichenden Anatomie und Osteologie. Er vertritt in seiner Katastrophentheorie die Auffassung der sich wiederholenden Vernichtung und Neuschöpfung des Lebens auf der Erde. Die Deszendenzlehre und die idealistische Naturphilosophie lehnte er ab.

9 Pterodactylus, ein Flugsaurier der Jura-Zeit.
10 Plesiosaurus, Schwimmsaurier der Jura- und Kreide-Zeit.
11 Richard Owen (1804–1892), englischer Zoologe und Paläontologe, Leiter der Naturwissenschaftlichen Abteilung des Britischen Museums.
12 Pachydermen, s. Anm. 5.
13 Archegosaurus, eine im Perm lebende Gattung aus der Gruppe der Labyrinthodonten (s. Anm. 6).
14 Die heutige Geologie rechnet mit wesentlich längeren Zeiträumen, die aufgrund der Umwandlung radioaktiver Substanzen in den geologischen Schichten ermittelt werden. Danach liegt der Beginn des Kambrium, d. h. der Formation, aus der es Fossilfunde erstmals in breiterem Umfang gibt, ca. 570 Millionen Jahre zurück. Die Panzerfische oder Ostracodermen, als früheste Vertreter der Wirbeltiere, sind im Silur, vor ca. 430 Millionen Jahren, nachgewiesen. – Allerfrüheste Lebensspuren reichen nach der modernen Chronologie mehr als 3 Milliarden Jahre zurück.
15 Paläozoikum oder Erdaltertum umfaßt die Formationen: Kambrium, Ordovizium, Silur, Devon, Karbon und Perm.
16 Strahltiere, s. Anm. 2.
17 Es ist nicht ganz klar, welche von den fischartigen Wirbeltieren gemeint sind; wahrscheinlich aber die Panzerfische (Ostracodermen). Wegen ihres knöchernen Außenskelettes und der bei manchen Arten breitgedrungenen Körperform bereitete die Deutung dieser Funde anfangs manche Schwierigkeiten, und man dachte fälschlicherweise an große Käfer oder an Trilobiten u. dgl. Die Panzerfische lebten im Silur und Devon, also mehr in der Mitte, nicht zu Ende des Paläozoikums.
18 Früher vermutete man Asien als Ursprungsstätte des Menschen; neuere Fossilfunde scheinen dagegen mehr für Afrika zu sprechen.
19 Krallentiere, s. Anm. 22.
20 Über die wildlebenden Stammeltern der Haustiere hat man heute gut begründete Vorstellungen. Stammvater des Rindes ist der Ur oder Auerochs (Bos primigenius). Beim Hauspferd steht noch nicht ganz sicher fest, ob es neben dem Blut des mongolischen Przewalski-Pferdes (Equus przewalski) vielleicht auch einen Einschlag vom (heute ausgerotteten) südrussischen Tarpan (Equus ferus) hat. Der Stammvater des Haushundes ist der Wolf usw.
21 Anchitherium und Hippotherium (Hipparion) sind fossile Formen aus der tertiären Stammesreihe der Pferde.

22 Der Begriff »Krallentiere« (im Gegensatz zu Huftieren), unter welchem man früher Insektenfresser, Flattertiere, Raubtiere, Nagetiere zusammenfaßte, ist heute nicht mehr gebräuchlich. Die Beuteltiere (wie auch das Schnabeltier) sind ein auf früher Stufe entstandener Seitensproß der Säugetiere und können nicht mehr, wie man früher meinte, als »Urahnen« der plazentalen Säuger gelten.

23 Heute weiß man, daß auch die Raubtiere wichtige Glieder im Naturganzen sind und daß ihre Ausmerzung zu Störungen im Gleichgewicht des Naturlebens führt.

24 Die Ahnen der Landwirbeltiere sind unter den Quastenflossern (Crossopterygier) zu suchen, deren früheste Vertreter im Mitteldevon gefunden werden; bei ihnen konnten die zum Landleben führenden Umformungen einsetzen. Dagegen sind die Knochenfische erst im oberen Weiß-Jura aufgetreten. In ihrem Körperbau sind sie in einer viel engeren, spezialisierten Weise für das Wasserleben eingerichtet als die Quastenflosser.

25 Die fluglosen Vögel wie Strauß, Kasuar, Nandu u.a. erachtete man früher als Vertreter einer Anfangsstufe der Vögel, d.h. als Arten, welche »noch nicht« fliegen konnten. Diese Auffassung ist unrichtig. Die fluglosen Arten stammen von flugfähigen Vorfahren ab; sie haben das Flugvermögen eingebüßt und sind zu reinen Bodenbewohnern geworden. Ihr übermäßig großer und schwerer Körper ist wahrscheinlich ein in diesem Zusammenhang nicht unwichtiger Faktor.

Der früheste Vertreter des Vogelstammes ist der Urvogel Archaeopterix aus dem Solnhofer Schiefer (oberer Weiß-Jura). Archaeopterix weist in seinem Skelettbau zwar noch manche reptilienartige Züge auf, in seinem Federkleid – und das ist ausschlaggebend – steht er aber schon ganz auf der Seite der Vögel. Daß Archaeopterix nicht nur Gleitflieger war, sondern in einem vermutlich bescheidenen Maße auch den Flatterflug ausübte, darf aus dem Verhältnis von Hand- und Armschwingen gefolgert werden, das dem mancher heutigen Vögel (z.B. Elster) ähnlich war.

26 Die Meinung, die »langfüßigen Sumpfvögel« (z.B. Reiher, Kranich) seien die »geistig begabtesten«, bezieht sich vermutlich auf das sehr wachsame und vorsichtige Wesen, das diese Arten dem Menschen gegenüber an den Tag legen. Nach Gehirnentwicklung und Verhalteneigenschaften kommt den Papageien und insbesondere den Rabenvögeln zweifellos ein höherer Rang zu als den Sumpfvögeln.

27 Im heutigen zoologischen System verteilen sich die angeführten Tierformen auf 2 Klassen: 1. Amphibien (Molche, Salamander, Frösche, Kröten), sie charakterisieren sich durch ihre feuchte Haut und das an das Wasser gebundene Laichgeschäft; und 2. Reptilien (Eidechsen, Schlangen, Chamäleons, Schildkröten, Krokodile), sie haben teils feinere, teils gröbere Hornschuppen als Hautgebilde und sind in ihrer Fortpflanzung vom Wasser ganz unabhängig geworden.

28 Passender als »Urmensch« wäre hier wohl die Bezeichnung »Menschenvorfahr«, über dessen Aussehen jedoch keine näheren Aussagen gemacht werden können.

29 Zur Zeit von Snell hatte die den Menschen betreffende Fossilforschung noch kaum begonnen. Über den heutigen Stand orientiert z.B. W. Gieseler, »Die Fossilgeschichte des Menschen« (Stuttgart 1974).

Vorlesungen

30 Disjecti membra poetae bzw. hominis: die auseinander gelegten Glieder des Schöpfers bzw. des Menschen.

31 Georg Forster (1754–1794), deutscher Naturwissenschafter und Reiseschriftsteller.

32 Cuvier, s. Anm. 8.

33 Echinodermen = Stachelhäuter (Seelilien, Seesterne, Schlangensterne, Seeigel, Seegurken); Crustaceen = Krebstiere; Mollusken = Weichtiere (Schnecken, Muscheln, Tintenfische).

34 Pachydermen, s. Anm. 5; Lemuren = Halbaffen.

35 Coelenteraten = Hohltiere (Korallentiere, Polyp, Quallen).

36 Strahltiere = Echinodermen (s. Anm. 2).

37 Cephalopoden = Tintenfische; Lamellibranchier = Muscheln; beide gehören zum Stamm der Mollusken (Weichtiere); Brachiopoden = Armfüßer, sie weisen nur äußerlich, in ihren Schalen, einige Ähnlichkeit mit den Muscheln auf, nach ihrer inneren Anatomie sind sie aber als ein selbständiger Stamm zu bewerten.

38 Selachier = Haifische.

39 Die Wirbeltiere bilden einen eigenen Stamm des Tierreiches, über dessen Herkunft auch heute noch keine Klarheit besteht. Der hypothetische Anschluß an die Ringelwürmer ist unwahrscheinlich. Vermutlich sind die Wirbeltiere in eigener Entwicklungslinie aus einem gastrula-artigen Stadium hervorgegangen.

40 David Friedrich Strauß (1808–1874), Theologe und Philosoph, »Der alte und der neue Glaube« (1872).

41 Ichthyosaurier und Plesiosaurier sind Saurierformen des Erdmittelalters, insbesondere der Jura-Zeit, welche sekundär zum Wasserleben übergegangen sind und deshalb keinesfalls als Durchgangsstufen für eine weiterführende Entwicklung in Betracht kommen.

42 Gustav Theodor Fechner (1801–1887), Philosoph und Physiker.

43 Quagga = Equus quagga, zebraartiges Wildpferd von Südafrika, heute ausgerottet.

44 Durch Zuchtwahl von seiten des Menschen hervorgebrachte »Varietäten« sind z.B. die Hunderassen, Hühnerrassen etc. Daß es sich hier nicht um echte Arten, sondern um Rassen derselben Art handelt, ergibt sich aus der Tatsache, daß z.B. Vertreter auch der unterschiedlichsten Hunderassen sich miteinander paaren und Junge erzeugen können.

45 An mehreren Stellen weist Snell auf die Analogie, die zwischen der Entwicklung der Organismen und der kulturellen Entwicklung beim Menschengeschlecht besteht, hin (siehe auch S. 53ff.). Hier bezieht er sich auf die Entwicklung der geschichtlich-sozialen Einrichtungen; später führt er die Entwicklung der Ideen »als Beispiel für das Hervorgehen des Vielen aus dem Einen« an. Im gleichen Sinne wird auch die durch die Sprachwissenschaft bezeugte Entwicklung der verschiedenen indogermanischen Völker aus einem gemeinschaftlichen Urstamm herangezogen (S. 131). Snell hebt hervor, daß aufgrund dieser analogen Vorgänge die Idee der Entwicklung einen echten Erfahrungscharakter gewinnt.

Indem Snell auf den gleichartigen (»analogen«) Verlauf der Entwicklung auf dem geistigen und dem organischen Feld hinweist, wird auch deutlich, daß er in seiner Weltauffassung nicht auf einem dualistischen, sondern einem durchaus monistischen Standpunkt steht. Im Gegensatz zu Haeckel ist es aber nicht der materialistische Monismus, sondern ein idealistischer Monismus, welchen er vertritt. (Siehe hierzu auch Snells Schrift »Zur Streitfrage des Materialismus«, Jena 1858.)

46 Carl Ritter (1779–1859), Geograph, gehört neben Alexander von Humboldt zu den Neubegründern der wissenschaftlichen Geographie.

47 Anchitherium: eine miozäne Form im Stammbaum der Pferdeartigen.

48 Gemeint ist Isidore Geoffroy Saint-Hilaire (1805–1861), französischer Zoologe, Sohn des durch den Akademiestreit als Gegenspieler von Cuvier berühmten Etienne Geoffroy Saint-Hilaire. Der »früher zitierte Ausspruch« des »vortrefflichen« Isidore Saint-Hilaire findet sich in dem in der vorliegenden Ausgabe weggelassenen I. Teil von Snells Vorlesungen: »Wie konnte eine solche Einteilung bestehen bleiben, welche von den Anthropologen im Namen der sittlichen und geistigen Oberhoheit des Menschen und von den Zoologen auf Grund ihrer Unvereinbarkeit mit den Gesetzen der natürlichen Verwandtschaft und mit den wahren Grundsätzen der Klassifikation zurückgewiesen wird! Abgetrennt als Gruppe von dem Wert einer Ordnung, in derselben Entfernung vom Affen wie dieser vom Fleischfresser, ist der Mensch zugleich zu nahe und zu entfernt von den höheren Säugetieren. Zu nahe, wenn wir jene erhabenen Fähigkeiten in Rechnung ziehen, welche, indem sie den Menschen über alle andern organisierten Wesen stellen, demselben nicht bloß den ersten, sondern einen *besonderen* Platz in der Schöpfung anweisen; zu entfernt, wenn wir bloß die organischen Verwandtschaften betrachten, welche ihn mit den Vierhändern verbinden, insbesondere mit den Affen, welche von einem rein naturwissenschaftlichen Gesichtspunkte aus sich den Menschen mehr nähern als den Halbaffen.«

49 Siehe die hier abgedruckte »Schöpfung des Menschen« (1863).

50 Die »organischen Bildungsschritte, die den Weg zur geistigen Universalität des Menschen offen lassen«, finden bei F. A. Kipp, »Die Evolution des Menschen im Hinblick auf seine lange Jugendzeit« (Stuttgart 1980), eine ausführliche Behandlung.

51 Richard Owen, s. Anm. 11.

52 Eduard von Hartmann (1842–1906), Philosoph. »Philosophie des Unbewußten«, »Wahrheit und Irrtum des Darwinismus« (Berlin 1875).

53 Die fünfzehige Gliedmaße tritt bei den ersten Landwirbeltieren auf. Ichthyostega, das 1931 im Oberdevon von Grönland entdeckte früheste Landwirbeltier, war im Besitze derselben. Bei vielen Vertretern aus den Gruppen der Amphibien, Reptilien und Säugetiere hat die fünfzehige Grundform durch Rückbildung einzelner Teile mehr oder weniger starke Veränderungen erfahren. Um so erstaunlicher ist es, daß in der Form der menschlichen Hand das ursprüngliche fünffingerige Baumuster bewahrt blieb, allerdings ist die Beweglichkeit der Finger wesentlich gesteigert. Der außerordentlich vielseitige Gebrauch unserer Hand beruht auf ihrer Unspezialisiertheit.

54 Zur Veranschaulichung des folgenden Textes möge die beistehende Abbildung aus Oswald Heer, »Die Urwelt der Schweiz« (Zürich 1865), dienen.

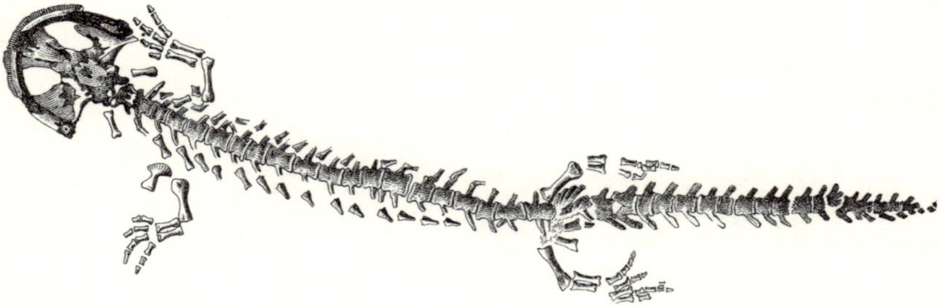

Das Skelett des etwa 1 m langen Salamanders Andrias scheuchzeri aus dem Obermiozän (Spättertiär) von Oeningen. Der Züricher Arzt und Naturforscher Scheuchzer hatte 1726 Reste dieses Salamanders als das Beingerüst eines bei der Sintflut ertrunkenen Menschen gedeutet.

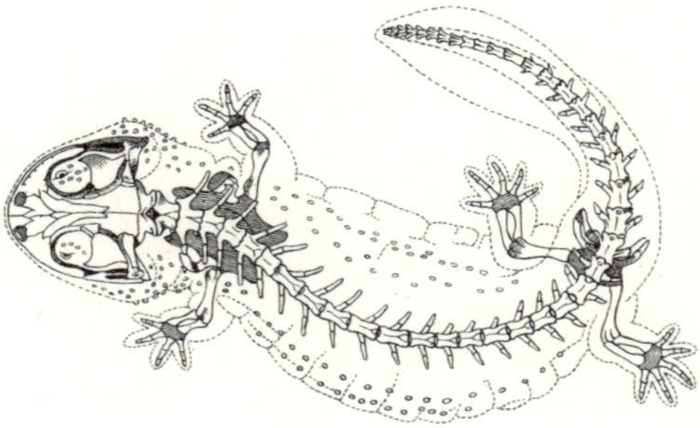

Der in Größe und Körperbau sehr ähnliche, noch heute lebende japanische Riesensalamander (Megalobatrachus maximus). Die von Snell erwähnte Veränderlichkeit der Kopfbildung (Verschiebbarkeit der Gesichtsknochen) trifft allerdings nur in geringem Umfang zu.

55 Chirotherium = Handtier oder Fährtentier. Der Name bezieht sich auf Fußabdrücke im Buntsandstein (Trias), die ein der menschlichen Hand ähnliches Aussehen haben. Der Verursacher der Fußspuren ist eine noch unbekannte Saurier-Art.

56 Vestigia hominis: Spur des Menschen.

57 Oswald Heer (1809–1883), Schweizer Botaniker und Paläontologe, bekannt durch seine Untersuchungen über die fossile Flora und Fauna der Schweiz. – Da von dem »menschenähnlichen« Affen aus den »mittleren Tertiärschichten« weder der Fundort noch Literaturnachweise genannt sind, können nähere Erläuterungen nicht gegeben werden. Möglicherweise ist der gibbon-ähnliche Pliopithecus gemeint, von dem mehrere Funde aus dem Miozän Europas existieren.

58 Die jungen Affen weisen eine menschenähnliche Kopfform auf, nicht umgekehrt. Diese Tatsache ist schon Snell bekannt und stützt seine Auffassung über das Verwandtschaftsverhältnis von Mensch und Affen in schönster Weise (s. hierzu F. A. Kipp, »Die Evolution des Menschen«, Stuttgart 1980).

59 Carl Asmund Rudolphi (1771–1832), Anatom und Physiologe, Lehrer von Johannes Müller. Näheres über Kehlkopf und Stimme bei den Tierprimaten bei F. A. Kipp, »Die Evolution des Menschen« (Stuttgart 1980).

60 Snell hat nicht unrecht, wenn er Goethe als »Anhänger der Deszendenztheorie« bezeichnet. In seiner Metamorphosenlehre behandelte Goethe die Veränderlichkeit und Beweglichkeit der Formbildungen. Daß er damit gegen das damals anerkannte Prinzip der Artkonstanz verstieß, war seinen Zeitgenossen wohl bewußt (s. »Problem und Erwiderung« in Goethes Naturwissenschaftlichen Schriften, hrsg. von R. Steiner, Bd. I). Insgesamt gibt es zahlreiche, jedoch oft kurze Darlegungen Goethes, welche erkennen lassen, daß er von der evolutiven Bildung und Umbildung der Organismen voll überzeugt war (S. Kalischer [1878] hat die betreffenden Stellen ziemlich vollzählig gesammelt). Goethe hatte jedoch eine gewisse Scheu davor, das Gebiet der unmittelbaren Phänomene zu verlassen und eine auf abstrahierenden Folgerungen beruhende Deszendenzlehre vorzutragen. Dies dürfte wohl der Hauptgrund dafür sein, daß seine Anschauungen über die Umbildung der Organismen nur einen fragmentarischen Ausdruck gefunden haben.

61 *Zur Frage nach den Evolutionsfaktoren:* Die Evolutionsforschung sucht nicht nur die Verwandtschaftsbeziehungen zwischen den Arten und den Wegverlauf der Evolution zu klären, sondern ist veranlaßt, auch nach den Kräften und Faktoren zu fragen, die die Umgestaltung und Entwicklung der Arten bewirken und lenken. Auch Snell hat sich an mehreren Stellen seiner Ausführungen mit den im Evolutionsprozeß wirksamen Faktoren befaßt, und es ist

deutlich, daß seine Auffassung in die lamarckistische Richtung geht. Lamarck nahm an, daß die Ursache für die Veränderung und Umbildung der Arten teils in den Umweltverhältnissen (z.B. den Einflüssen des Klimas usw.), teils im Gebrauch und Nichtgebrauch der Organe liege. Der häufige und anhaltende Gebrauch eines Organes führe zu dessen Verstärkung oder Vergrößerung, während der Nichtgebrauch eine Schwächung oder schließlich eine Rückbildung zur Folge habe. Wenn manche Schwimmvögel – so Lamarck – kurze Beine, aber einen langen Hals haben (z.B. Schwan und Gans), so kommt dies daher, daß diese beim Schwimmen ihren Kopf so tief wie nur möglich ins Wasser tauchen, um ihre Nahrung zu erlangen, wogegen sie keine Anstrengungen machen, um ihre Beine zu strekken. Lamarck geht davon aus, daß die durch das individuelle Bemühen erworbenen Änderungen und Anpassungen auch auf die Nachkommen übertragen werden, d.h. in die Vererbung übergehen. – Die von Lamarck als selbstverständlich angenommene »Vererbung erworbener Eigenschaften« konnte jedoch durch die experimentelle Forschung der neueren Zeit nicht bestätigt werden. Die auf diesem Gebiet angestellten Versuche erbrachten keinerlei positive Ergebnisse. Darin liegt der Grund, warum die heutige Biologie alle lamarckistischen Deutungen ad acta gelegt hat und dazu übergegangen ist, die Umbildung der Organismen allein im Darwinschen Sinne durch Zufallsmutationen und Selektion zu erklären.
Snell benützt gelegentlich die Lamarckschen Begriffe vom Gebrauch und Nichtgebrauch der Organe, geht aber über die übliche Auffassung hinaus, indem er vor allem die Triebe, die Bedürfnisse, die auf die Umwelt gerichteten, aber *aus der Innenwelt hervorgehenden Bestrebungen* der Tiere als die wirksamen Faktoren bezeichnet. Er ist davon überzeugt, daß die Organe gleichsam durch eine Verleiblichung der inneren Seelentriebe entstehen. Man kann diese Auffassung als Psycho-Lamarckismus bezeichnen, und Snell darf wohl als der bedeutendste und konsequenteste Vertreter dieser Richtung gelten, die es wert ist, daß sie heute wieder aufgegriffen wird.
Speziell im Hinblick auf den Evolutionsweg des Menschen formuliert Snell: »Entwicklung... ist nur möglich, wo ein Inneres die gegebenen äußeren Zustände überragt, wie ja auch in der Menschenentwicklung eine Neuschöpfung nie anders hervortritt als durch ein im Inneren geborenes Ideal...« (siehe S. 40 und Anm. 62).

Das Verhältnis zwischen psychischem Verhalten und den Körperstrukturen soll hier durch die folgenden Beispiele aus der Vogelwelt illustriert werden. Bei manchen Vogelarten wird in Zusammenhang mit Erregungen und Affekten das Kopfgefieder haubenartig gesträubt. Bei vielen dieser Arten ist auch eine Verlängerung der Federn des Oberkopfes eingetreten und auf diese Weise eine bleibende Haube, die aufgerichtet werden kann, entstanden (Haubenlerche, Haubenmeise, Wiedehopf etc.). – Bei anderen Arten dient der Schwanz dem Erregungsausdruck, indem der Vogel ihn hochschlägt, stelzt oder spreitet usw. Bei den meisten dieser Arten zeichnet sich der Schwanz durch Verlängerung oder durch eine besondere Färbung bzw. Musterung aus (Bachstelzen, Rotschwänze u.a.). Bei Kolibris und Paradiesvögeln sträuben die männlichen Vögel bei der Balz verschiedene Gefiederpartien (je nach Art kann es das Kehlgefieder, die Federn der Ohrregion, die Kopfhaube usw. sein), und eben diese Gefiederbezirke sind auch durch besondere Verlängerung oder Färbung der Federn ausgezeichnet und bilden das Prachtkleid. – Es ist schwer vorstellbar, daß solche Übereinstimmungen bzw. Entsprechungen zwischen Bewegungsformen und den Federstrukturen durch Zufallsmutationen und Selektion entstanden sein sollen.

Die erwähnten Beispiele mögen zeigen, daß bei den Forschungen und Diskussionen über die Evolutionsfaktoren das Gebiet des Psychischen, der Verhaltensformen eine viel stärkere Berücksichtigung finden muß, als es meist geschieht. Neue Fragestellungen sind auf diesem Felde notwendig, wobei man sich klar sein muß, daß der psychische Bereich der menschlichen Experimentierkunst nicht ohne weiteres zugänglich ist. Snells Auffassung, daß die Triebe, Bestrebungen, Bemühungen der Lebewesen für den Evolutionsprozeß wichtig sind, dürfen wir als Anregung für die künftig auf diesem Gebiet zu leistende Forschung betrachten.

In diesem Zusammenhang ist es interessant, daß I. Piaget in einer jüngst erschienenen Schrift »Das Verhalten – Triebkraft der Evolution« (Salzburg 1980) einen Vorstoß in der hier bezeichneten Richtung unternommen hat, indem er sich um den Nachweis bemüht, daß das Verhalten der Tiere zu den wirksamen Einflußfaktoren bei evolutiven Veränderungen gehört.

62 Snells Auffassung über die inneren Triebkräfte der Evolution geht besonders aus der folgenden Textstelle hervor, die aus früheren Vorträgen Snells über »die Stellung des Menschen in der Natur«

(1867) stammt und die R. Seydel als Anhang zu den Vorlesungen unter dem Titel »Seelentriebe bauen den Leib und bewirken die Höherbildung der Gattung« wiedergegeben hat:

»Es wird jedermann, der unserer Darstellung und den einzelnen Ausdrucksweisen derselben mit Aufmerksamkeit gefolgt ist, aus derselben schon entnommen haben, daß wir innere Seelentriebe mit zu den Kräften zählen, welche in die Bildungen der Natur bewegend eingreifen; und es fragt sich also, auf welche Weise können Seelentriebe naturkräftig wirken und wie kann überhaupt Psychisches in Physisches umschlagen. Unsere Darstellung würde der Vorwurf eines großen Mangels treffen, wenn wir diesen Punkt ganz mit Stillschweigen übergehen wollten, und ich will daher ein Wort darüber sagen.

Zu diesem Zwecke hebe ich zuerst hervor, daß es eine Region der Seelentätigkeiten gibt, in welcher die von der Seele produzierten Anschauungen ganz ebenso individuell bestimmt sind wie die Naturprodukte oder in welcher die Produktionskraft der Seele der Produktionskraft der Natur in bezug auf individuelle Bestimmtheit der Produkte nichts nachgibt. Wo liegt diese Region der Seelentätigkeit? Sie ist gegeben in der schwungreich phantastischen, ganz unwillkürlich auftauchenden inneren Bildwelt des *Traumes*. Im Schlafe gibt es nur *innere* Reize auf das Gehirn und die Nerven, welche Reize um so stärker sein müssen, als das Gehirn und die Nerven im Schlafe sich kräftig ernähren und durch Stoffwechsel umbilden. Jeder Reiz auf das Gehirn, der innere sowohl als der von außen durch die Sinne kommende, tritt der Seele als Objekt entgegen oder ist ein Erschautes. Die auf die inneren Wachstums- und Ernährungsreize erfolgende Bildwelt des Traumes tritt ganz unwillkürlich hervor, und wir haben über dieselbe ebensowenig bewußte Gewalt, wie über Wachstum und Ernährung selbst.

Hier haben wir eine mit Naturbildungen so unmittelbar und so innig verflochtene Seelentätigkeit, zugleich mit solcher Gleichartigkeit der Produktionskraft in bezug auf individuelle Bestimmtheit, daß wir ein innigeres Verschmolzensein von Leib und Seele, von physischen und psychischen Prozessen, nirgends finden und es unmöglich ist, zu sagen, ob die physischen Prozesse Ursache der geistigen Bildwelt sind oder ob die geistige Bildkraft Ursache der physischen Prozesse ist. So viel ist daraus gewiß: Was die Seele wirken kann zur Bildung des Leibes und soweit sie denselben zum ausdruckvollen Bilde und zum Spiegel ihrer selbst macht, das tut sie nur im Traum und durch den Traum. Bedeutungsvoll läßt Goethe den Faust an Gretchens Ruhestätte sagen:

Natur, hier bildetest in leichten Träumen
Den eingebornen Engel aus!

Wenn wir die Gabe der Phantasie, individuell und lebensvoll bestimmte Bilder zu erzeugen, die poetische nennen, so ist im Traum jeder ein unwillkürlicher Poet. Ein frei und bewußt schaffender Poet ist der, in dem auch die bewußt bildende Phantasie naturkräftig und lebensvoll individualisierend schafft oder in welchem das Traumleben in das bewußte Seelenleben hineinragt. In diesem Sinne ist der Poet ein Träumer. Das Naturschöne und das Kunstschöne fließen hiernach aus derselben Quelle; denn das Naturschöne, in der schöpferischen Bildwelt des Traumes erzeugt, ist nicht weniger als das Kunstschöne ein Phantasieprodukt, ist lebendige, natürliche Poesie.

In der Entwicklung des Urmenschen hat ohne allen Zweifel die Traumwelt und das Nachtleben der Seele eine große Rolle gespielt. Das paßt auch sehr gut zu einer noch unaufgeschlossenen und in ferne Zukunftsbilder sich versenkenden Seele. Das Tiefe, Ahnungsvolle und Unfaßbare, was, wie Goethe sagt:

Von Menschen nicht gewußt
Oder nicht bedacht,
Durch das Labyrinth der Brust
Wandelt in der Nacht, –

dies bildete die unergründete, tiefe, stille Geburtsstätte der werdenden Vernunft. Die poetische Phantasie, in dieser ihrer weitesten Bedeutung, ist die geistige und göttliche Kraft, welche sich am tiefsten in die Sinnenwelt einsenkt und alle organischen Bildungsprozesse als innerer Genius begleitet und führt.«

Schriften des frühen Goetheanismus

Wilhelm Heinrich Preuß

Geist und Stoff

Erläuterungen des Verhältnisses zwischen Welt und Mensch nach dem Zeugnis der Organismen.
Mit den Frühschriften und Texten aus dem Nachlaß.
Herausgegeben von Renate Riemeck und Wolfgang Schad.
333 Seiten.

Das Anliegen des Naturwissenschaftlers W. H. Preuß ist, im Gegenzug zu den materialistischen Natursystemen von Kant-Laplace oder Darwin und Haeckel eine neue, nicht-mechanistische Naturanschauung zu entwickeln, die auf dem Boden der unmittelbaren Erfahrung die Erscheinungen in eine lebendige und transparente Verbindung mit dem menschlichen Geist setzt. Der Mensch, als Zielpunkt der Schöpfung, ist der Ausgangspunkt für alle Naturbetrachtung.

Ernst von Feuchtersleben

Zur Diätetik der Seele

Mit einem Aufsatz »Über die Frage vom Humanismus und Realismus als Bildungsprinzip« und einer autobiographischen Skizze.
Mit einer Einleitung von Renate Riemeck und einem Aufsatz von Karl König.
240 Seiten.

Die »Diätetik der Seele« beschreibt die Bereiche seelischen Lebens im Denken, Fühlen und Wollen und seine Pflege, das Verhältnis des Seelisch-Geistigen zum Leiblichen, die Frage der Gesundheit als Frage innerer Harmonie usw. Feuchtersleben selbst nennt seine Betrachtungen auch »Meditationen«; Karl König bezeichnet sie als »Markstein in der Geschichte der medizinischen Anthropologie«, als »Aufruf an die Menschen, durch innere Schulung zur Selbstbesinnung zu kommen« und schließlich als »eines der schönsten Erziehungsbücher, die jemals geschrieben wurden«.

Schriften des frühen Goetheanismus

Joseph Ennemoser

Untersuchungen über den Ursprung und das Wesen der menschlichen Seele

Mit dem Fragment »Mein Leben«.
Herausgegeben von Karl Boegner und Renate Riemeck.
197 Seiten.

Joseph Ennemoser beschreibt in diesen Untersuchungen aus dem Jahre 1824 aufgrund seiner medizinisch-psychologischen Erfahrungen als Arzt die Wirklichkeit der Seele in einer wesenhaften Weise, durch die deutlich wird, daß die Seele mehr ist als ein Epiphänomen der menschlichen Natur, daß der Mensch vielmehr sein unsterbliches Wesen in ihr findet, dessen Ursprung nicht mit der Geburt erklärt werden kann. Dies wird in einer subtilen Beobachtung und begrifflichen Darstellung der seelischen Welt beschrieben, die den Leser mitzieht und für das heute kaum gesehene geistige Wesen des Menschen aufschließt.

Johann Carl Passavant

Von der Freiheit des Willens und andere Schriften

Herausgegeben und mit einleitenden Beiträgen versehen von Renate Riemeck. Ca. 200 Seiten.

Unter den hier versammelten Schriften Passavants aus den Jahren 1817 bis 1857 ragt »Die Freiheit des Willens« hervor, die den menschlichen Willen nach seiner höchsten Berufung dazu bestimmt, mit der Anerkennung des göttlichen Willens sich selbst wie zugleich die Natur zu befreien und zu verklären. Kleinere Aufsätze gelten der Beobachtung der Wechselwirkungen zwischen Geist und Natur, zwischen Materiellem und Immateriellem, zwischen Natur- und Geisteswissenschaft, insbesondere den Gesetzmäßigkeiten der Naturwissenschaft, die denen des Geisteslebens vergleichbar sind, um so in einer Annäherung schließlich einer durchchristeten Wissenschaft den Boden zu bereiten.

Eine phänomenologische Evolutionslehre

Friedrich A. Kipp

Die Evolution des Menschen im Hinblick auf seine lange Jugendzeit

118 Seiten mit 33 Abbildungen.

Die Frage nach der Herkunft des Menschen – eine Frage, die jeden heute mehr oder weniger bewegt –, wird in der gegenwärtigen Wissenschaft als das Problem einer natürlichen Abstammung gestellt und beantwortet. So fruchtbar der Entwicklungsbegriff in der Evolutionslehre ist, so unvollständig ist jedoch die Sichtung der Tatsachen und so einseitig deren Interpretation durch die darwinistische Deszendenztheorie. Denn die angenommenen Faktoren, die die Evolution vorantreiben sollen, Mutation und Selektion im Kampf ums Dasein, sind weder gesichert noch für das Verständnis des evolutionsgeschichtlichen Gestaltwandels ergiebig; sie entstammen weltanschaulichen, materialistischen Vorentscheidungen. Die bisherige darwinistische Interpretation der menschlichen Evolution wird vor allem der besonderen Eigenart und der Ausnahmestellung des Menschen nicht gerecht. Hier bahnen die Untersuchungen des Verfassers einen neuen Weg, indem gezeigt wird, daß die gegenüber den Tieren stark verlängerte Kindheitszeit von größter Bedeutung für die evolutive Entstehung der besonderen geistigen und körperlichen Eigenschaften des Menschen ist. Das Freiwerden vom Zwang zur ökologischen Anpassung, die Vervollkommnung des Gehirns, die Ausbildung des aufrechten Gangs, der Sprache und des Denkens, die hohe Autonomie, welche der Mensch im Laufe seiner Evolution gewonnen hat, – all dies wird in neuer Sicht behandelt. Auch die Frage der Affenverwandtschaft findet eine überraschende Klärung. Insgesamt bieten die detaillierten Untersuchungen die Grundlage für eine Wissenschaft vom Menschen, die ihn nicht nur als zoologisches Wesen erfaßt.

Aus dem Inhalt: Die nachgeburtliche Entwicklung bei den Säugetieren / Kindheit und Jugendzeit des Menschen / Studien über die Kopfform / Jungenfürsorge und Großhirnevolution / Die Abschirmung vom Kampf ums Dasein in der Evolutionsgeschichte des Menschen / Liebe und Fürsorge / Zur Abstammungsfrage – Notwendiges Umdenken / Überblick über die Fossilfunde / Der aufrechte Gang in psychologischer Hinsicht / Stimme und Sprache / Der Mensch belehrt seine Organe.

VERLAG FREIES GEISTESLEBEN